國家出版基金項目
NATIONAL PUBLICATION FOUNDATION

國家圖書館藏未刊稿叢書·著作編

籀鄦簃雜著

（三）

（清）王仁俊 著

主編 劉玉才 陳紅彦

鳳凰出版社

釋名集校

己亥二月下旬從書眉寫出

吳縣王仁俊

釋名集斠
三卷據畢
氏疏證本

四十年前譔述非著作也姑寫清稾就正小學元士籀鄦手揭豬

釋名集校

漢徵士北海劉熙撰

許君勉甫校云說文繫傳麥部麩下引作劉熙釋名

胡君綏之校云小徐他處引並作熙以熙爲正

釋天第一

天豫司兖冀以舌腹言之天顯也在上高顯也青徐以舌頭言之天坦也坦然高而遠也

胡曰寶典一引春秋說題辭曰天之爲言鎮也居高敭下而

人君陽精也合為太一為殊名故立字一大為天又引此文青徐三句又謂之玄三句即承引說文下脫釋名二字字亦多誤又引楊泉物理論曰天者旋也積陽純剛其體四旋而洞庭其海清明而車俊曰車字疑誤均羣生之所大仰俊曰大字疑誤故稱之曰天正歷曰天者遠不可極望之雰然以玄為色其大而不芭裹其動靡有休息謂之天者一大之名也又引禮統云云與爾雅釋文同

俊曰績博物志一引豫幷兖冀下同至遠也止遠上多且字禮月令疏天下引作顯也又云坦也

許曰寶典一引顯也青徐以舌頭言之文理也然高遠也案
顯也上奪釋名曰天四字文理乃天坦之誤然上亦奪坦字
春曰蒼天
俊曰詩毛傳据遠視之蒼蒼然則稱蒼天太元元攡若天蒼
蒼然宋注蒼蒼天之色
夏曰昊天
俊曰詩毛傳昊昊天也周禮先鄭注昊天天也楚辭章句昊
天夏天也
秋曰旻天

俊曰孟子趙注旻天秋天也虞書曰仁閔覆下故稱旻天詩

毛傳仁覆閔下則稱旻天

乾又謂之𢆶𢆶縣也

許曰寶典一引又謂之玄縣也如縣物在上也勤案玄下當

有二點作二如上之如乃在之誤

日實也

月闕也

俊曰月令疏引同又引元命苞云日之為言實也月闕也

光晃也

俊曰一切經音義引埤倉晃煌光燿熾盛貌也廣雅晃晃光也

晷規也

俊曰開元占經五日占一引之又引説文晷日影也

曜燿也

俊曰説文作燿訓照也廣雅同文選注國語賈注燿明也韋注及淮南高注廣雅同

宿宿也

俊曰卷二大般涅槃經四引宿宿也言星各止住其所也有

首三字唯首二字同乃誤當依今本釋名之例某某也皆取
聲形相同字宮室寢寢也上一字乃寑字有説文可證
又曰此説尚未碻
風兖豫司冀横口合脣言之風氾也其氣博氾而動物也青徐言
風踧口開脣推氣言之風放也氣放散也
胡曰以天字條例之當在兖上東塾讀書記十一以上天字
及此風字證鄒特夫以脣舌口氣象之之説周禮士師注鄭
司農辯讀爲風别之别釋文依注音彼風之别皆彼列反繙
按此風讀分也公羊莊元年傳注禮尊者嫁女於卑者必待

風旨疏云風猶放也言使卑者放其命云道有女可嫁

陰蔭也

俊曰月令疏引同說文蔭草陰地漢書集注蔭謂日之陰影也

熱爇也如火所燒爇也

俊曰說文爇燒也文選注引聲類一切經音義引通俗文同一切經音義又引倉頡篇爇燒然也

雨羽也如鳥羽動則散也雨水從雲下也雨者輔也言輔時生養也

俊曰後漢書祢衡傳雲者雨之具也

春蠢也萬物蠢然而生也

胡曰寶典一引作蠢動而生也又引春秋説題辭曰春蠢興也

俊曰寶典一所引與畢氏所云今本同而首上也字

夏假也寬假萬物使生長也

胡曰寶典四引同

俊曰五行大義卷一引假也之也作者餘同

秋緧也緧迫品物使時成也

許曰寶典七引同又引前漢書曰秋爨也物爨斂而成孰也

如淳曰虁音涿郡遒縣也勤按漢書秋訓虁虁音遒遒緧同

音其義一也西字疑酉之誤

冬終也物終成也

許曰寶典十引同又引禮鄉酒禮義曰北方者冬冬之為言

中也中者藏也尸子曰冬為信北方為冬冬終也北方伏方

也萬物至冬皆伏貴賤若一美惡不代信之至也字林曰冬

四時盡也俊按漢書律麻志冬終也物中藏乃可稱禮記云

北方者冬冬之為言中也中者藏也白虎通云冬之為言終

也其位在北方寶典所引尸子與御覽廿七所引尸子同惟

不代之代本作成

俊曰五行大義一引尸子云冬終也萬物至此終藏也又引

禮記云冬之爲言中也中者藏也

時期也

俊曰廣雅期時也

金禁也

俊曰五行大義一引許慎曰金者禁也陰氣始起萬物禁止

也土生於金字從土左右注象金在土中之形也

木冒也

俊曰五行大義一引許慎云木者冒也言冒地而出字從於中（俊疑中中之誤）下象其根也與今說文稍異陶氏方琦以為淮南注輯入焉胡曰此引說文而以意約之不必是淮南注

水準也準平物也

俊曰五行大義一云釋名廣雅白虎通皆曰水準也平準萬物準平作平準與御覽引合周禮鄭注準故書作水杜子春云當作水

火

俊曰五行大義一引許慎曰火者炎上也其字炎而上象形

者也

土吐也

俊曰大義一引元命苞土之爲言吐也含吐氣精以生於物

許慎云土者吐生者也其字二以象地之下與地之中以一

直畫象物初出地也與今說文異

子孳也

胡曰寶典十一引詩記歷樞曰子者孳也天地抑鬱萬物蕃

孳上下接體天下治也宋均曰鬱温也許曰治疑治之誤

丑

胡曰寶典十二引詩記厤樞曰丑者好也陽施氣陰受道陽好陰陰好陽剛柔相好品物厚制禮作樂道文明也宋均曰厚猶感許云施乃施之俗

寅演也演生物也

胡曰寶典一引詩記厤樞曰寅者移也陽氣動從内戲盡民執功天兵脩宋均曰盡民執其農功之事天兵脩又引春秋元命苞曰陽道左故少陽見於寅寅者演宋均曰陽氣出地見於寅謂泰卦乾一體也成演猶生也許云成字當在卦下乾也今在也下者乃傳寫之誤

卯冒也

許曰寶典二引詩記歷樞曰卯者冒也陰質陽雨質字疑皆

冒字之誤又引元命苞曰壯於卯卯者茂也宋均曰至卯益

壯茂也

辰伸也

胡曰寶典三引記歷樞曰辰者震也雷電起此字頗疑俊而萬物

震宋均曰震動

巳已也

胡曰寶典四引記麻樞曰巳者已也陽氣已出陰氣已藏萬

物出成文章

午仵也

胡曰寶典五引記麻樞曰午仵也陽氣極於上陰氣起於下陰為政時有武故其立字十在人下為午宋均曰午仵也適也皆相蔽之言也按注文末句又引作相對敵之稱較長

未昧也

胡曰寶典六引記麻樞曰未者昧也昧者盛也宋均曰昧者昧昧事衆多之類故曰盛也

申身也

胡曰寶典七引記厤樞曰申者伸也宋均曰陽氣衰陰氣伸

酉秀也

胡曰寶典八引記厤樞曰酉者老也萬物衰枝葉槁

亥核也

胡曰寶典十引記厤樞曰亥者核也

甲孚甲也

乙軋也

胡曰寶典一引記厤樞曰甲押者也（後按甲押者也當作甲者押也）春則闓

冬則闔春下種秋藏穀萬物權輿出萌宋均曰押之爲言苞

押言萬物苞押也彬（俊按此字誤）猶出彬也下猶投又引春秋元命苞曰甲乙者物始孚甲乙者物蟠詘有萌欲出陽氣含榮以一達宋均曰甲字本形如此乙者一之詰詘者也因物從孚甲一自達含榮蟠詘而以日（俊按日字疑）名之也又乙字義元書失引記厤樞

俊曰大義一引鄭注禮月令甲者抽也乙者軋也春時萬物皆鮮孚甲自抽軋而出也

丙
炳也

胡曰寶典四記厤樞曰丙者柄也

胡曰寶典四記厤樞曰丙者柄也丁者亭宋均曰亭猶止陽氣著上而止也俊按初疑柄爲炳之誤既而思不誤五行大義一引鄭玄云丙者柄也夏時萬物強大炳然著見也

戊茂也

己紀也

胡曰寶典六引紀厤樞曰戊者貿也陰貿陽柔變剛也宋均曰貿男也俊按男字可疑己者紀也陰陽造化臣子成道紀琮許云男字乃易字之譌俊按琮疑綜之譌

俊曰大義一引詩記厤樞己者紀也物既始成有條紀也

以一達宋内曰甲字本形如此乚者[illegible]

孳甲一自達合榮鱗諸而以日字疑後如日名之也又乙字義元

書大引記麻樞

後曰大義一引鄭注禮月令甲者抽也乙者軋也春時萬物

皆解孚甲自抽軋而出也

丁壯也

胡曰寶典四記麻樞曰丙者柄也

胡曰寶典四記厤樞曰丙者柄也丁者亭宋均曰亭猶止陽氣著上而止也俊按初疑柄為炳之誤既而思不誤五行大義一引鄭玄云丙者柄也夏時萬物强大炳然著見也

戊茂也

己紀也

胡曰寶典六引紀歷樞曰戊者貿也陰貿陽柔變剛也宋均曰貿男也俊按男字可疑已者紀也陰陽造化臣子成道紀琮許云男字乃易字之譌俊按琮疑綜之譌

俊曰大義一引詩記歷樞已者紀也物既始成有條紀也

庚猶更也

辛新也

胡曰寶典七引紀（紀俊疑記之誤）麻樞曰庚者更也陰代陽也辛者新也萬物成熟始嘗新也宋均曰辛阮（此字疑既）辛螫且兼物新成者也

俊曰大義一引詩記歷樞庚者更也辛者新也言萬物成代改更復新也鄭元云謂萬物皆肅然改更秀實新成也

壬妊也

癸揆也

胡曰寶典八引記厤樞曰壬者任也陰任事於上陽任事於下陰爲政民不與陽持（俊曰持字誤）爲政壬天下故其五字壬似土也許云土當作壬（宋均曰不與則不能壬者也）癸者揆也度息湯持（此字疑誤）法者則也（度陰當消滅時可施法則者）許曰者則二字互倒

霜喪也其氣慘毒物皆喪也

胡曰寶典一引作物喪之也餘同

許曰又引春秋攷異郵曰霜之爲言亡也人物以終縉按人疑萬字之譌

俊曰事類賦一霜部引

雪綏也水下遇寒氣而凝綏綏然也

胡曰寶典一引綏作娞無氣字而下有歸字也作下許云綏字作娞與李善所引合惟多歸字

俊曰文選雪賦注引雪娞也水下遇寒而凝娞娞然也

雹殄也言作見卽殄滅也

俊曰六妙法蓮華八引言作謂末無也字九卷大智度論引仍作言末有也字

震戰也所擊輒破若攻戰也又曰辟歷辟析也所歷皆破析也

俊曰法苑珠林四引霹靂析也震戰也所擊輒破若攻戰也

据此則作折者亦有見

雹跑也其所中物皆摧折如人所蹴跑也

俊曰此條見音義九大智度論二

虹又曰蝃蝀

俊曰禮記鄭注蝃蝀謂之虹漢書集注引如淳同

暈捲也氣在外捲結之也日月俱然

俊曰開元占經八日占四引捲皆作卷無之字末句未引

陰而風曰曀曀翳也言雲氣掩翳日光使不明也

俊曰一切經音義一大集月藏分經引曀亦翳也使日不明

淨也九卷大智度論七引二句與今同十卷十地論四引曀翳也言雲氣隱翳使不見物者也與今本異說文曀陰而風也

日月虧曰食稍稍侵虧如蟲食草木葉也

俊曰見大般涅槃經八此節全引食作蝕又引周易云月盈即蝕漢書云日月薄虧蝕韋昭曰氣往迫之月薄虧毀曰蝕也按食蝕古通今易豐作月盈則食又開元占經九日占五引首句食作蝕蟲作蟲無葉字

朏月未成明也

俊曰淮南天文訓日登于扶桑爰始將行是謂朏明

晦月盡之名也晦灰也火死爲灰月光盡似之也

俊曰素門舊注陰盡爲晦穆天子傳郭注月終爲晦

朔月初之名也朔蘇也月死復蘇生也

俊曰白虎通月言朔呂覽高注月終紀光盡而復生曰朔

胡曰白虎通三正篇朔者蘇也革也言萬物革更于是故統

馬

許曰說文繫傳引作朔蘇也月始蘇也

弦月半之名也

俊曰論衡月中分謂之弦

望月滿之名也

俊曰禮鄉飲酒禮大明生於東月生于西論衡十五日日月

相望謂之望

晨伸也

俊曰見大般涅槃經一首引晨伸也與此同

氛粉也潤氣著木因寒凍凝色白若粉之形也

「許曰說文气部雰云氣或从雨䲨傳引劉熙釋名曰潤氣著

草木過寒而凍色白曰雰下一曰勤按楚金所引則古本氛字

作雺也」胡曰楚金因說文作雺故引氛作雺

霧冒也氣蒙亂覆冒物也

胡曰寶典十一引作氣蒙冒地物繒按地當作也而又誤倒

俊曰地乃覆字之誤寶典引與事類賦注引同末無也字

「許曰繫傳引作霚冒也云今俗作霧据此則霧本作霚」

彗星光梢似彗也

孛星星旁氣孛孛然也

許曰劉台拱經傳小記釋智圓楞嚴經疏引釋名曰言其氣

孛孛然似掃彗也

俊曰大般涅槃經八引無也字下又引爾雅慧星欃槍孫炎曰妖星也曲曰慧郭璞曰亦謂之孛孛然似掃慧也頗疑音義兩引釋名何以中間以爾雅及注今按注㢟本爾雅欃槍下疏中標郭注云亦謂之孛言其形孛孛似掃慧乃恍然于音義之後引釋名涉郭注而入譌也然未知確否

害割也如割削物也

俊曰爾雅釋言蓋割裂也舍人本蓋作害

釋地第二

地底也其體底下載萬物也亦言諦也五土所生莫不審諦也易謂之坤坤順也上順乾也

後曰月令疏引末無也字又引地諦也五土所生莫不信諦事類賦六地部引三句同唯易作地約上文而省也

胡曰寶典一引作其地平載萬物也五土無五字無易謂之坤句作亦謂以以順也言順乾之者也寶典一又引春秋元命苞曰地者易也言養物懷任交易變化含吐應小即故其立字吐力之物一者為地宋均注云地加土以力者言也變化成物功著也加一者奉太一也

後曰大般涅槃經八引無也字下又引爾雅慧星欃槍孫炎曰妖星也曲曰慧郭璞曰亦謂之孛釋名曰言其孛孛然似掃慧也頗疑音義兩引釋名何以中閒以爾雅及注今按注疑本爾雅欃槍下疏中標郭注云亦謂之孛言其形孛孛似掃慧乃恍然于音義之後引釋名涉郭注而入譌也然未知

確否

害割也如割削物也

後曰爾雅釋言蓋割裂也舍人本蓋作害

釋地第二

釋文選注引晉灼同漢書集注盧黑色也

許曰寶典一引地下無者與釋文孔疏所引合惟體底下三字引作地平二字疑是古本不同上奪五字亦當作易謂下奪之字巛當作巛巛古坤字末句當作上順乾者也上字誤之而在乾下傳寫誤耳

地不生物曰鹵鹵爐也

俊曰一切音義九大智度論三十三引首句末有也字

土黑曰盧盧然解散也

俊曰書禹貢孔傳盧異也文選注引晉灼同漢書集注盧黑色也

山第三

山頂曰冢。冢，腫也，言腫起也。

俊曰：爾雅孫注：冢謂山巔也。徐爰射賦注：冢，山顛也。漢書集注：冢，山頂也。

山脊曰岡。岡，亢也，在上之言也。

俊曰：爾雅孫注：岡，長山之脊也。文選吳都賦劉注：岡，山脊也。

山大而高曰嵩。嵩，竦也，亦高稱也。

許曰：御覽　部引白虎通：嵩者，高也，言峻大也，處中以領四方。詩大雅崧高序釋文引此作崧，竦也。勤按：漢碑多以嵩爲聳，桐柏碑宮廟嵩峻，三公山碑厥體嵩厚，唐扶頌山高如不

傾聳皆作嵩此訓嵩為竦者楊雄長楊賦整輿竦戎李注云竦與聳古字通是也說文嵩作崇云嵬高也故云亦高稱也

山銳而高曰喬形似橋也

許曰逸玉篇山部嶠引爾雅山銳而高嶠釋名言形似橋也

山上大下小曰甗甗甑也甑一孔者甗形孤出處似之也

許曰逸玉篇引作甑一孔曰甗山孤處以之為名也

俊曰說文甑甗也

山中叢木曰林

俊曰風俗通林樹木之所叢生也

釋水第四

天下大水四謂之四瀆江河淮濟是也瀆獨也各獨出其所而入海也

俊曰水經河水一注引瀆條同末無也字

胡風俗通山澤篇謹案尚書大傳禮三正記江河淮濟爲四瀆瀆者通也所以通中國垢濁民陵居殖五穀也白虎通巡守篇謂之瀆河瀆者濁也中國垢濁發源東注海其功著大故稱瀆也義與此合風俗通山澤篇云瀆通也所以通中國垢濁民陵居植五穀也與此不同

江公也

胡曰風俗通江者貢也所出珍物可貢獻也

淮圍也

胡曰風俗通淮者均均其務也

河下也

濟濟也

俊曰事類賦六河部引同水經河水一注引同

胡曰風俗通河者播也爲九流出龍圖也濟者齊也齊其度量也

水正出曰濫泉濫銜也如人口有所銜口闓則見也

許曰見當作貴傳寫之誤

所出同所歸異曰肥泉本同出時所浸潤少所歸各枝散而多似肥者也

許曰水經淇水注引同

水草交曰湄湄眉也臨水如眉臨目也水經川歸之處也

俊曰詩巧言疏引作湄謂水草交際之處水之岸也

水小波曰淪

俊曰毛傳淪小風水成文轉如輪也

水注谷曰溝田閒之水亦曰溝溝搆也縱横相交搆也注溝曰澮
澮會也小溝之所聚會也

俊曰鄭注云溝瀆澮田閒通水者也

海中所居者曰島島到也人所奔到也亦言鳥也人物所趣如鳥
之下也

許曰繫傳引島到以下八字同

俊曰見一大集月藏分經五引人上無也字島作島餘同文
選吳都賦劉注島海中山也漢書集注島水中山也

釋丘第五

銳上曰融丘融明也明陽也凡上銳皆高而近陽者也

俊曰詩毛傳陽明也楚辭章內廣雅漢書集注引文顛同

水潦所止曰泥丘其止汙水留不去成泥也

俊曰說文義證引止作上留作流

水出其前曰阯丘

許曰說文湄水出丘前謂之湄丘段注曰阯丘疑本作秕丘

古梢秕字同故湄丘亦為梢丘

釋道第六

二達曰岐旁物兩為岐在邊曰旁此道竝通出似之也

俊曰九大智度論十九引末作此道並之也

四達曰衢齊魯間謂四齒杷爲欋欋杷地則有四處此道似之也

俊曰二大般涅槃經十六引無首句無閒字欋均作攫杷地之杷作把則作即無也字下有因以名焉四字六妙法蓮華經二自首句引無閒字欋从才不从木似之下仍多因以名之也數字

七達曰劇驂

俊曰揚慎均藻十三覃引道七達曰劇驂

八達曰崇期

後曰明揚慎均藻四支引道八達曰崇期

城下道曰[阝豪][阝豪]䎘也言都邑之内人所䎘翔祖駕之處也

許曰逸玉篇阜部[阝豪]胡勞反引作城下道曰豪豪翔也都邑

之内所䎘翔也又引摯虞決疑要注城下道為崤豪高之稱

也傳曰二崤崤〻崤之間或作[阝豪]字也勤案[阝豪]御覽引作壕見

後補遺第二葉

鹿兔之道曰亢

胡曰爾雅釋獸麋其跡躔鹿其跡速麕其跡解兔其跡迒豕

其跡刻貍其跡風此析言之也通言之獸走之道皆曰迒方

言远迹而說文辵部远獸跡也重文作蹥云远或从足更又

許自叙曰黄帝之史倉頡見鳥獸蹏远之跡知分理之可相

别異也是凡獸迹皆稱远爾疋專謂兎此兼指鹿兎不相侔

而實相成

釋州國第七

青州在東取物生而青也州注也郡國所注仰也

俊曰五行大義一引青在東生也輔行記四之三引州者注

也郡國注仰也

胡曰寶典十二引州注云云末無也字

徐州徐舒也土氣舒緩也

俊曰大義一引徐舒也土氣舒緩也詩毛傳徐舒也周禮先鄭注同

荆州取名於荆山也必取荆為名者荆警也南蠻數為寇逆其民有道後服無道先彊常警備之也

俊曰大義一引荆警也南蠻數為寇逆州道先彊當警備之也

豫州地在九州之中京師東都所在常安豫也

俊曰大義一引豫在九州之中安豫也

并州并兼并也

俊曰儀禮鄭注兼并也國策高注廣雅華嚴經音義引文字

集略同

冀州亦取地以為名也其地有險有易帝王所都

俊曰大義一曰釋名冀云州取地為名有險易帝王所都又

引大康地記曰冀近其氣相近也

鄭町也其地多平町町然也

「許曰蟿傳引六字作町然平也與今本異」

胡曰白虎通云鄭國土地人民山居谷浴男女錯雜為鄭聲

以相悅懌癸巳類稾曰釋名就新鄭言之白虎通就故鄭言之必不相應也

魯魯鈍也國多山水民性樸魯也

許曰繫傳七魯下引魯國多山水民性樸鈍据此則末句魯字本作鈍

吳虞也大伯讓位而不就歸封之於此虞其志也

胡曰說文通訓引釋名而申之曰謂娛其志縉按詩不吳正義本作不娛史記式紀作不虞是虞與吳通又與娛通也

南陽在中國之南而居陽地故以爲名也

許曰史記秦本紀索隱引而居作舊居也字作焉
縣縣也縣係於郡也

俊曰水經河水二注引縣縣也縣於郡也矣

胡曰寶典四引縣懸也懸於郡也

許曰下二縣字皆從心無係字

郡羣也人所羣聚也

俊曰輔行記四之三引人所羣聚曰郡天子制地千里分爲百郡

下二句今無之

許曰下二句疑今本奪

胡曰水經河水二注廣均考聲二十三問引同今本不必是

奪

五鄰爲里居方一里之中也

俊曰一切音義六妙法蓮華經五引居方作方居又八維摩

所説經引與六卷同

釋形體第八

人仁也仁生物也故易曰立人之道曰仁與義

胡曰春秋繁露人副天數篇天地之精所以生物也者莫貴

於人人受命乎天地故超然有以倚物疢疾莫能於仁義唯

人獨能爲仁義物疢疾莫能偶天地唯人獨能偶天地

肉柔也

胡曰肉古讀柔說文言部詧徒歌从言肉聲缶部䍃瓦器也从缶肉聲爾雅釋器肉好禮樂記廉肉猶與柔音近

沟澤也有潤澤也

許曰劉台拱經傳小記云案下文釋胞膀皆有水沟之言

首始也

胡曰爾雅疏首頭也身之始也呂氏春秋簡選篇以爲兵首

高注首始也方言人之始生謂之首郝氏爾雅疏曰首者與

鼻同意方言梟始也嘼之初生謂之梟人之初生謂之首是

首梟義同

面漫也

許曰劉台拱經傳小記曰案劉又徐曰漢書食貨志注如淳

曰民盜摩漫面臣瓚曰摩錢漫面此漫釋面之證今人以說

文爲疑誤矣

頟鄂也有垠鄂也故幽州人謂之鄂也

胡曰周禮春秋典瑞瑑圭璋璧琮注鄭司農云瑑有圻鄂瑑

起禮記郊特牲丹漆雕幾之美注幾謂漆飾沂鄂也又少儀

車不雕幾注幾附纏爲沂鄂也淮南子俶真訓四達無境通
于無圻高注圻垠字也説文土部垠地垠也一曰岸也圻或
从斤漢書楊雄傳甘泉賦紛被麗其無鄂注鄂垠也後漢書
張衡思元賦望寒門之絶垠兮注引廣雅云垠咢也咢即鄂
字明帝紀十二年乚酉詔云莫測圻岸注圻堮也堮亦鄂字
然則鄂與垠義相叠垠鄂者邊界之謂也有垠鄂者猶器物
之有邊線也文選西京賦前後無有垠鍔注引淮南注曰出
于無垠鍔之門許慎曰垠鍔端崖也
後按淮南有許注見陶氏方琦異同詁乚

睫插也

俊曰九卷大智度論五眼映下云又作睫釋名作㨗同說文目旁毛也莊炘曰說文作映無睫

許曰通鑑釋文二十九交睫引睫插也謂插於目崖也崖蓋匡之誤

頤養也動於下止於上下咀物以養人也或曰輔車言其骨强所以輔持口也

俊曰衆經音義二大般涅槃經十二引正名輔車言其骨强所以輔持口也

在頬耳旁曰髯隨口動揺冄冄然也

俊曰一切音義九大智度論十七卷引冄冄作髯髯据此則

作髯未必譌持緐文耳

胡互也在咽下垂能斂互物也

俊曰見一大威德陀羅尼經十七引

陰蔭也言所在蔭翳也

俊曰本書七車陰蔭也横側車前所以蔭荅也説文也女陰

也象形

要約也

俊曰淮南高注約要也漢書集注同

髀卑也在下稱也

許曰春秋元命苞云髀之爲言岐也陰二故人兩髀岐卑聲相近士昏禮髀不升注近竅賤也蓋周人貴肩故賤之祭統殷人貴髀注云爲其厚也勤按殷易歸藏首坤地道卑厚故貴之

脛莖也直而長似物莖也

許曰通釋鑑釋文十七引同惟脫上也字

膊團也因形團而名之也或曰蹁蹁扁也亦因形而名之也

胡曰經義述聞一蹁蓋髖之轉聲說文髖郲耑也髖之為蹁

猶猵獺之為猵獺也

趾止也言一進一止也

俊曰見一卷大方廣佛華嚴六

足後曰跟在下方著地一體任之象木根也又謂之踵踵鍾也

俊曰文選思元賦舊注跟踵也

釋姿容第九

疾行曰趨趨赴也赴所期也

俊曰一切經音義一大方等大集經十二引疾行曰趨疾趨

曰走

奔變也有急變奔赴之也

俊曰一切音義七阿闍世王經下卷引無之字

趨卓也舉腳有所卓越也

俊曰一切經音義一大方等大集經六引言舉腳有所卓越

也無上三字

儋任也任力所勝也

許曰通鑑釋文十七引作檐从木下同今本蓋擔之誤

視是也察其是非也

俊曰見卷二大般涅槃經一

覲翰也望之延頸翰翰也　望茫也遠視茫茫也

俊曰一切經音義二大般涅槃經二引覲望二字未備又引

說文亂諦視也

跪危也雨膝地體危脘也

胡曰御覽五百四十二引脘作俛

跽忌也見所敬忌不敢自安也

胡曰御覽五百四十二引敬忌作敬者似誤

俊曰一切音義九大智度論九引同按說文己其長据也此

又引說文跽長跪也

拜於丈夫爲趺趺然詘折下就地也

胡曰詘佪兒引作屈

攀翻也連翻上及之言也

俊曰九大智度論五引同

掣制也

俊曰逸文一切音義六妙法蓮華經八引掣引也此處無

撮捽也轉捽取之也

俊曰六妙法蓮華經二引捽作卒云撮卒也謂轉卒取之也

按說文撮四圭也一曰兩指撮也八維摩詰上卷引撮按括卒也謂暫平取之也八卷所引則今本作暫亦不得指爲僞

摣又也

俊曰六妙華法蓮華經二引摣又也謂五指俱往又取也較此多謂字今莊刻翻本又誤作又

批裨也兩相裨助共擊之也

「許曰漢書王莽傳中注引兩下有指字無之字」

俊按漢書王莽傳中宋祁曰蕭該曰釋名曰批兩指相裨助共擊也字林云擊也又按廣雅釋詁批擊也

摶博也四指廣博亦以摰之也

俊曰逸文華嚴音義昇兜率天宮品第二十三引摰摶也宜

在下葉拍摶也近是

踏藉也以足藉也　履以足履之因以名之也

俊曰九大智度論七引躡藉也以藉足也躡踏古今字足藉

當作藉足蓋涉下足履之足踐之而誤

蹈道也以足踐之如道路也

俊曰見六卷妙法蓮華經四果無路字九卷大智度論七引

亦無路字

偃蹇偃僂息而卧不執事也蹇跛蹇也病不能作事今託病似此也

俊曰一切經音義三摩訶般若經二十引此五句無蹇病二字又九大智度論七十二引無首三字亦無病字

釋長幼第十

人始生曰嬰兒胷前曰嬰抱之嬰前乳養之也

俊曰衆經音義二大般涅槃經四引人始生曰嬰兒胷前曰嬰投之嬰前而乳養之故曰嬰兒莊刻本並不作抱之惟九卷大智度論一引胷前曰嬰投之嬰前以乳養之故曰嬰兒

又按本書七車鞅嬰也唉下稱嬰言纓絡之也

許曰輔行記卷八之上引作人之初生曰嬰兒者胷前曰嬰

接之嬰前而乳養之故曰嬰也

胡曰元應書投字蓋接之誤然不如作抱之爲得

十五曰童

俊曰禮記鄭注成童十五以上

二十曰弱言柔弱也

俊曰見二大般涅槃經六彼有冠字當从之

六十曰耆耆指也不從力役指事使人也

後曰十地持論一引作耆指也謂指事使人不自執役也執役也下云宿久也

釋親屬第十一

親櫬也言相隱櫬也

後曰一切經音義一大方廣佛華嚴十四引同唯櫬皆作攙

按二字皆从親聲當為古通字

王䀢也家中所歸䀢也

胡曰說文王天下所歸往也風俗通引書大傳同

子孳也相生蕃孳也

俊曰郝氏爾雅正義引孽作孼以他處訓解倒證之則孽字必誤

孫遜也遜遁在後生也

俊曰郝引無生字

父之兄又曰伯父伯把也把持家政也

俊曰一切音義九大智度論八引下八字同

夫之父曰舅舅久也久老稱也　夫之母曰姑亦言故也

胡曰林春溥開卷偶得白通虎舅者舊也姑者舊故者老人之稱也今福甯人呼舅曰故尚存古意

俊曰一切經音義十五經二二十六引白虎通姑者故也故

老人之稱也

夫之兄曰公公君也君尊稱也俗閒曰兄章章灼也章灼敬奉之

也又曰兄伀言是己所敬忌見之怔忪自肅齊也俗或謂舅曰章

又曰伀亦如之也

胡曰說文君尊也儀禮喪服傳君至尊也

俊曰一切經音義十五經二二十六引作俗謂舅章曰伀言

是己所敬見之伀遽自肅齊也

許曰逸玉篇引作婦謂夫之兄曰兄章也勤按謂字本誤作

諸今正又逸玉篇下引作俗名舅曰章
荆豫人謂長婦曰孰孰祝也祝始也
胡曰釋詁俶始也郝疏引此謂孰與俶音義同
無妻曰鰥鰥昆也昆明也愁悒不寐目恒鰥鰥也故其字从魚魚
目恒不閉者也
胡曰鰥從眔聲猶眔弟從眔聲也張氏說文發疑五以此說
為泛而無當謂鰥乃魚之一名如謂鰥魚目不閉引伸為矜
寡字則凡鮯魚鰌魚鱄魚之目亦皆不閉豈老而無妻者亦
可謂之鮯鰌鱄乎

許曰詩桃夭序箋老而無妻曰鰥禮疏引無妻曰鰥者愁悒

云云然下無也字目下無恒字

釋言語第十二

仁忍也好生惡殺善含忍也

儉曰一切音義六妙法蓮華經五經引仁下有者字善下有

惡字末也字作之八維摩經上引同六卷末仍作也又華嚴

音義下如來出現品三十七之一引白虎通仁者是忍好生

愛人者也華嚴下入法界品之十三引仁忍也好生惡殺善

惡含忍也

禮體也得事體也

胡曰禮記檦題正義引鄭氏禮序曰禮者體也統之於心曰體踐而行之曰履白虎通禮樂曰禮之為言履也可履踐而行御覽五百二十三引春秋說題辭禮者所以設容明天地之體也

孝好也愛好父母如所說好也孝經說曰孝畜也畜養也

胡曰祭統延引援神契曰天子之孝曰就諸侯曰度大夫曰譽庶人曰畜分之則五總之曰畜皆是畜養但功有大小耳孝經疏引援神契云庶人行孝曰畜言能躬耕力農以畜其

德而養其親也按孝畜古同聲故孝訓畜畜亦訓孝孔子閒

居無服之喪以畜萬邦注畜孝也使萬邦之民共爲孝也坊

記詩曰先君之思以畜寡人注此衛夫人宣姜之詩也宣姜

無子立庶子衎是爲獻公畜孝也言獻公尚思先君定公以

孝於寡人

通洞也無所不貫洞也

俊曰淮南高注洞通也

發撥也撥使開也

胡曰詩長發釋文撥韓詩作發發明也

導陶也陶演己意也

胡曰說文導導引也陶演即陶引聲之轉耳釋文寅演也演生物也漢書律麻志曰引達於寅

識幟也有章幟可按視也

胡曰詩小雅織文鳥章周官司常疏兩引作識文月令以為旗章鄭注旌旗及章識也檀弓公西華為志焉注志謂章識又銘明旌也以死者為不可別已故以其旗識之皆所謂章識也說文識常也一曰知也段注以常為意字之誤按臧氏經義雜記曰琳以識字本訓為常即用禮司常之常司常掌九旗而

獨取名於常者因日月為常舉至尊者以名其官說文訓徽
識字為常亦从其大名也一曰知者徽識所以使人識別故
特訓為知也
視是也察其是非也
倓曰一切經音義二大般涅槃經一引察上多言字已見前
號呼也以其善惡呼名之也
倓曰一切經音義二大般涅槃經一引以其句同 又引爾雅
號呼也
善演也演盡物理也

胡曰說文羊部譱吉也从羊與義美同意演盡猶引盡詳上導陶條下又曰通作繕易略例云善邇而遠至釋文善又作繕詩鄭風箋及周官注並云繕之言善也

燥焦也

俊曰音義六妙法蓮華經四引之又引說文燥乾也

榮猶熒也熒熒照明貌也

俊曰華嚴音義上妙嚴品之三引榮猶熒熒然昭明之皃又下入法界品之五引榮猶熒熒然昭明之皃

御語也尊者將有所欲先語之也亦言其職卑下尊者所勑御如

御牛馬然也

俊曰見九卷大智度論一引同

難憚也人所忌憚也　艱根也如物根也

俊曰音義六妙法蓮華經四引此四句同惟末句也字無

翺敖也言敖游也　翔佯也言彷佯也

俊曰一切經音義一法炬陀羅尼經二引翺敖也言敖遊也

翔佯也言彷佯也又淮南高注翼上下曰翺直刺不動曰翔

始息也言滋息也

胡曰說文女部始女之初也

俊曰始與胎同意均从台得聲故爾雅釋詁胎始也胎有生

息義

息塞也言物滋息塞滿也

俊曰一切經音義一大集同藏分經三引息塞也言物滋蔚

亦茂也翳也九大智度論三引息塞也亦物滋息塞滿也

省瘳也臞瘦約少之言也

俊曰逸文一切音義八無量清淨平等覺經上卷引眚瘖也

病者瘖瘦也與此條近似而姿容疾病部無之宜爲逸文姑

坿此俟再攷

胡曰龍城札記曰臞字本亦非誤禮記地官大司徒注瘠臞也麈人注不售而在麈久則將瘦臞腐敗釋文竝云臞又作臞音稍疏引攷弓記梓人云大胷臞後臞是細小之義故云瘦臞是疏所据鄭注作臞字也按釋名定當作臞當舊本但譌臞作日旁耳不當改為臞瘦攷工記臞作燿又案省瘦亦可通但非釋名本耳俞氏兒笘錄則从畢本謂說文女部媨減也釋名訓省為瘄者以媨釋省也古有省瘄之語實為媨之本義章懷注後漢書袁閎傳引謝承書曰面皃省瘦字亦以眚為之眚之鄭注曰眚猶眚瘄也省眚竝段字其本字當

作媨縉按漢書外戚傳嫶妍大息晉灼曰三輔謂憂愁面省瘦曰嫶冥嫶冥猶嫶妍也是亦有瘦連文之證

污洿也如洿泥也

俊曰一切經音義摩訶般若經十九引同污作汙六卷妙法華蓮經二引污亦作汙

祝屬也以善惡之詞相屬著也

俊曰六卷妙法華蓮經六引詞作辭有著字屬作囑

誓制也以拘制之也

俊曰輔行記一之四引首句

釋飲食第十三

嗽促也用口急促也

俊曰一切經音義九大智度論三引欶促也用力急也促

餅并也溲麪使令并也胡餅作之大漫沍也亦言以胡麻著上也

蒸餅湯餅蝎餅髓餅金餅索餅之屬皆隨形而名之也

許曰逸玉篇引作胡餅蒸餅湯餅蝎餅髓餅金餅各隨形而名之也

餌而也相黏而也兗豫曰溏浹就形名之也

許曰黎刻玉篇食部餹引作兗豫謂餌曰餹餙也勤按滞餙

古通言餹形如𥹸也又餹徒奚反埤倉餹餹餌也按此則湩泱當作湩𥹸即餹餹也說文餌爲鬻之或體繫傳云餌先屑米爲粉然後溲之故許慎云餌粉餅也餌之言珥也欲其堅潔而淨若玉餌然也小徐校說文爲說故餈餌二義與此皆

異乚

餈漬也烝燥屑使相潤漬餅之也

許曰說文鬻部鬻下小徐引釋名云蒸燥屑餅之曰餈鍇以此爲非又据說文餈稻餅也謂炊稻米爛乃擣之如黏前後蒸之不爲粉也又云餈之言滋也熙也欲其柔釋其大也楚

金之說與成國也異

糜煮米使糜爛也　粥濁於糜粥粥然也

胡云說文米部糜糝也粥作鬻在鬲部訓云饘也爾雅釋言

鬻糜也郝疏糜者說文訓糝糝以米和羹一曰粒也蓋以米

和羹為糝以米煮鬻為糜糜粥通名故釋名云云鬻者經典

省作粥而訓糜玉篇粥糜也既夕禮云歠粥鄭注粥糜也粥

皆鬻字之省又爾雅釋言郝疏濁引作淖注段說文糜篆同

豉嗜也五味調和須之而成乃可甘嗜也故齊人謂豉聲如嗜也

胡曰程瑤田九穀考云史記貨殖傳言通邑大都一歲所市

者曰蘖麴鹽豉千荅漢書作千合又漢書言自元成訖王莽
京師富人長安豉樊少翁王孫大卿爲天下高訾皆鉅萬東
皙餅賦言宋九之製曰和鹽漉豉梁吳均餅說言豉之良者
曰張掖北門之豉

鮓菹也

許曰通鑑釋文引鮓菹也

膾會也細切肉令散分其赤白異切之已乃會合和之也

俊曰膾細切肉也玉篇細切肉爲膾漢書東方朔傳生肉爲
膾說文膘薄切肉也臠臞也一曰切肉臠也肪肥也論語鄉

薧膾必先細釋文膾本又作鱠禮少儀疏聶而切之謂先牒

為大臠而後細切之為膾也肉則牛膾魚膾及用葱用芥校

勘記報切句閩本同志棣校宋本同監毛本報作細

膾細切細切豬羊馬肉使如膾也

俊曰李氏惇羣經識小曰膾與今之肉相似此句劉正義引之蓋烹

飪既與凡肉皆從火化惟膾則用生肉切葱芥若薤實之醯

以柔之必切之極細乃易熟若粗則不能急熟故害人也按

膾為肉絲故再細切則為小方塊而肉醬中用之矣

生瀹葱薤曰兑言其柔滑兑兑然也

許曰逸玉篇水部浣引作白溢蔥燕薤（此薤字許塡于旁）曰浣勤按燕字元改為薤是也溢亦當依此作瀹白瀹葱薤曰浣即禮記梲齊也鄭解為清孔說文浣財溫水也可悟瀹字之義段注乃云依許說則内則祭統浣字不可解不知叔重之解禮記尚同釋名何必與鄭相合耶

餳洋也煮米消爛洋洋然也

胡曰急就章梨柹柰桃待露霜棗杏瓜棣饊飴餳不讀如洋鄭注周禮簫如今賣飴餳所吹者疏音辭盈切說文食部誤从昜作餳孫愐徐盈切並一聲之轉集均陽均混糖為一字

据方言餳謂之餹別白二名最為分曉

餱餱也

胡曰公劉迺裹餱糧

煮麥曰麩麩亦䵂也煮熟則䵂壞也

許曰𩞁傳十一麥部麩下引劉熹釋名曰煑麥曰麩麩之言䵂也煮熟䵂壞勤按末句節引爾字當依所引改為之言二字

盤胥取蟹藏之使骨肉解胥胥然也

許曰𩞁傳引作言其肉胥胥解也與今本異

釋采帛第十四

緗桑也如桑葉初生之色也

許曰逸玉篇引作緗葉初生之色也又引續漢書賈人嫁娶衣緗縹而已廣雅纁謂之緗

縹猶漂也漂漂淺青色也有碧縹有天縹有骨縹各其色所象言之也

俊曰衆經音義三摩訶般若經十五引六句與此同惟漂字不重九卷大智度論七引與三同惟天作文按韵藻十七篠引縹猶漂淺青色一名天縹又謝華啟秀天縹下云釋名淺

青色

「疎者言其經緯疏也

許曰晉書元帝紀大極殿夏施青練爲帳音義青練所居反

即此所謂疏也練一作縩非」

綈似蟀蟲之色綠而澤也

許曰逸玉篇引同惟蟲作虫黎刻玉篇引同蟲字亦作虫又

玉燭寶典七引漢書音義綈厚繒也重二斤者勤按厚繒之

訓與說文合

錦金也作之用功重其價如金故其制字從帛與金也

俊曰事類賦十錦部引無之字故其之具字從字餘同

胡曰寶典七引同惟末句作故制字帛與金同

許曰此引無從字與今本合俊謂事類賦注引亦無從字似

廣韻所引不可据

綺敧也其文敧邪不順經緯之縱橫也

俊曰華嚴音義上昇須彌頂品第十三引此三句敧皆作崎

脫不字

纚簁也麤可以簁物也

許曰逸玉篇糸部引同惟麤字譌為鹿

紡䴥絲織之曰疏疏寥也寥寥然也

許曰疏字亦作練逸玉篇糸部練所閭反引作紡䴥絲織曰

練練料也料料然疏也此引曰上奪之字寥字作料

縠衆也其形戚戚視之如粟也又謂之沙亦取戚戚如沙也

許曰逸玉篇縠胡木反說文細練也釋名亦謂之紗縠按練

今本說文作縳今本玉篇云細纑也紗縠也是顧所見本有

縠字也

後曰後漢書明紀注引縠紗也

紺含也青而含赤色也

後曰一切經音義六妙法蓮華經八引含上有全字此脱

緜猶湎湎柔而無文也

許曰黎刻玉篇引作緜絮者綿猶緬緬柔而无文也據此則

綿絮二條古本相連

煮繭曰莫莫幕也貧者著衣可以幕絡絮也或謂之牽離

許曰逸玉篇糸部繭注引作煮繭曰幕或曰牽雒勤按雒乃

離字之誤

釋首飾第十五

帽冒也

許曰宋書禮志五條爰曰帽名猶冠也義取於蒙覆其首其本纚也

簪䡔也以䡔連冠於髮也又枝也因形名之也

胡曰文選沈約應詔樂遊苑餞呂僧珍詩注引通俗文曰幘道曰簪道即下文導櫟之導服虔蓋謂幘之導曰簪御覽六百八十八引通俗文道作導選注道是古字

王后首飾曰副副覆也以覆首亦言副貳也兼用衆物成其飾也

步搖上有垂珠步則搖動也

後曰事類賦九珠部引首二句同又引下二句無動字

䈉恢也恢廓覆髮上也魯人曰頍

許曰劉台拱經傳小記士冠禮注䈉各本誤作䈏釋文亦誤

釋名云字从竹亦从巾作幗滕薛在漢為魯之南境劉熙作

頍為魯語與鄭合

華勝華象草木華也勝言人形容正等一人著之則勝蔽髮前而

為飾也

許云寶典一引作花象草木花也言人刑容政等著之則勝

勤按刑當作形政與正通

穿耳施珠曰璫此本出於蠻夷所為也

後曰一切音義二大般涅槃經四引穿耳施珠曰璫本出西
戎者也卷四引埤蒼珠曰璫充耳也洛神賦引通俗文耳珠
曰璫御覽七百一十八引風俗通同説文無璫字新附璫華
飾也華嚴上迴向品之二引首句耳施珠曰璫下卷入法界
品之五引同

以丹注面曰的的灼也此本天子諸侯羣妾當以次進御其有月
事者止而不御重以口説故注此丹於面灼然爲識女史見之
許曰史記五宗世家程姬有所辟不願進索隱姚氏案釋名
云天子諸侯羣妾以次進御有月事者止不御更不口説以

丹注面的的為識令女史見之

後曰畢本少當字其字兩字省引耳重以作更不重更形近

而譌當从更不義為長灼然作的的則非也故注此三字以

以字代之引書者之常耳女史上多令字

又按内經月事以時下謂婦人天癸亟月而至也

釋名集校

釋衣服第十六

闕翟翦闕繒爲翟雉形以綴衣也

許曰逸王篇緇去厥反埤蒼緇狄衣也野王案王后文服也

今禮家並爲闕字按屈乃緇之省闕則聲近叚也

襢衣襢坦也坦然正白無文采也

俊曰事類賦十二衣部引展衣展坦也坦然正白無文采也

展或作襢

襹屬也衣裳上下相聯屬也

俊曰事類賦十二衣部引此二句聯作連無也字

婦人上服曰袿其下垂者上廣下狹如刀圭也

俊曰事類賦十二衣部引四句同

胡曰御覽六百八十九引漢書音義曰諸於大掖衣也如婦人之娃衣

裾下裳也裾羣也聯接羣幅也

許曰通鑑釋文十六布裠云音羣說文曰下裳也釋名裠羣也連聯羣幅也据此則今本衍下字裾乃裠之誤耳又二十

二引屩作屌緝下自當別爲一條

齊人謂如衫而小袖曰侯頭

胡曰史記萬石君傳索隱今世謂反開小袖衫爲侯牏

幅所以自偪束

胡曰偪束之偪本作逼

履禮也

俊曰說文禮履也

鞾跨也兩足各以一跨騎也本胡服趙武靈王服也

許曰寶典十一引鞾跨騎胡内所名又引蒼頡履上大者曰

韡

仰角屐上施履之名也

俊曰事類賦十四引几部引㡜閣也今本無

釋宮室第十七

室中西南隅曰奥不見户明所在秘奥也

俊曰一切音義六妙法蓮華經二引不見二句同又引說文奥究也亦藏也俊按藏當作臧

東北隅曰宧宧養也東北陽氣始出布養物也

許曰東北陽氣始出者淮南墬形訓正東陽州曰申土高注

申後也陰氣畧於北陽氣復起東北故曰申土是也後按揚
陽古通
中央曰中霤古者復穴後室之霤當今之棟下直室之中古者霤
下之處也
胡曰鄒漢勛讀書偶識曰成國之意謂中霤者室南壁内東
西之中也古者寢穴句絶後室句絶霤當今之棟句絶下直
室之句絶古者寢穴謂上古無室穴居之世也後室之謂後
世聖人易之以宫室也上古爲穴穴前即水霤之所注今爲
室室前壁猶古之穴前上當棟故古之霤當今之棟也棟下

即室前壁故曰下直室之中中内也非謂室之正中慱雅甍謂之甑釋名屋脊謂之甍以霤當今之棟徵之則甍謂之甑者以不忘古而存其名也甑霤字通

宇羽也如鳥羽翼自覆蔽也

後曰一切音義七漸備經一引同

宗廟宗尊也廟貌也先祖形貌所在也

許曰逸玉篇广部廟下廖上引尚書大傳廟者皃也以皃以皃言之也白虎通云先祖之尊皃所在也

後按二以皃二字疑衍

寢寢也所寢息也

俊曰寢寑也二字相同疑有一譌

胡曰下闕闕也觀觀也即此例

郭廓也廓落在城外也

許曰御覽一百九十三居處部引此句脫外字而傳寫誤爲説文非説文古本有此一觧也沈氏濤説

城上垣曰睥睨言於其孔中睥睨非常也亦曰陴陴裨也言裨助城之高也亦曰女牆言其卑小比之於城若女子之於丈夫也或名堞取其重疊之義也

俊曰一切音義二大般涅槃經二引無上句唯引言於孔中

俾倪非常事也亦言裨助城之高也或言女牆言其卑小比於城若女子之於丈夫也或言堞取其重疊之義也

寺嗣也治事者相嗣續於其内也

俊曰一切音義六妙法蓮華經六引同末句内作中華嚴下入法界品二十九引寺嗣也治事者相繼嗣於内也

獄又謂之囹圄囹領也圄禦也領錄囚徒禁禦之也

俊曰一切經音義卷二大般涅槃經二引囹者領也圄者禦也謂領錄囚徒禁禦也月令疏引蔡邕章句曰圄止也所以止出入禮樂志囹圄空虛師古曰囹獄也圄守也皆分囹圄為

二義王氏讀漢書雜志以為非說文圉囹圄所以拘罪人誼

與鄭合

亭停也亦人所停集也

胡曰御覽百九十四續漢百官志注引風俗通云謹案春秋

國語畺有寓望謂今亭也民所安定也亭有樓從高省丁聲

也今語有亭待蓋行旅宿食之所館也亭亦平也訟諍吏留

辨處勿失其正也

俊曰說文亭民所安定也有樓从高省丁聲

梁彊梁也

許曰繫傳引作梁者屋梁也勤按屋當作彊字之誤也

棟中也居屋之中也

俊曰一切音義六妙法蓮華經二引棟中二句同

「桷确也

許曰繫傳十一引作桷确堅而直也與今本異」

「楣眉也近前各兩若面之有眉也

許曰通鑑釋文十八引作楣近前各兩若面之有眉然則古

本似有各二字」

牆障也所以自障蔽也

垣援也人所依阻以爲援衛也

俊曰四句皆見一切音義九大智度論三十三引同

「屏自障屏也

「蕭廧在門内蕭肅也臣將入於此自肅敬之處也

許曰淮南主術訓天子外屏所以自障高注屏樹垣也爾雅

曰屏内之垣謂之樹諸侯在内天子在外故曰所以自障也

白虎通所以設屏何屏所以自障也示不極臣下之敬也天

子德大故外屏諸侯德小所照見近故内屏勤謂外屏即浮

思内屏即蕭廧也論語鄭注蕭之言肅也蕭牆謂屏也君臣

相見之禮至屏而加肅敬也是以謂之蕭牆與此義正合說

文屏蔽也是屏障即屏蔽也」

堂猶堂堂高顯貌也

胡曰御覽五百三十三引首堂字上有明字按引在明堂類

當非衍文

罘罳在門外罘復也罳思也

許曰罘罳明堂位注作浮思聘義疏云浮者在外之名漢書

五行志上文帝七年六月癸酉未央宮東闕罘罳在其外諸

侯之象也廣雅釋宮罘罳謂之屏水經穀水注及太平御覽

並引作復思謂之屏

觀觀也於上觀望也

許曰廣韵引無觀也二字

俊曰音義十八妙法蓮華經四引觀者於上觀望也

樓言牖户諸射孔婁婁然也

胡曰婁空也射孔婁婁即說文广部廔云屋麗廔也玉篇廲

云麗廔綺窻然則樓言婁又言廔也門户洞達窻牖交通足

資登眺故月令可以居高明注高明謂樓觀也又說文囧部

囧云窗牖麗廔以闓明釋之蓋即玲瓏之轉聲

臺持也築土堅高能自勝持也

胡曰莊子庚桑楚萬惡不可內於靈臺靈臺者有持而不知其所持而不可持者也淮南俶真臺簡以遊太清高注臺猶持也方言廣雅釋言並云臺支也王念孫曰持與支同義

櫓露也露上無屋覆也

俊曰見卷二大般涅槃經一

許曰通鑑釋文七樓櫓云櫓即櫓字城上守禦望樓說文釋名曰櫓露也上無覆屋勤按此引葢脫露字而屋覆本作覆屋宋本與元應所見聞又十四卷引同又十七卷引同今本

不脱露字而仍作覆屋今作屋覆蓋誤倒

寄止曰廬廬廬也㕓自覆廬也

　後曰一切經音義九卷大智度論二十六引三句同

大屋曰廡廡幠也幠覆也并冀人謂之房

　許曰逸玉篇引大屋曰廡幽冀人謂之房也按此則并字古

　本作幽與元應所見本合

庫舍也物所在之舍也故齊謂庫曰舍也

　許曰逸玉篇引齊魯謂庫曰舍又引禮記在庫言庫鄭玄曰

　車馬兵革之藏也蔡雍月令章句審五庫之量一曰車庫二

曰兵庫三曰祭器庫四曰樂庫五曰宴器庫

廏勼也勼聚也牛馬之所聚也

許曰通鑑釋文五引作廏聚也生馬之所聚也勤按此無勼

也勼三字蓋節引生乃牛之譌又二十一卷引同

囷也也屯聚之也

俊曰大藏倭刻音義十四卷引許叔重莊子注圖也笔

「許曰黎刻玉篇广部引作庉屯也屯聚也据此則圂本作庉

又云庉徒本反引廣雅庉合也」

廁雜也言人雜廁在上非一也或曰溷言溷濁也或曰圊言至穢

之處宜常修治使潔清也

許曰逸玉篇引作或謂之溷或謂之廁也又引蒼頡篇廁次也廁雜也繫傳十一云按釋名清即蕇槽謂之清者言其穢汙當常清除之也一曰槭竇即虎子溲器也人君謂之虎子勸按小徐所引則古本圊自作清一曰以下今本奪之説文槭云槭下窬褻器也小徐云史記注槭窬即廁中行清器也窬音竇又云槭言穢也皆可證

釋牀帳第十八

枰平也以板作之其體平正也

俊曰一切音義九大智度論二十九引

薦所以自薦藉也

俊曰一切音義一大方廣佛華嚴四十云按藉猶薦也所以

自薦藉也

榻登施之承大牀前小榻上登以上牀也

許曰後漢西域傳天竺國有細布好毾㲪注毾音它闔反㲪

音登埤倉曰毛席也釋名施之云云

俊曰見二卷大般涅槃經十一

帷圍也所以自障圍也

後曰一切音義九大智度論五引所作謂

許曰通鑑釋文十七引同無所字

慊廉也自障蔽爲廉恥也

許曰說文巾部幨帷也繫傳引釋名曰慊廉也所以障爲廉恥也因作此字今俗作簾勤按小徐所引則自上本有所以二字又云說文簾堂簾也繫傳云鍇按尚書注戺堂簾曲隅也即謂兩階欲下隅曲處今此从竹即簾帷據此書及釋名簾帷皆作慊疑幨或與簾別

幄屋也以帛衣板施之形如屋也

胡曰說文屋居也引申其義知古人帷幄之字亦通用屋故
劉熙即以屋釋幄也如大雅尚不愧於屋漏箋屋小帳喪大
記畢塗屋鄭注屋殯上覆如屋者文選范蔚宗樂遊應詔詩
黃屋非堯心李注引漢書紀信乃乘王車黃屋左纛李斐曰
天子車以黃繒為裏集韵云幄幬也亦作屋說本說文答問

延證

屛風言可以屛障風也

許曰說文㡉所以几器一曰帷屛風之屬小徐引齊謝惠連
雪賦曰月承幌而通輝以為幌即此㡉字是也

釋書契第十九

筆述也述事而書之也

胡曰初學記二十一引述事上有謂字

俊曰事類賦十五筆部云古以為能述事而言故謂之為述

注云釋名云又史記律書索隱引律述也與爾雅釋言禮中

庸上律天時注合然則律酋筆之叚字歟

板昄也昄昄平廣也

胡曰昄昄二字御覽作上字

簡閒也編之篇篇有閒也

胡曰御覽六百六引簡書編也為言閒也

啟白則書其上備忽忘也或曰簿言可以簿疏物也

許曰初學記引上節同不引或曰以下唐類函引上節亦同而下節引作或曰笏可以簿物也

俊曰儀禮士喪禮竹笏注笏所以書思對命者禮內則搢笏注笏所以記事也史記夏本紀集解引鄭注留者臣見君所秉書思對命者也此鄭一家之學穀梁僖三年傳搢笏注笏以記事者也義與鄭同家語五儀紳帶搢笏注笏所以執書思對命此肅竊取禮説也隋書禮儀志引雷氏五經要義笏

所以記事防忽志北堂書鈔一百二十八引曰笏者臣見於
君以書思命又劉主君對臣言鄭主臣對君主必合二說於
義方備
牘睦也手執之以進見所以爲恭睦也
胡曰御覽六百六引手作身誤
檢禁也禁閉諸物使不得開露也
後曰一切音義六妙法蓮華經六引禁上有謂字諸作誨尚
是形近而誤宜從今本作諸
印信也

許曰通鑑釋文一秦始皇三十七年符璽下引釋名印信也

按此似以印信釋璽字岂史炤所見有脱文歟

券綣也相約束繾綣以為限也

許曰通鑑釋文十四引作券綣也相約束繾綣為恨也上綣

从力誤又脱以字限从心亦誤又十六引與今本但無以字

漢制約敕封侯曰册册賾也敕使整賾不犯之也

許曰說嫧齊也廣雅釋詁一嫧善也謂整齊修飭以至於善

也此以賾訓册賾之正字當作嫧朱氏駿聲云以嫧為訓是

也說文有嘖無賾賾俗字册嫧疊韵

書庶也紀庶物也亦言著也

俊曰輔行記四之三引書庶也紀庶物也書亦曰著著萬物

下二句與今本異

下官刺曰長刺長書中央而下也

胡曰曰長刺三字御覽無

敕飭也使自警飭不敢廢慢也

胡曰公孫丑好臣其所教趙注但好臣其所教敕役使之方

可驕者耳焦氏正義引此文而申之曰教敕之使不敢慢是

我所使役之方也

謂猶謂也猶得敕不自安謂謂然也

胡曰詩名南謂行多露馬瑞辰曰謂疑畏之假借凡詩上言豈不豈敢者下句多言畏引大車諸詩又引此文云云謂謂即畏畏耳説文咄相謂也相謂即相驚畏之詞謂行多露正言畏行道之多露耳僖二十年左傳引此詩杜注言豈不欲早暮而行懼多露之濡已以懼釋謂似亦訓謂爲畏

釋典藝第二十

三墳墳分也論三才分天地人之始其體有三也

胡曰御覽六百八引同今本有之字作治不作始

五典典鎮也制教法所以鎮定上下差等有五也

　胡曰御覽制下有作字差作其

九丘丘區也區别九州之土氣

　胡曰區别之區御覽無又無之字

經徑也常典也

　胡曰廣雅釋詁經徑也義即本此王氏疏證引此文亦有常

　典也三字

讖纖也其義纖微而有效驗也

　俊曰見大般涅槃經二十一引效作効又引説文讖驗也謂

占後有効驗也

許曰通鑑釋文五讖文引讖纖也其義纖微無下四字宋本

亦如此

易易也言變易也

胡曰繫傳易之爲書也不可遠爲道也屢遷是易之義自取

之變易鄭贊本乾鑿度義不可通辨見俞氏湖樓筆談一

禮體也得其事體也

胡曰御覽六百八引無其字六百十引作得事之體也

詩之也志之所之也興物而作謂之興敷布其義謂之賦

胡曰御覽五百八十七引有賦敷二字

尚書尚上也以堯為上始而書其時事也

胡曰墨子明鬼云尚書夏書其次商周之書舉夏商周而不舉虞書尚書即指堯典也史記五帝本紀學者多稱五帝尚矣然尚書獨載堯以來是以堯為上史也

春秋言春秋冬夏而成歲舉春秋則冬夏可知也

胡曰御覽六百八作歲成無舉下九字

爾雅爾昵也昵近也雅義也義正也五方之言不同皆以近正為主也

胡曰漢書藝文志張晏注曰爾雅卲正義引釋名而說之曰

良以齊音楚語風氣區分蹴口合脣短長互異不有會通曷
窺恉要又詩黍离正義引鄭駁異義爾雅者孔子門人所作
以釋六藝之言蓋不誤也白虎通禮樂樂尚雅何雅者古正
也

詔書詔照也人暗不見事宜則有所犯以此照示之使昭然知所
由也

俊曰一切音義大妙蓮華經一引首無詔書二字宜作理則
作即此下無照字昭然作照然孫星衍曰古無詔鄭注禮古
文詔為紹

稱人之美曰讚讚纂也纂集其美而叙之也

許曰逸玉篇稱人内同又云案讚訟者所以佐助導引褒揚

其德美也胡曰訟當作頌御覽五百八十八引亦作纂不必

改篹

叙杼也

胡曰泄邰爾雅一引作叙

謚曳也物在後為曳言名之於人亦然也

俊曰衆經音義十三佛大僧大經引謚申也物在後為申言

名之於人也竊謂曳乃申之譌文申依説文當作𦥔故形近

而譌曳

譜布也布列見其事也亦曰緒也主緒人世類相繼如統緒也

許曰逸王篇言部引譜布也列見其事也列上蓋奪一布字

碑被也此本葬時所設也施鹿盧以繩被其上引以下棺也

「許曰逸玉篇引作石碑本莽時所設以下棺臣子追述君父之功美以書其上後人因无故建之道陌之頭銘吉文就謂之碑也野王案三輔舊事漢惠帝為四酷作碑在其隱處是

勤按莽當作葬顧氏引漢惠帝事以證明无故之誼則无故謂非葬事也江叔澐以為物故者」非胡云施字御覽五百八

十九引作於其二字無末也字

臣子追述君父之功美以書其上後人因焉無故建於道陌之頭顯見之處名其文就謂之碑也

胡曰御覽引無臣子字無顯見之處字引後人因爲焉故建道陌之頭

釋用器第二十一

斧甫也甫始也

後曰一切經音義一法炬陀羅尼經十七引甫始也又周禮小宗伯甫竁亦如之注家人請度甫竁注儀禮鄉射儀注甫

習衆庶延漢書翼奉翟方進匈奴上外戚上下傳注後漢冠
榮傳爨傳注太元法準繩不甫注老子以閱衆甫注皆云甫
始也老子王注衆甫物之始也

耨似鋤嫗薅禾也

後曰八優婆塞戒經四引鎒以鋤媷耨禾也

釋樂器第二十二

鞞裨也裨助鼓節也

許曰通鑑釋文十三引此鞞从革

枇杷本出於胡中馬上所鼓也推手前曰枇引手卻曰杷象其鼓

時因以爲名也

俊曰唐段安節琵琶錄引釋名琵琶本胡中馬上所鼓推手

前曰琵引曰琶因以爲名又示兒編十六推手向前曰琵卻

手向後曰琶注釋名據此是孫奕所見本作琵琶

許曰通鑑釋文二十九琵琶云上頻脂切下蒲巴切釋名琵

琶樂名胡中馬上所鼓推手前曰琵卻手後曰琶因以爲名

許曰勤按樂下疑脱器字

塤喧也聲濁喧喧然也

許曰通鑑釋文五引作塤喧也聲濁喧然勤按此蓋奪一喧

字

搏拊以韋盛糠形如鼓以手拊拍之也

許曰搏拊一名相三禮圖目錄引舊圖云相以韋爲羅當擊處圜四圍漸稍而下以漆拊局承而擊之又舊唐書音樂志云撫拍以韋爲之實之以糠撫撫節樂也是其遺制至唐宋拍板盛行而搏拊乃廢

釋兵第二十三

弓穹也張之穹隆然也

俊曰事類賦卷十三弓部引二句無張之二字

箭進也其本曰足

俊曰衆經音義二大般涅槃經五引箭本曰足古謂箭足為

箭族据此則今本具本曰足下當補古謂箭足為箭族七字

又謂之鏑鏑敵也言可以禦敵也齊人謂之鏃鏃族也言其所中

皆族滅也

俊曰一切音義九大智度論五十九引無言字無人字并無

鏃族也三字二十八引四句

戟格也旁有枝格也

俊曰一切經音義一大方等大集經二十一引同旁作言

許曰通鑑釋文七引作戟格謂傍有枝格旁从人旁

矛長丈八尺曰矟

俊曰晉書一劉曜載記陳安右手執丈八蛇矛

仇矛頭有三叉言可以討仇敵之矛也

胡曰毛傳後箋書顧命疏引鄭注戣瞿蓋今三鋒矛三鋒即三隅鋒謂稜也戣瞿與厹聲亦相特釋名用器兵器兩言仇矛兵器篇云仇矛欲有三叉其下即言夷矛劉意蓋以仇矛當考工記之酋矛亦即毛詩之厹矛按仇厹字固可通如國策厹由呂覽韓非史記淮南皆作仇由是已而以為欲有三

义則與三隅不合曲禮孔疏云矛如鋋而三廉是以但謂其鋒作三棱形耳

彭排彭旁也在旁排敵禦攻也

許曰宋書朱齡石傳一車益二十人設彭排於轅上

鉤鑲兩頭曰鉤中央曰鑲或推鑲或鉤引用之之宜也

許曰鞶傳鑲引鉤鑲兵也兵也二字疑小徐所增又無用之之宜四字蓋節引

熊虎為旗旗期也言與眾期於下

俊曰一切經音義一大方廣佛華嚴四引熊虎為旗者軍將

所建也象其猛爲虎與衆期其下也與此前後不合

釋車第二十四

車古者曰車聲如居言行所以居人也今曰車聲近舍車舍也行者所處若居舍也

俊曰衆經音義卷六妙法蓮華經一引古者車如居言行所以居人也今曰車車舍也言行者所處如舍也

胡曰詩名南釋文引有曰車二字

天子所乘曰路路亦車也謂之路者言行於道路也金路玉路以金玉飾車也象路革路木路各隨所以爲飾名之也

許曰續漢輿服志注引天子至路也車字譌爲軍事二字無者於道三字史炤通鑑釋文二十九引天子乘二句與注今本同而無所曰二字又引謂之二句惟上路者作輅据此則南宋時史氏所見已與今本同但所引有刪節耳

胡奴車東胡以罪没入官爲奴者引之殷所制也

許曰宋書禮志五傅玄子曰夏曰余車殷曰胡奴周曰輜車

輜車即輦也

元戎車在軍前啟突敵陳周所制也

許曰韓詩章句曰元戎大戎謂兵車也車有大戎十乘謂車

漫輪馬被甲衡軛之畫有劍戟名曰臨陣之車所以曰自實先啟敵家之行伍也此正啟突敵陳之説所本也

羊車羊祥也

後曰羊車明以羊乘之觀晉書孝武記可知何必穿鑿

安車蓋卑坐乘今吏所乘小車也

胡曰漢書車千秋傳千秋年老上優之朝見得乘小車入宫殿中續漢輿服志小使車不立乘

䡅車羊車各以所駕名之也

許曰周禮巾車先鄭注薄蔽謂䡅蘭車以蒲爲蔽天子喪服

之車漢儀亦然勤按𩦺蓋𩦺之譌𩦺俗作騾宋書禮志五晉

令曰乘傳出使遭喪以上即自表聞聽得白嚴乘騾到副使

揖事徐廣車服注傳聞騾車者犢車裝而馬車轅也按此可

為遭喪乘騾車之證

輜車載輜重臥息其中之車也輜廁也所載衣物雜廁其中也軿

車軿屏也四面屏蔽婦人所乘牛車也輜軿之形同有邸曰輜無

邸曰軿

許曰通鑑釋文九引輜廁也謂軍糧什物雜廁載之以其累

重故稱輜重史記韓長孺傳正義引輜廁也至其中續漢志

注引輧屛至車也脱面所二字又引有邸二字續漢志注引

字林脱其有後轅四字末有也字

胡曰文選京賦注引張揖曰輜重有衣車也蓋以輜重為一

一車與此合漢書韓安國傳顔注輜衣車也重謂載重物車

也故行者之車總曰輜重

俊曰後漢書光武紀注引輜廁也

許曰以下至荃續小戎正義並引

游環在服馬背上驂馬之外轡貫之游移前卻無定處也

文鞇車中所坐者也用虎皮為之有文采因與下輿相聯著也

後曰衆經音義三卷經一三十九引無文字引說文車中重席也又引釆作彩又六卷經一法蓮妙華經二引有文字無者字釆亦作彩又三卷引因與下鞶相連著也六卷鞶作輿

因與作因以

許曰詩小戎疏引劉熙釋名鞇作茵無者爲之三字說文鞶

傳艸部茵引劉熙釋名茵因也因與下相連也勤按畢增三

字與小徐所引合連今作聯二字同音通用

槅枙也所以枙牛頸也馬曰烏啄下向又馬頸似烏開口向下啄

物時也

後曰一切音經義二大般涅槃經一引槅軛也所以軛牛頭也

胡曰鄭氏輪輿私箋曰衡所以名厄者爾雅厄烏蠋郭注蟲如大指似蠶韓子曰蠶似蠋按此蟲吾鄉俗呼者田狗軛似之故謂厄亦謂之烏蠋毛公金厄傳厄烏蠋也是其明證因蠋喙聲同變稱烏喙釋名烏喙向下云云望文傯會失其本義

鐧間也間釭軸之間使不相摩也

許曰繫傳金部引同

轉輗猶祕齧也在車軸上正輪之祕齧前卻也

「許曰晉書五行志下安帝元興三年正月桓玄出遊大航南飄風飛其轉輗蓋音義轉輗上匹計反下五計反是轉輗上有蓋當在軸上而不在輪上明矣

屐」似人屐也又曰伏兔在軸上似之也又曰轐轐伏也伏於軸上也

「許曰易釋文引釋名云輹似人屐又曰伏菟在軸上似之又曰輹伏於軸上呂氏古易音訓無云字餘同然則首屐字唐初本亦作輹也」

幰憲也所以禦執也

許曰晉書音義中幰引釋名云車幔也所以御熱也虛偃反

勤按据此則幰字从巾旁

轡拂也牽引拂戾以制馬也

俊曰九大智度論五引拂皆作紼末無也字

勒絡也絡其頭而引之也

俊曰九大智度論五引同

鞶經也橫經其腹下也

胡曰鞶是正字鞶則隸寫之省耳鞶傳引釋名鞶作鞶

「許曰繫傳革部韡下引韡經也經其腹下也脫一横字」

鞫檢也所以檢持制之也

倰曰一切經音義二大般涅槃經二引同惟鞫作羈按公羊襄二十七年傳夫負羈縶釋文鞫本作韡穀梁昭十九年傳羈貫成童釋文羈本作鞫

「鞙縣也所以縣縛軛也

許曰小徐引釋名曰鞙縣音玄也從以縣溥軶也作靳字非也音玄二字蓋注中注祁氏校勘記云釋文作靳故錯辨之從以當作所以是也」

釋船第二十五

在旁撥水曰櫂

　　倰曰一切音義一法炬陀羅經五引同

又謂之楫楫捷也撥水使舟捷疾也

　　倰曰一切音義一大方廣佛華嚴五十一引楫捷也撥水使舟捷疾也與今本同華嚴下入法界品之十八引楫倢也迫水使舟倢疾也

隨風張幔曰帆

　　倰曰一切音義一法炬陀羅厄經五引首句同十卷般若燈

論十一引首句同

許曰文選海賦注引隨風張幔曰帆同

釋疾病第二十六

瞽鼓也瞑瞑然目平合如鼓皮也

俊曰出卷一大方廣佛華嚴一引無上三字有瞽目者三字

鼓作皷餘同卷二大般涅槃經三十一引瞽目眠眠然目平

合如鼓皮也眠眠乃眠眠之譌餘蓋以意約之卷三摩訶般

若波羅密經十四引與卷二同末無也字華嚴音義上妙嚴

品之四引瞽謂眠眠目平合如皷皮也

目匡陷急曰眇眇小也

俊曰一切經音義一大威海陀羅尼經一引同六妙法蓮華經二引首句

聾籠也如在蒙籠之内聽不察也

胡曰廣韵所引是此以在蒙籠内不可察為況今本或淺人疑其與聾義不黏改而不知其實非也鈕新坿三亦謂今本作聽不察蓋後人故或以蒙籠作朦朧亦非

鼻塞曰齆

胡曰齆御覽七百四十引作齈

嘔傴也將有所吐脊曲傴也

後曰一切經音義一法炬陀羅尼經二十引同又十卷十佳

毗婆沙論一引二句同

注病一人死一人復得氣相灌注也

胡曰御覽七百四十三引范汪方曰凡九十種寒尸疰此病

隨月盛衰人有三百六十餘脈走入皮中或右或左如人所

刺至於死死尸相注或至滅門

泄利言其出漏泄而利也下重而赤白曰腨言厲腨而難也

後曰卷二大般涅槃經九引下二句

陰腫曰隤氣下隤也

俊曰佛九阿毗曇下卷引首句隤作頹又引字林㿉重疾也

厥逆氣從下厥起上行入心脅也

許曰史記正義引㷊逆字入作外及二字厥皆作蹷

瘧酷虐也凡疾或寒或熱耳而此疾先寒後熱兩疾似酷虐者也

許曰鼇傳十四云禮寒熱不節人多瘧疾引凡疾或寒或熱

此一疾有寒有熱酷虐也是楚金所見此下有一字先後二

字皆作有與今本異

癰壅也氣壅否結裹而潰也

俗語与宋同校本删
再加

俊曰見一大威德陀羅尼經一

肬丘也出皮上聚高如地之有丘也

、俊曰輔行記一之二引疣者丘也出於皮上如地有丘

釋喪制第二十七

人始氣絕曰死死澌也就消澌也

、俊曰輔行記引神盡曰死在一之四

胡曰風俗通怪神篇死者澌也

大夫曰卒言卒竟也

諸侯曰薨薨壞之聲也

俊曰衆經音義十二賢愚經一引大夫曰卒諸侯曰薨薨亦
掮壞也又引廣雅薨亡也
下殺上曰弒弒伺也伺間而後得施也
俊曰見二大般涅槃經十九
老死曰壽終壽久也終盡也生已久遠氣終盡也
俊曰衆經音義二大般涅槃經第一壽命下引生已久遠氣
終盡也
漢以來謂死爲物故言其諸物皆就朽故也
許曰史記匈奴傳索隱引無言其諸物皆五字

胡曰楚元王傳物故流離以十萬數夏侯勝傳百姓流離物故者過半王念孫漢書雜志曰物與歾同說文歾終也歾故猶言死亾楚元王夏侯勝傳與流離對文皆兩字平列

俊曰後漢馬廖傳豫隨廖歸國考聲物故注物無也故事也謂死也又列女傳龐淯母傳兄弟三人時俱病物故

衣尸棺曰斂斂者歛也斂藏不復見也

俊曰卷二大般涅槃經三十引斂者歛也藏不復見也小斂尸内大斂於阼階是

輿棺之車曰輀輀耳也縣於左右前後銅魚摇絞之屬耳耳然也

胡曰說文車部輀喪車也从車而聲廣雅釋器輀柳車也按漢書王莽傳比以輭車注載喪車也輭俗字當从而作輀爲正

具蓋曰柳柳聚也衆飾所聚亦其形僂也

胡曰漢書季布傳置布廣柳車中鄭氏曰作大柳衣車若周禮喪車也晉灼曰周禮說衣翣柳柳聚也衆飾飾所聚也此爲載以喪車欲人不知也

釋名補遺集校

釋姿容

省瘮也臞雀約少之言也

俊曰此條卷四言語部已有之但彼文作省嗇也矐嗇約少之言也

釋親屬

嬖卑賤婢妾媚以色事人得幸者也

胡曰此條非釋名文語氣與通體不一例据元應書上引

謚法曰賤而得幸曰嬖即引釋名云云乃是劉熙謚法注文而後人誤改玉海引地約謚法序云劉熙注謚法唯有七十六名又云劉熙注解亦多引劉熙注詳洪頤煊讀書叢錄

釋宮室

城下謂之壕壕翱也言都邑内所翱翔也祖駕處也

許曰此條已見卷一釋道補於此非也

附錄

古者諸侯薨時天子論行以賜謚唯王者無上故於南郊稱天以謚之當春秋時周室卑微臣謚其君子謚其父故諸侯之謚多不

以實也

胡曰鮑本無子謚其父句

辯釋名

車古皆音尺奢反後漢以來始有居音

胡曰書牧誓釋文亦引此無音字以來二字乃元朗節引又

盧氏詩釋文攷證曰其說非是凡詩車字多爲居音劉成國

釋名之言是也錢大昕曰古今音之别漢人已言之劉熙釋

名云古者曰車聲如居所以居人也今曰聲近舍韋昭辯之

云云但宏嗣生於漢季漸染俗音因詩王姬之車君子之車

皆與華韻不知古讀華如敷詩有女同車與華都琚如韻攜手同車與狐烏如韻則車之讀居斷可識矣

後曰侯君謨補三國藝文志曰何彼襛矣詩以車韵華桃夭之詩以華韵家家古姑華古音敷則車古之居無疑矣昭所辨未必中其失

大司馬馬武也大總武事也

許曰廣韻引此三句但云釋名

督郵主諸縣罰以負督郵殷糾擿之也

許曰通鑑釋文五泉平七年督郵云尤古官號釋名曰督郵

主諸縣罰負郵殿糾擿之據此以字乃衍文而殷又殿字之誤又引馮鑑續事始後漢有郡主簿亦曰督郵隋以錄事參軍代之掌勾秘旨文簿舉彈善惡又按孟子置郵偽孫陳引釋名云境上舍也又云官名督郵主諸縣罰負負上亦無以字惟釋字今本偽作驛耳

主薄主諸薄書薄普關諸事

胡曰北堂書鈔七十三引主簿者主諸簿書簿普也關普諸事也

五百字本為伍（佰伍）當也佰道也使之導引當道佰中以驅除也今俗

呼行杖人爲五百

胡曰又引見後漢書宦者傳曹節傳注佰作伯道也之佰佰

中之佰作陌今上多桀字末多也字

釋名逸文

樂猶傾也側器傾水漿也字典水部引

許曰字典水部引釋名如此桂氏說文義證亦引之按說文樂側出泉也泉字當作酒玉篇樂口泠切出酒也黎刻玉篇樂口泠反引說文作側酒出也蓋酒出二字互倒而今本出上脫一側字野王訓側出酒即本說文義與釋名合

續釋名集校

釋律呂

後曰事類賦四春部引釋名曰二月夾鐘何夾者甲也言萬物孚甲利賴分也今本無之當在釋律呂

蕤賓五月之律午之氣也蕤垂也賓儐也言陰氣始起陽氣自上下垂儐導之也

後曰事類賦四夏部引釋名曰五月之律蕤賓蕤下也賓敬也言陽氣下陰氣上極陰氣始賓敬於陽

釋五聲

霸宇也

後曰爾雅釋樂霸謂之柳

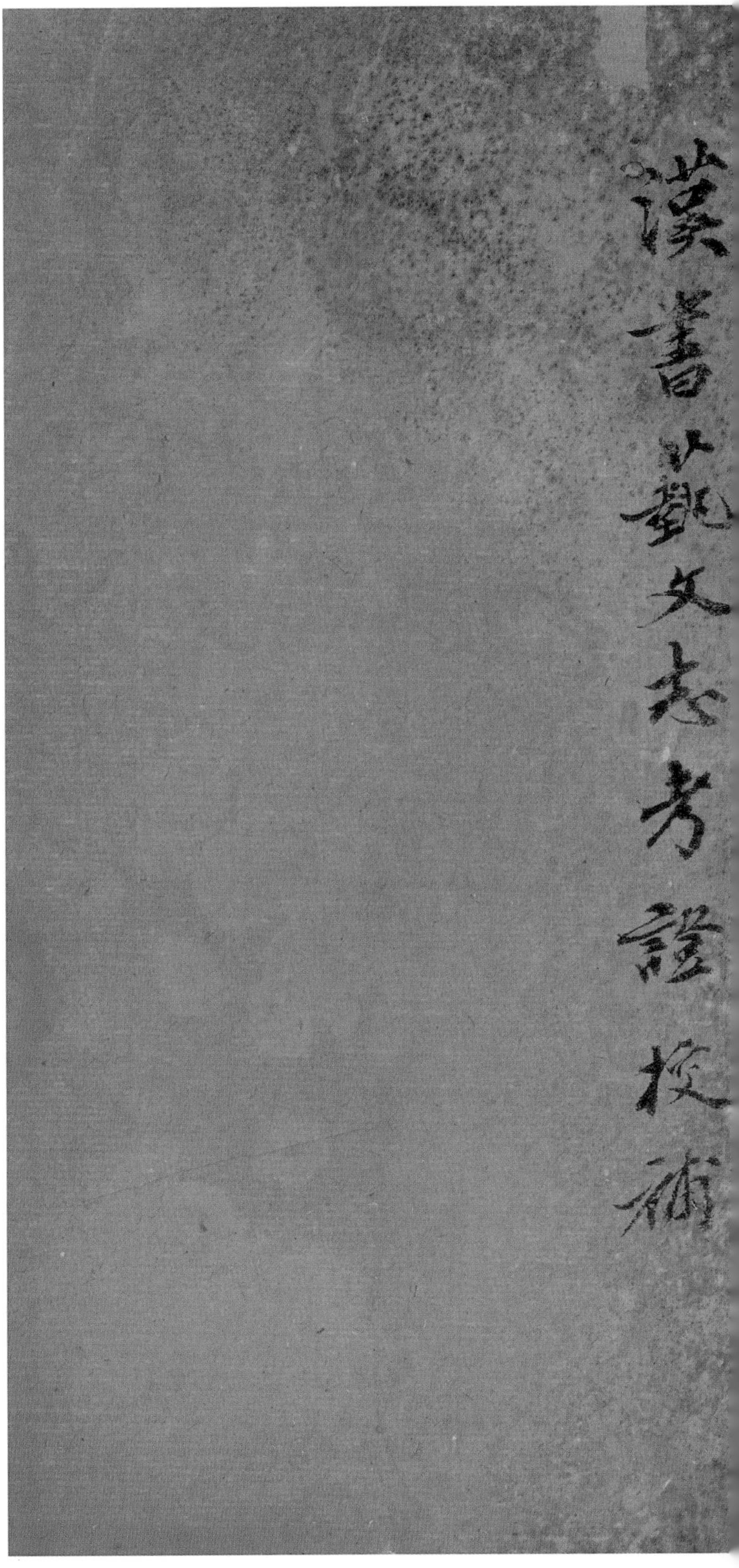
漢書藝文志考證校補

漢藝文志攷證卷一　易　　後學吳縣王仁俊扞鄭校補

易經十二篇 注上下經及十翼

左傳莊二十一年周史有以周易見陳侯者筮之遇觀之否 襄九年遇艮之八史曰是謂艮之隨穆姜曰是於周易曰云云 左傳定四年正義引易云伏羲作十言之教乾坤震巽坎離艮兑消息

易傳周氏二篇 字王孫 服氏二篇 光 楊氏二篇 何字叔元人 王氏二篇 同

顔曰劉向別錄云服氏齊人號服光　蔡公二篇衛人事周王孫

韓氏二篇名嬰　在楊氏下　馬輯

丁氏八篇寬字子襄梁人也

漢書丁氏在韓氏後浙江局本不誤　馬輯　張輯　孫輯

韓氏二篇嬰　馬輯

古五子十八篇自甲子至壬子說易陰陽　馬輯

淮南道訓二篇淮南王安聘明易者九人號九師法

劉向別錄曰所校讎中易傳淮南九師道訓除復重定著

十二篇淮南王聘善為易者九人從之採獲故中書題曰淮南九師書所校讎中古五子書除復重定著十八篇分六十四卦著之曰長自甲子至壬子凡五子 初學記 馬輯

孟氏京房十一篇災異孟氏京房六十六篇京氏段嘉十二篇 孟易京易馬輯 孫輯 張輯

京房傳建昭二年二月朔上封事曰少陰倍力而乘消息又曰臣前以六月中言遯卦不效法曰寒涌水為災至其七月涌水出又曰少陰并力而乘消息戊子益甚到五十

分蒙氣復起此陛下欲正消息雜卦之黨并力而爭消息之氣不勝○後五行志注引京房易占○魏高堂隆引易傳上不倹下不節云云○文選注曲水詩序京房易飛侯曰青雲潤澤蔽曰在西北為舉賢良中孚曰九二處和體震正義大衍之數引京房云○公羊注引易中孚記又引京房易傳○穀梁注引京房易傳○京房引夫子曰神農重乎八純

章句施孟梁丘氏各二篇　馬輯

唯費氏經與古文同　馬輯

◎釋文引古文如彙作蒷翩作偏介作砎枕作沈蹢躅作躑躅繻作襦◎俊按此本玉海藝文類惟蹢躅字作躅為異

連山歸藏　不著錄　馬輯

◎文心雕龍歸藏之經大明迂怪乃稱羿斃十日常娥奔月

書正義引歸藏易云羿彈三日◎初學記引啟筮◎文

選月賦注亦引歸藏◎朱震易叢說引歸藏之乾小蓄

◎晋語公子重耳筮得貞屯悔豫皆八

子夏易傳　不著錄　馬輯　孫輯

◎正義子夏傳元始也亨通也利和也貞正也◎家語孔子讀易至損益喟然而嘆子夏避席問云云◎尚書大傳引子夏曰云云

書

◎尚書古文經四十六卷為五十七篇注鄭玄叙贊云後又亡其一篇故五十七馬輯大學帝典曰克明峻典注堯典◎說文虞書曰仁覆閔下則稱旻天◎荀子解蔽篇故道經曰人心之危道心之々左傳賦納以言明試以功戒之用休云云勿使壞念茲在茲成允成功寍失不經官占維能蔽志皆以為夏書沈潛剛

克高明柔克無偏無黨三人占從二人皆以為商書夏書多帥
彼天常一句又小異晉語夏書曰怨豈在明令有書正義左傳
莊八年夏書曰皐陶邁種德僖二十四年夏書曰地平天
成二十七年夏書賦納以言襄二十六年夏書曰盜失不
經在大禹皐陶謨周語夏書有之衆非元后何戴書曰民可近
也而不可上也注逸書在湯誓曰余一人有辠無以萬夫萬
夫有辠在予一人湯誥夫作方墨子經五夏書曰禹七年水
殷書湯五年旱呂氏春秋夏書曰天子之德乃神乃武

乃文（注逸書也）❀商曰五世之廟可以觀怪萬夫之長可以生謀（注逸書）❀商書曰刑三百罪莫大於不孝周書曰若臨深淵若履薄冰（注周書周文公所作）❀說文商書相時憸民祀兇命曰民立而正事純而祭祀是為不敬敬遜務時敏尹吉曰（吉當作告）惟尹躬及湯自周有終孟子伊訓曰天誅造攻自牧宮荀子臣道篇書曰從命而不拂微諫而不倦為上則明為下則遜（注書伊訓今無）漢書伊訓篇曰誕資有牧方明❀劉歆引伊訓誕資有牧方明❀詩鹿鳴箋書曰厥篚元黃疏鄭禹

貢注引胤征曰篚厥元黃鄭不見古文而引張霸尚書

後漢楊賜傳書曰天齊乎人假我一日　劉丩尚書曰上

刑挾輕下刑挾重注與今尚書不同

經二十九卷

漢郊祀志大誓曰正稽古立功立事可以永年丕天之大

律令文　三統曆論武王伐紂引今文泰誓云丙午逮師

武成越若來三月五日甲子咸劉商王受並不與孔同

不見孔傳也賈逵云雞流為烏與孔亦異

歐陽章句二十一卷　大小夏侯章句各二十九卷　馬輯

大小夏侯解詁二十九篇　歐陽說義二篇

周書七十一篇　周史記

左傳成十六年范文子戒晉侯周書曰惟命不于常注康誥今無　襄二十五年衛太叔儀言書曰慎始而敬終終以不困注逸書　昭六年叔向言書曰聖作則注逸書　二十年苑何忌云康誥曰父子兄弟罪不相及注周書康誥今無　呂氏春秋周書曰允我允哉注逸書

傳引周書維祜是輔乃大明服庸庸

祇祇明德慎罰不敢侮鰥寡大國畏其力惠不惠茂不茂
皆今有 ◎ 國語周書所謂重黎實使天地不通周書曰文王
至于日中昃不皇暇食惠于小民惟政之恭周書有之曰
怨不在大今有孟子康誥凡民罔不憝泰誓曰無畏寍爾也
惟曰其助上帝記甫刑曰苗民匪用命君雅曰夏曰暑雨
君奭曰昔右上帝周田觀文王之德 ◎ 緇衣注古文為割
申勸寍王之德今博士讀為厥亂勸寍王之德三者皆異
古文似近之 ◎ 說苑周書曰前車覆後車戒 ◎ 文選注周

書曰乃辨九服之國又曰湯歸於亳三千諸侯大會武王將度河中流白魚入王舟會武王於郊下者八百諸侯 史通引周書殷祝篇 周紀武王登豳阜望洛邑徐廣曰出周書 鄭玄注周禮行人云周書王會備焉注儀禮鄉射云周書曰北唐以閭說文引逸周書大翰若翬雉 杜氏左傳注引千里百縣（疏云周書存者其文非尚書之類）左傳疏引周書謚法（周公謚法一卷即此書第五十四篇也） 晋狼瞫曰周志有之勇則害人不登於明堂注周書也其語今見篇中漢小說家虞初

周說應劭謂以周書爲本本說文爾疋註引逸周書楊賜
修德修政之言馮衍傳注小開篇司馬桐如傳注王季宅
程唐大衍厯議維元祀二月丙辰朔武王訪于周公又書
十一年庚寅周始伐商文選注周史梓闕之夢皆是書也
楚世家欲起無先蘇秦說魏緜緜不絕蔓蔓奈何墨子國
無三年之食非其國𡩋恬傳必參而五之　王商傳以左
道事君者誅皆曰周書　主父偃云安危在出令存亡在
所用注以爲本尚書之解漁陽傳谷永云記功忘過宜爲

君注以為尚書之多周書令書有無其語者豈在道篇乎
文選注引古文周書穆王事 ◎ 書正義引汲冢古文盤庚
自奄遷于殷 ◎ 韓非子周記曰無尊大臣以擬其主 ◎ 國
晋語瞽史之記曰唐叔之世將如商數嗣續其祖如聲之
氵西方之書有之曰懷與安實疚大事西方謂周也 ◎ 莊
子孔子西藏書于周室又金版六弢釋文皆周書篇明蘇
秦讀周書陰符 ◎ 左傳注轡之柔矣逸詩見周書疏彼引
詩云馬之剛矣轡之柔矣馬亦不剛轡亦不柔志氣麃麃

取與不疑其書今在文非尚書之類○左傳正義沈氏云
嚴氏春秋引觀周篇云孔子將修春秋與左邱明乘如
周觀書於周史歸而修春秋之經邱明為傳共為表裏○
漢律歷志引武成篇粤惟一月壬辰至祀于周廟與此經
不同

議奏四十二篇石渠論　馬輯

河出圖雒出書

○爾疋匠河圖曰靈龜負書丹甲青文文選注雒書曰秦失

金鏡魚目入珠中侯曰玄龜負圖出洛周公援筆以寫〇

光武禪文引雒書

逸書附見

〇說文引漢五行志注引〇歷志引古文月采篇畢命無刑

莽傳有書逸嘉禾篇

漢藝文志攷證卷二

詩

詩經二十八卷魯齊韓三家

魏志杜錦傳佩玉宴鳴關雎歎之注此魯詩也明紀詔應門失守關雎刺 注引薛君韓詩章句揚子周康之時頌聲作乎下關雎作乎上習治也習治則傷始亂

陳忠傳詩云以雅以南韎任朱離注毛詩無之蓋見齊魯之詩也今亡

正義緇衣引詩都人士首章鄭注此章毛氏有之

三家則亡今韓氏詩實無此首章服虔以行歸于周為逸詩鄭於中候握河紀注云昭王之時鼓鐘之時所為作者依三家為說也生民疏異義齊魯韓說 ○ 說文般詩於繹思蓋齊魯韓之文毛詩無此者今毛詩有者衍文也崔氏集注取以繼其末 ○ 禮記憲憲令德疏齊魯韓詩又郊特牲注為下國畷郵疏云引齊魯韓詩也孔子閒居注讀湯齊為湯躋疏云三家詩 ○ 周禮注吉圭惟饎疏鄭從三家詩

魯故二十五卷　馬輯　陳輯

楊賜傳康王一朝晏起關雎見幾而作注此事見魯詩今亡矣◎班固傳注文選注同◎魯詩傳曰古有梁鄒者天子之田賈誼曰騶者天子之囿虞者囿之司曰騶獸者也又以木瓜為下報上◎輿服志注魯訓曰和設軾者也鸞設衡者也漢書注中冓之言魯詩以為夜也魯詩小雅十月之交篇此日而食于何不臧又曰閻妻扇方處◎詩疏魯詩之義以阮徂共皆為國名異義詩魯說殷中宗周成宣王皆以時毀◎禮記疏魯詩素衣為綃◎周禮疏異義今時韓魯說騶虞天子掌鳥獸官◎公

羊傳注魯詩傳曰天子食日舉樂説文魯詩説鼐小鼎坊
記注先君之思曰以助寡人此衛大夫定姜作此是魯詩
正義鄭志云為記注時就盧君後得毛詩乃改之 ○ 爾雅
注魯詩云傷如之何

齊后氏故二十卷　馬輯　陳輯

○ 翼奉傳竊聞齊詩聞五際之要十月之交篇注孟康曰詩
内傳曰五際卯酉午戌亥也陰陽終始際會之歲於此則
有變改之政 ○ 漢地志子之營兮遭我虖嶩之間注毛詩

作還齊詩作營自杜沮漆注齊詩

齊孫氏故二十七卷

齊后氏傳三十九卷　齊孫氏傳二十八卷　齊雜記十

八卷　韓故三十六卷

韓内傳四卷　馬輯　陳輯

◎記經解注韓詩内傳曰鸞在衡和在軾禮記疏引韓詩說郊特牲疏引内傳

◎白虎通韓詩内傳曰太子生以桑弧蓬矢六射上下曰方

内傳曰師臣者帝◎文選注内傳桑弓蓬矢王者舞六代

之樂舞四夷之樂大德廣之所及又内傳曰世子者何言世世不絶◎水經注二南國按韓嬰叙詩云其地在南郡南陽之間漢志注韓詩傳云三月桃華水◎三禮義宗内傳天子奉玉升柴◎後漢志注韓詩序云云晁説之論引韓詩叙

韓外傳六卷

◎詳王君韓詩攷　　韓説四十一卷

凡三百五篇

◎漢書作三百五篇浙局本作二百五篇

以其諷誦不獨在竹帛

間浙局本作聞似誤

曲臺后倉九篇如淳曰行禮射於曲臺后倉為記故名曰曲臺記漢官曰大射于曲臺晉灼曰天子射官也西京無太學於此行禮也

中庸說二篇在后倉下下斉 王氏所謂本傳今不見倉傳在儒林傳孟卿傳 通考引隋志古經十七篇與高堂生所傳不殊而字多異自高堂生至宣帝時后倉最明其業乃為曲臺記倉授梁人戴德及德從兄子聖沛人慶普後案即本

漢志按初學記漢宣帝時東海后倉售說禮於曲臺殿撰禮一百八十篇號曰后氏曲臺記篇數與漢隋及說文不合釋文蒼說禮數万言號曰后氏曲臺記原注在曲臺校書義記因以為名孝宣之世為最明蒼校沛聞人通及梁戴德戴聖沛慶普由是禮有大小戴慶氏之學

大戴禮　小戴禮不著錄

中庸二篇

明堂陰陽說五篇

軍禮司馬法百五十五篇

張澍輯司馬法見二酉堂叢書

古封禪羣祀二十二篇

封禪議對十九篇　漢封禪羣祀三十六篇

議奏二十八篇 石渠

詳見卷三八葉 局本 漢書作三十八篇　馬輯又見卷三八葉

漢儀 不著錄

玉海附刻漢制攷　史記叔孫通作漢禮儀因為奉常弟

子共定者咸為選首然後喟然歎興于學右見玉海禮儀門引
後按史記禮書秦有天下悉納六國禮儀采擇其善雖
不合聖制其尊君抑臣朝廷濟濟依在以來至於高祖
光有四海叔孫通頗有所增益減損大抵皆襲秦故

禮經三百威儀三千
◎左氏傳隱公七年告終稱嗣以繼好息民謂之禮經注此
言凡例乃周公所制禮經也王子朝曰敢布先王之經僖二十五成風
曰崇明祀保小寡周禮也◎文十八年史先曰周公制周

禮日則以觀德◎昭二十三年叔孫婼曰列國之卿當小國之君因周制也◎國語晉子餘曰禮志有之將有請于人必先有人焉周單子曰周制有之曰列木以表道立鄙食以守路畺有寓望國有郊牧藪有圃草囿有林池以禦災也其餘無非穀土民無懸耜野無奧草不奪民時不蔑民功有優無匱有逸無罷國有班事縣有序民◎韓詩外傳周制曰先時者死無赦不及時者死無赦

漢藝文志攷證卷三

樂　馬輯

樂經　不著録

雅歌詩四篇

王禹記二十四篇　俊按藝文志云武帝時河間献王好儒與毛生等共采周官及諸子言樂事者以作樂記献八佾之舞與制氏不相遠其内史丞王定傳之以受常山王禹禹成帝時為謁者數言其義献二十四卷記劉向校

書得樂記二十三篇與禹不同其道寖以益微

雅琴趙氏七篇　師氏八篇　龍氏九十九篇

局本漢書龍氏上有雅琴二字

樂元語不著錄　馬輯

俊按白虎通引之當查予表

殷薦之上帝以享祖考

浙局本配作享按諸今易誤已

春秋

春秋古經十二篇

◎史記吳太伯世家余讀春秋古文禮記正義案古春秋左

氏侊周家封夏殷之後以為上公

經十二卷公羊穀梁二家

◎漢書作十一卷浙局本尚未誤

穀梁傳十二卷

◎漢書作十一卷浙局本尚未誤

鄒氏傳十一卷夾氏傳十一卷有錄無書

鐸氏微三篇楚太傅鐸椒也

虞氏微傳二篇趙相虞卿

公羊顔氏記十一篇

公羊外傳五十篇穀梁外傳二十篇公羊章句三十八篇

穀梁章句三十三篇公羊雜記八十三篇

議奏三十九篇石渠論

終軍　望　徐偃　雋不疑論衛太子　龔勝議朱詩　中丞

衆　奏　薛況　互見前卷二之十二葉　後志注石渠論

曰鄉射合樂而大射不何也韋玄成曰鄉人本無樂故合樂以同其意禮儀志玄冠朝服戴聖曰元端委貌也朝服布上素繒帛帶素韋韠輿服志王制正義石渠論白虎通云周以后稷文武特七廟張融以石渠論証七廟一詩既醉正義石渠論云周公祭天用太公為尸通典漢石渠議曰鄉請射告主人樂不告何也戴聖曰請射告主人者賓主俱當射也樂所以樂賓也故不告宣帝甘露三年三月黃門侍郎臨奏經日鄉射合樂大射不何也戴聖曰鄉射合

樂者質也大射人君之禮儀多故不合樂也聞人通漢曰
鄉射合樂所以和百姓也大射不合樂者諸侯之禮也韋
玄成曰鄉人本無樂故合樂所以和百姓而同其意諸侯
當有樂故不云合樂時公卿以玄成議是又繼宗子議引
石渠禮議曰經云宗子孤為殤言孤何也聞人通漢戴聖
云云

世本十五篇

世本輯本甚多秦嘉謨本輯最多次則張澍二酉堂叢書

近陳其榮輯之刻槐廬叢書内

漢藝文志攷證卷四

論語

論語古二十一篇出孔子壁中兩子張注如淳曰分堯曰篇後子張問何如可以從政已下為篇名曰從政

◎注兩子張下空格浙局本作注字按漢書注中無注字◎

說文逸論語曰玉粲之璱兮其瑮猛也如玉之瑩◎文選

注逸論語曰如玉之瑩◎初學記逸論語曰璠璵魯之寶

玉也◎論語說文傳不習乎鄭注云魯讀傳為專今從古

按鄭校周之本以齊古讀正凡五十事鄭本或無此注然皇覽引魯讀六事則無者非也◎崔子魯讀崔為高末常無誨魯讀為悔五十以學易魯讀易為亦正唯弟子不能學也魯讀正為誠魯讀坦蕩為坦湯冕衣裳者鄭本作弁云魯讀弁為絻今從古瓜祭魯讀瓜為必賜生魯讀生為牲車中不內顧魯讀車中內顧詠而歸鄭本作饋魯讀饋為歸仍舊魯讀仍為仁折獄魯讀折為制小慧魯為惠古之矜也廉古讀廉為貶魯讀躁為傲窒為室歸孔子豚鄭

本作饋魯讀爲歸天何言哉魯讀天爲夫不知命無以爲
君子也魯論無此章今從古　馬輯
齊二十二篇 多問王知道
魯二十篇　馬輯
局本漢書下有傳十九篇五十事見上
魯安昌侯說二十一篇 師古曰張禹也　烏輯
齊說二十九篇　魯夏侯說二十一篇　魯王駿說二十
篇 師古曰王吉子　燕傳說三卷　議奏十八篇 石渠論

孔子三朝七篇　馬輯

孝經古孔氏一篇二十二章

孝經一篇十八章長孫氏江氏后氏翼氏四家　長孫氏說二篇　江氏說

一篇　翼氏說一篇　后氏說一篇

孝經一篇十八章

十八章乃漢書注浙局本三字小字寫三字班白注

雜傳四篇

漢祭祀志引蔡邕　傳曰大學者中學明堂之位也

弟子職一篇

禮涵正注杜子春引周旋而貳　俊别有考　黄壽師

又有攷証

說三篇

浙局本不空一格

小學

史籀十五篇　馬輯

八體六技　馬輯元闕

浙局本用字無空一格

蒼頡一篇

馬輯孫輯任輯還諸君可寶又補輯陶君方琦者予有補本

光武紀安紀注春秋釋文文選注廣韻注曲禮疏皆引蒼

頡篇

浙局本作範薨柯屬

凡将一篇

禪藝文中引作禪玉海四十四

急就一篇

春秋正義引急就篇頃町界畝 天官武成正義引史游
章句司農少府國之淵 考工記天官疏引急就章云蒲
蒻藺蓆考工記正義引别部居 文選文賦注引奇觚
後漢張敏傳注引皋陶造獄法律存 左傳疏引鹽鼓

元尚一篇成帝時將作大匠李長作　馬孫任陶諸均輯
訓纂一篇
春秋釋文史記索隱後漢書注文選注多引三蒼解諸音
釋 文選注引埤蒼三蒼詁訓詩疏引陸璣疏云三蒼說

棫即榨也又引蒼頡解詁埤蒼◎禮記釋文引郭璞三蒼

解詁◎後漢戴就傳注引說文三蒼◎史記正義引訓纂

云戶扈鄠三字一也　方言十篇不著錄◎書疏春

秋疏詩行葦疏考工記疏髙絕注文選注皆引方言及郭璞注

◎左傳注引楊雄方言子者戟也　別字十三篇　蒼頡

傳一篇楊雄蒼頡傳訓纂一篇　馬任孫陶諸輯

杜桂林蒼頡故〔訓纂〕一篇

杜林蒼頡故一篇

諷書九千字以上書字或不正輒舉劾

漢書字或上有書字浙局本有之

臣復續楊雄作十三章　韋昭曰臣班固自謂也

漢書作十二章注云作十三章韋昭上亦無臣字浙局本

亦無之此脱上而衍下

序六藝為九種

俊按例當作力當改

漢藝文志攷證卷五

儒文

晏子八篇

淮南要畧孔子修成康之道述周公訓以教七十子使服其衣冠修其篇籍故儒者之學生焉 太史公曰吾讀晏子春秋

淮南要畧齊景公内好聲色外好狗馬獵狩亡歸好色無辨作爲路寢之臺族鑄大鐘撞撞庭下郊雉皆呴一朝用三千鐘贛梁邱據子家噲導於左右故晏子

諫生馬

子思二十三篇

晁氏志一卷四庫書目無之載孟軻問牧民之道何先子思曰先利之孟軻曰云云温公采之著於通鑑　初學記引之

曾子十八篇

阮氏注釋最精

漆彫子十二篇孔子弟子漆彫啟後　馬輯

世子二十一篇　馬輯

李克七篇　馬輯

公孫尼子二十八篇　馬輯

文選注引之

芊子十八篇　名嬰齊人

銅熨斗齋隨筆四曰芊當作吁史記孟荀列傳阿之吁子今本作吁誤索隱曰吁音芊別錄作芊子今吁亦如是正義引藝文志作吁子是小司馬張守節所見漢書本皆作吁不作芊作芊者蓋劉內別錄　馬輯

周史六弢六篇　師古曰即今之六韜　孫輯見平津叢書
銅熨斗齋隨筆四今六韜乃文王武王問太公兵戰之事
而此列之儒家則非今六韜也六乃大之誤人表有周史
大弢古字書無弢字篇韻始有之當為弢字之誤莊子則
陽篇仲尼問於太史大弢蓋即其人此乃其所著書故班
氏有孔子問焉之說顏以為太公六韜誤矣今六韜當在
太公二百三十七篇之内

甯越一篇　馬輯

王孫子一篇　馬輯

董子一篇名無心難墨子　馬輯

徐子四十二篇　馬輯

魯仲連子十四篇　馬輯

荀子注引魯連謂田巴

虞氏春秋十五篇　馬輯

高祖傳十三篇

俊按古文苑采高祖手勑太子

孝文傳十一篇　馬輯元闕

賈誼五十八篇

賈誼傳三表五餌注師古引賈誼書（見第四卷匈奴篇）文帝注師古引賈誼書曰衛侯朝於周周行人問其名新書一過秦上下（見史記秦紀）三俗激時變瑰瑋孼產子銅布（見食貨志）五傳職保傳（見大戴禮昭紀）六禮容經（見大戴禮）十胎教（見大戴禮）立後義傳（雜事傳即本傳之語）

孔臧十篇　馬輯元闕

孔臧在賈誼上浙局本亦誤置

河間獻王對上下三雍宮三篇　馬輯

鹽鐵論六十篇

後漢百官志注史記荊軻傳注引漢鹽鐵論

楊雄所序　太玄十九

漢書作楊雄所序三十八篇注太玄十九法言十二樂四

箴箴二

漢藝文志攷證卷六

道

伊尹五十一篇　馬輯

漢書司馬相如傳於是乎盧橘夏孰應劭引伊尹書箕山之東青馬之所有盧橘夏孰　俊按說文解字𡉣引伊尹說

太公謀八十一篇言七十一篇兵八十五篇

淮南要略文王欲以卑弱制强暴以為天下去殘除賊而

成王道故太公之謀生焉

辛甲二十九篇　馬輯

管子八十六篇

漢書作筦子師古曰筦讀與管同

蜎子十三篇　名淵楚人

蜎環同音通段字韓非子　楚欲置相於秦國策伯楚王

問于范環史記索隱曰戰國策一作蝝史記甘茂列傳芘

問于范蜎徐慶義一作蠉

黃帝四經四篇黃帝銘六經篇

六韜兵道十二引道言曰一者階於道木於神　文子符言上仁呂覽應同去恩圜道遇合審時淮南繆稱泰族御覽七十七均引道言　賈誼新書一宗首又九修政語上均引政語　意林一載金匱武王問五帝之戒可得聞乎太公曰黃帝云畲在民上搖搖恐夕不至朝十一皇覽同與韓非子楊權引丹書戒路史疏仡紀引丹書戒　按此皆四經中文也　後漢書朱穆傳注黃帝作巾機之法路史疏仡

杞引巾几之銘説教敬慎載舍人之銘　按此皆銘文也

鄭長者二篇

漢書鄭長者二篇在臣君子二篇下

陰陽漢書律厤志張壽王又言黄帝至元鳳三年六千餘歲丞相屬寶長安單安國安陵桮育治終始言黄帝以來三千六百二十九歲不與壽王合

鄒子四十九篇鄒子終始五十六篇　馬輯

褚先生引黄帝終始傳曰漢興百有餘年有人不短不長

書自燕之鄉云云索隱曰蓋謂五行讖緯之説若今之童

謡也　沈氏濤銅熨斗隨筆四曰小司馬説非是終始傳即終始五德之傳漢書藝文志陰陽家有公檮生終始十四篇傳鄒奭終始書（今本作終始誤）又有鄒子終始五十六篇亦其類也

法

李子三十二篇

儁按淮南齊俗訓帝顓頊之法婦人不辟男子于路者拂於四達三衢　御覽引拂作祓有注之除其不祥

俊按晋志著法經下云以爲王者之政莫急於盜賊故其律始於盜賊盜賊須劾捕故著網捕二篇其輕狡越城博戲借假不廉淫侈踰制以爲雜律一篇又以具律具其加減是故所著六篇而已

申子六篇　馬輯

淮南子要畧申子者韓昭釐之佐韓晋别國也地墽民險而介於大國之間晋國之故衣未滅韓國之新法重出先君之令未收後君之令又下新故相反前後相繆百官背

亂不知所用故刑名之書生焉□子之下浙本局無空

處子九篇

銅鼓斗齋隨筆四曰元和姓纂引風俗通漢處興為北郡

大守姓纂八語處姓　陌劇皆引藝文志　漢書本亦有

處劇之不同乎

慎子四十二篇

錢氏書自有慎子逸文

韓子五十五篇

非之死蓋為李斯所忌雜志曰孰當作孰亦說難之書既成而其身乃囚也按書成身囚得其實矣据史記非為人吃口不能道說而善著書與李斯俱事荀卿斯自以為不如人或傳其書至秦秦王見孤憤五蠹之書曰嗟乎寡人得見此人與之游死不恨矣斯曰此韓非之所著書也故韓韓急乃遣非使秦秦王悅之未信用李斯斯賈害之下吏治非斯使人遺非藥使自殺秦王後悔非已死矣老子韓非列傳論衡視虛篇曰傳書李斯妬同才幽殺韓非於秦後被車裂之

罷韓非明治于韓李斯自秦作思致而殺之潛夫論賢難

仁俊竊謂呂不韋春秋李斯者呂舍人也多剽竊時賢說非與呂覽多同蓋書早已為斯所竊故恐其見用為秦王所知又恐秦王之悔也故使自藥死耳斯之計毒矣史稱斯賈害之據國策賈之所以與非不合者只以秦王封賈千戶以為上卿斯短之耳何致必欲致死非哉乃斯所嫉也斯曰此非所著書也一言如見其心矣王符謂斯自秦作思致而殺之又曰嗟士之相妬豈若此甚乎王充妬其才一謂斯當

得其人矣韓非子序全錄史記獨不載斯賈之各有以哉漢書敘傳班固賓戲曰韓設辯以徼君呂行詐以賈國說難既酋其身遁因秦貨既貴厥宗亦隧官本引蕭該音義鄭氏曰酋執也王念孫讀書雜志曰執當作孰亦說難之書既成而其身乃囚也按書成身囚得其實矣太史公與韓安國有淵源

漢律不著錄

後有說文解字引漢律令攷最詳核

漢藝文志攷證卷七

名

尹文子一篇

錢氏書同有校勘記

尹佚二篇　馬輯

田俅子三篇　馬輯

隨巢子三六篇　胡非子三篇　馬皆輯

墨子七十一篇

淮南要畧墨子學儒者之業受孔子之術長為其禮煩擾而不説厚葬靡財而貧民服傷生而害事故背周道而用夏政故節財薄葬閑服生焉

從横

蘇子三十二篇

淮南要畧晚世之時六國諸侯谿異　别水絕山隔各自治其境内守其分地握其權柄擅其政令下無方伯上無天子力征争權勝者為右恃連與周約重致剖信符結遠

援以守其國家持其社稷故縱橫修短生焉　馬輯

俊按修短即長短説故與縱橫類戰國策一號長短經

縱橫家有蒯子史記蒯通傳通善為長短説論戰國之

權變為八十一首

鬼谷子不著錄

秦嘉謨本最精

闕子一篇　馬輯

蒯子一篇　馬輯

主父偃二十八篇　馬輯

尸子二十篇　汪繼培輯浙局本　孫馮翼輯問經本

◎舞夏起浙局本雙行◎夫上不空

呂氏春秋二十六篇

◎凡八十三篇浙局本小字◎凡三十六篇有孟春等紀凡

六十一篇同◎司馬遷下浙[局]本小字不雙行

淮南內二十一篇

淮南要略若劉氏之書觀天地之象通古今之事議事而

立制度形而䄐宜原道之心合三王之風以儲與扈治玄眇之中精摇靡覽弃其畛挈斟其淑靜以統天下理萬物應變化通殊類非循一迹之路守一隅之指拘繫牽連之物而不與世推移也故置之尋常而不塞布之天下而不窕

農

神農二十篇　馬輯

治要六韜虎韜篇引神農之禁曰春夏之所生不傷不害

文子上義淮南子齊俗訓引神農之法　呂經引壹百十一引神農書神農占　莊子天運引有焱氏頌曰聽之不聞其聲視之不見其形充滿天地苞裹六極釋文焱亦作炎

野老十七篇　馬輯

尹都尉十四篇　馬輯

氾勝之十八篇 氾音凡　馬輯

蔡癸一篇　馬輯

小說

伊尹說二十七篇 馬輯

青史子五十七篇 史官記事也 馬輯

俊按孫奕示兒編十五引應劭風俗通曰青史善著書即青史者人姓名也

宋子十八篇 孫卿道宋子 馬輯 詳韓非集解十九十三頁須录

荀子天論餘蔽皆列宋子

漢藝文志攷證卷八

屈原賦二十五篇

按文選采離騷經九歌四九歌二九章一卜居一漁父一

宋玉賦十六篇

按文選又采九辯五招魂一對楚王問御覽三百九十九引宋玉高唐對　按古文苑又采舞賦

賈誼賦七篇

按文選　鵩鳥賦過秦論品屈原文　　俊按章樵注本

古文苑有旱雲賦而簴賦在卷末

枚乘賦九篇

俊按古文苑又有忘憂館柳賦梁王菟苑賦

司馬相如賦二十九篇

按古文苑有相如美人賦　按文選采上林賦長門賦上

疏諫獵書喻巴蜀檄難罪父老封禪父

淮南王賦八十二篇

按文選采招隱士詩一首古文苑采屏風賦一首

孔臧賦二十篇

※漢書作太常蓼侯孔臧賦二十篇　按連叢子載臧楊柳

賦鴞賦諫格虎賦

吾丘壽王賦十五篇

俊按見類聚五十九

王褒賦十六篇

按文選采聖主得賢臣頌四子講　論　古文苑采僮約

司馬遷賦八篇

文選宗　任少卿書

揚雄賦十二篇

按文選采甘泉賦并序羽獵賦長楊賦解嘲趙充國頌劇

秦美新　古文苑采太玄賦逐貧賦蜀都賦十二牧箴十

六官箴元后誄

東㡿令延年賦七篇

漢書有五字

雒陽錡華賦九篇

○漢書有三字

別栩陽賦五篇

○漢書有二字浙局本無之栩依漢書作栩浙局本同

華龍賦二篇

○漢書作漢中都尉丞華龍賦二篇浙局本僅有華龍二字

雜賦

成相雜辭十一篇

○漢書成相在雜禽獸下

雜禽獸六畜昆蟲賦十八篇

漢書作畜惟浙局本作蓄

高祖歌詩二篇

按文選采大風歌　古文苑采手敕太子

黄門倡車忠等歌詩十五篇

漢書有此三字

兵權謀

吳孫子兵法八十二篇圖九卷

漢書有篇字浙局本亦有之

范蠡二篇

董增齡國語正義序曰國語叙事雖不盡有年月然未嘗越次今上卷已書越滅吳下卷復從句踐即位三年起他國無此例内傳無范蠡姓名外傳止吳語一見在五大夫之列旅進旅退而已至此卷乃專載蠡策若滅吳之事蠡獨任之殊非事實藝文志兵權謀有范蠡二篇此但其一但攙入當在劉向以前

魏公子二十二篇圖十卷

◎漢書作二十一篇

黄帝十六篇圖三卷

占經八又二十一又二十二引黄帝兵法占經五引黄帝

用兵要法又十一引黄帝用兵要訣五行大義五引黄帝

兵訣　御覽三百三十八引黄帝出軍訣◎浙局本説苑

云云在管子后土下

漢藝文志攷證卷第九

天文

常從日月星氣二十一卷老子師之

天文類書史記天官書索隱集解及開元占經引之最多要細校

海中星占驗十二卷

俊按讀漢志注引靈憲云海人之占未存焉 御覽引脫此句

甘氏歲星經　不著錄

曆譜、　漢書均作歷

傅周五星行度三十九卷

漢書作傅維浙局本作傅

五行

鍾律叢辰日苑二十二卷

漢書作二十三卷

泰一二十九卷

漢書作一二十二九卷

著龜

龜書五十二卷

浙局本作五十三卷

周易二十八卷

漢書三十八卷浙局亦作三十八卷

漢藝文志攷證卷十

雜占

黄帝長柳占夢十一卷

御覽八百七十二引春秋攷異郵黄帝將興有黄雀赤頭立于日旁黄帝曰黄者土精赤者火熒爵者貴也余當立大功乎黄雀者集也　類聚九十九引作黄帝占曰黄者玉精赤者火熒雀者貴也余當立

醫經

黄帝内經十八卷

◎按字浙局本作接　黄帝食禁　俊按周禮醫師疏引黄帝食藥疑即漢志黄帝食禁也周氏中孚鄭堂札記云禁為藥之譌

經方

泰始黄帝扁鵲俞拊方二十三卷　應劭曰黄帝時醫

◎泰字浙局本作泰

本草　不著錄

○二十下浙局本不空

○泰一雜子黄治三十一卷

○漢書一作壹

大凡書六略三十八種

浙局本軼頂格低二字

積古齋款識補遺

積古齋鐘鼎彝器款識補遺

吳縣王仁俊輯

商器款識

商鼎

商彝

商壺

商爵

周器款識

周鐘周

周尊

周彝

漢器款識

漢鼎

漢槃

漢鐙

父庚鼎

父庚　室形中手形干形

朱爲弼曰右商父庚鼎銘五字皆据趙太常秉沖

以下另行仍低二格

所寄拓本録入案室形乃宗廟之象手以承祭祀
干以旌武功也俊案朱氏書稾本凡銘字為硃筆案
其筆痕知阮氏所曾下同

己癸鼎

己癸

朱為弼曰右商己癸鼎銘二字案商器有并取兩
干者薛書所載有父戊丁爵己丁敦薛氏釋父戊
則云戊者丈戊丁者祀日釋己丁則槩指為享祀
之日殊未碻鑿竊意宗廟器多十干紀之不盡則

錯互以爲紀如甲則有甲乙甲丙以至甲癸庶或
近之故此鼎云己癸也癸字象葵花形甚奇古

父丁鼎

子 蜼形 父丁

朱爲𤔲曰右商父丁鼎銘四字案爾雅釋獸蜼卬
此獸形尾長而鼻向上是蜼也書益稷宗彝鄭注云虞夏以上
鼻而長尾蓋取彝虎蜼彝周禮司尊彝追享朝享
裸用虎彝蜼彝司服賈疏云虎取其嚴猛蜼取
其有智以其卬鼻長尾大雨則懸於樹以尾塞
其鼻是其智也

戊己鼎

戊己

朱為弼曰右商戊己鼎銘二字㨿戊己即己癸之例

父丁鼎

乇父丁

朱為弼曰右商父丁鼎銘三字㨿說文乇艸葉也宅字託字从之此或人名

父辛鼎

仲父辛

朱為弼曰右商父辛鼎銘三字椄仲作器者字也

父辛鼎

中兕形兕形敦

朱為弼曰右商父辛鼎銘五字案並說文云不順也此作器者名春秋左傳有陳逆知古人命名別有取義矣薛書漢律管翔字並蒭正如此古者射兕以服猛鑄鼎作兕形亦以紀武功也

俊椄並字阮文達用硃筆圈去補中字自案並至

如此文達以硃筆乙去附識之

父乙鼎

亞形中虎父乙

朱為弼曰右商父乙銘四字案鼎彝作虎形取其威猛也

父甲鼎

父鼎甲

朱為弼曰右商父甲銘二字

雕祖癸彝

析木形子孫雕祖

癸寶寶 尊 彝

阮元曰右商雕祖癸彝銘九字按説文云隹鳥之短尾總名也象形雕鷻也从隹周聲此雕字雖剥蝕而外作鳥形中有積畫隱隱可見辨與薛氏款識夏琱戈琱字相類是雕字也作器者名

單父辛彝

立戈形 卌卌 單子 子尊彝 子氏作父辛

阮元曰右商立戈父辛彝銘十二字案單乃作器

者氏薛氏欵識有單文丁彝釋立戈形爲子夾單

字兩旁者爲孫非是或曰單者象三辰之形左傳

桓二年傳三辰旂旗昭其明也彝器每於旂下作

此字取象日月星猶示字之三垂其說可並存也

說文古民字形類毋字此人名也

俊按此文達筆迹空乙甚多今悉依原稿錄入

尊慕壺

尊　慕

格上三矢

阮元曰右商尊彝壺銘三名

亞爵

弜爵形丌

朱為弼曰右商弜爵三字黄小松司馬易得於濟寧弜中不連而彝器弜弜字中連者古者弜繡于裳象裳上下之際爵下體作一尾二足象雀之形上作犧首兩角兩目象爵之蓋古爵之制博古考古諸圖無有著蓋者矣其即犧尊之遺意歟丌說文云下基也薦物之丌象形侃叔曰此爵有二於

壽張縣梁山土中掘得之丌乃古文毋字洌其中

耳

方城范氏古鐘

惟王五

十有六

祀徙自

西陽楚

王韵章

作曾侯

之宗彝
寶之于
西陽其永時周享
穆
商　商

阮元曰元謂范氏古鐘為楚惠王器楼其紀年確然無疑惠王名章左傳及史記並同章上一字不可識錢獻之以為古能字通熊此字為能字之省變考工傳楚昭王於魯定六年遷鄀漢志若屬

南郡注云楚昭王畏吳自郢徙此後復還郢師古
春秋傳作鄀其音同此云徙自西陽者當郢自鄀
還郢之時是時越已滅吳楚東侵廣地至泗上無
所畏懼故還舊都西陽漢志屬江夏郡去鄀甚近
其不曰徙自鄀而曰徙自西陽者西陽有先君廟
觀下文作曾侯宗彝寘于西陽其義可見徙都大
事告于祖廟而後行禮也楚之僭號久矣此曾侯
其遠祖曾義為重亦為高凡先祖皆可稱曾祖曾
祖猶先公也穆者廟之序商者鐘之音也

俊按此段為朱氏手書唯首謂字上空一字文達填乙名稍有增益今即標阮氏焉

叔臣彝

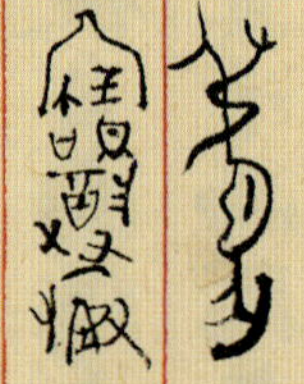

叔臣作

寶尊彝

朱為鄦曰叔臣作器者名古人以伯仲叔為字亦有檠之名者如樊仲皮公弟叔肸之類見左傳

俊按朱稾此處有摹本今依摹入

主父乙彝

阮元曰右周主父乙彝銘四字据江秋史侍御摹本編入侍御曰ㄟ象射侯張布中ㄟ棲皮也ㄙ象矢鏃入矢笴歧末也棲此葢周射享所用之器

後棲此朱稾而有阮筆增損塗乙今並彝銘補入

客尊

客作乃

文考尊

阮元曰右周各尊銘六字据趙晉齋搨本摹入楳首一字上从文下从舛易以往各説文引作以往遴（𨒈）舆（舛）各聲相近古文各或从舛也

俟楳此阮筆迹也

建武鼎

阮元曰可辨者有東鼎蓋重容一斗七字

俟楳此阮筆迹也

槃

阮元曰此拓本不徽宋人亦舊無釋文今隱約可

辨者僅一月倉圖史守六字

後按此朱豪而多阮增損者標元謂云云

啟封鐙

啟封一斤十

二兩朱十二（朱）

容一斗

朱朱為𥺌曰錢獻之吳傂叔並云啟封當即開封

按史記功表[臣]侯表陶舍以高祖十一年封開封侯

史記啟作開避景帝諱後漢不諱故說文啟徹字

下不注上諱漢碑立于延熙後者皆書啟字知啟
字即開封也元謂開封續漢志屬河南尹
後楼此朱稾而于末行謂字上空阮筆填一元字
為異耳

積古齋鐘鼎款識槀本校勘記

凡俞氏跋已及者不列稱此者未説也稱阮刻者今積古齋書也稱槀者附阮説也

周無叀鼎　按釋文與阮異不及阮之詳

三行二字阮作仲此作中　按中仲古通

五行三字阮作鳺此作鴻　按鴻鳺古通

五行八字阮作方此作作　按篆形是乍字

七行四字阮攸^作此作鋚

八行敢對揚天子丕顯魯休下阮無用字此有用字

按細審銘文明有用字阮脫當以此為長
鬲攸从鼎
九行第一字阮作相此作召　按銘文作[illegible]从木从
目明為相字當以阮為長
九行三字阮作南此同　惟翁改作華字而仍乙之
按翁改者阮筆也阮改而仍乙去盖阮仍從先生
說作南耳
十行四字阮作使此本作事翁改作使
十一行三字阮作誓此作數而翁改作誓　按與敉

字連文明爲牧誓當以阮説爲長　又按釋文與阮

畧異旁增并記誓言所謂大約劑書於宗彝是也

令阮書作遂以誓言勒之尊鼎周禮所謂大約劑

書於宗彝是也此爲款字立證阮則因定爲誓字

遂乙去之

周公䍙鐘

三行第四字阮作鑄此本作鑄而改釁　按阮本仍

作鑄者以反覆推求仍以鑄義爲長耳下鉦間銘

一行第五字阮作鑄此仍作釁

三行八字阮作以此作台𠣃改以仍乙以字而作台

按審釋銘文義以作以為長

釋文與阮異不及阮詳

商董弍鐘

阮云右欒第一字不可識此亦云不可識者一字

按銘文八十一世卜明為八十一世作五字下末

字疑作鐘者之名

釋文阮本鏄或釋作敷嘉定錢獻之云古戎從甲秦

繹山碑戎從十十本古文甲子此本均在𠣃注觀其

筆迹審為文達所增

商鹿鐘

釋文阮為詳

父乙鼎

釋文阮本下作兩冊者此本下作三字蓋為阮文達

填

母乙鼎

釋文此有棄已古祀省説文云祀祭無已也爾足釋

天云商曰祀釋名云祀已也二十七字阮本無

父庚鼎　按阮本無

雔父丁鼎　按阮本無

乇父丁鼎　按阮本無

商成父癸鼎

釋文稍有異同凡經鬲改者增者乙者皆與今阮本合

商兕父癸鼎

釋文經鈎鈎去增入者與今阮本同

伯申鼎

釋文自亦見薛氏款識下此本皆阮筆所增與今刻同

穆父丁鼎

釋文自公羊傳注下此本為阮所增與今刊同

秉仲鼎

釋文阮多金壇段茂堂云云此無

叔夜鼎

釋文此增改者多與阮本合

乙公鼎

釋文不如阮詳

商虎父丁鼎

釋文此旁加又古器每作虎形云云與阮刻同餘不若阮詳

臤罰鼎蓋

此皆阮之草稾坿於先生書者

商鬳尊

釋文此阮筆引吳侃叔云當爲獻（鬳）人名也今阮本則不復別爲吳説

商百丁彝

釋文　按此阮豪也云銘文剝蝕難辨諦審之似句
四二字未敢遽定今刻無此數語

商子執㫃彝銘

釋文　按此阮豪也上標未寫二字今阮刻有子執
㫃彝釋文小異

父癸宗彝

釋文阮云疑是医字古文　按此阮豪有吳侃叔云
云是今不復別為吳説也

商立戈父辛彝雕祖癸彝

釋文　按此阮槀也今刻皆無

叔彝

釋文　此阮槀也有首一字以形求之或即㪅字云

今阮刻叔彝二器無此說且篆形首亦無从㪅形

字窃未詳盖阮初說如此而後刪之耳

商丁師卣

盖第二行第一二字阮作口口器第二行第一二字

阮作玗圜　按盖器文同盖則摩滅二字此阮槀則

蓋第二行第一二字作玗環又改作玗珠與今本
不同今釋文則及之

商舉己卣

釋文　此阮橐也不如今刻之詳

父丁卣

二行第五六字阮刻作足跡比橐本本足跡旁改武

形二字

商父己酉

阮刻作卣形父己阮橐本作酉父己

周東眀尊

一行第五字阮作口此無口

三行第一字阮作彝此無朱榻本亦空一字

三行第四字阮作年此無朱榻本亦空一字

四行第四五字阮作用亯此無朱榻本亦空二字此皆初未定而後案定也

周父舟𣬛

二行第一字阮作乙此無朱榻本亦無乙字

周山酉尊　阮於蓋下云山形酉形此則總釋曰山

酉

商旂鼎

四行第二字阮作父此作考

釋文多阮改筆迹今刻即阮改本爲尤多

子孫父癸爵

釋文　此引侃叔曰鼎彝多云子作父某作爲也說文爲母猴也又的古文爲子下一字形相近當釋作爲弼曰此說甚新可並存今阮刻有其器而此段不載

周田彝

釋文　此云田作器者名兩手奉器所以承器也今

阮刻不復明為先生説矣

商鬳爵

爵文此作[illegible]阮刻作[illegible]　阮用先生説亦未別白據

釋文象連山形又云上作仰盂以出氣則當从阮刻

為長

叔臣作寶尊彝　阮刻無之

商弡爵父丁彝

釋文　阮用先生說不復別白直標以元說但較有
增益耳

周般仲盤

四行第一字孫字此疊阮刻止一字

釋文此云般通班案廣均班姓出扶風風俗通云楚
令尹鬬班之後此銘篆法雄奇葢楚器也阮不用先
生說

商祖辛

一行一字阮作丙此作内觀先生說正當云當釋作

丙始阮從之歟

周魚冶妊鼎

釋文阮用先生說而不别白

商亞爵

阮本作亞形中爵形手形　此阮稾無手形二字及

觀阮刻釋文云此作爵形下作手形正合說文从又

之恉則當以阮刻爲長

商亞舟鼎

今阮刻作此名阮稾作商亞犧形爵後乙去犧形二

字

銘文阮刻作亞形亞䑣形舟阮橐作爵有盖形舟觀

其釋文亦異殆阮初橐如此而後改之也

商犧爵

銘文阮刻作犧形棋俎形橐作犧形丌俎形後又改

丌為棋與今刻同

商亞爵形丌　阮本無

商亞木父丁爵

銘文阮刻刻作手執杖形亞形木父丁阮橐作木亞

父丁始阮刻後增之歟

周楢妃彝

一行十行三字阮作辟此本作遅旁改有阮筆迹作辟四行第八字同

二行四字阮作楢此作相而阮筆改楢第二行第十字四行第三字第五行七字同

三行六字阮作甬此作鍾而阮筆改甬字

五行第六字阮作郱此作配阮筆改作郱

五行第十字阮作女此作錫阮阮筆改作女

七行第六字阮作隸此作阞阮筆改作陔

蚪戈

疑此文本作商蝺文戈阮筆旁改蝺為蚪硃筆去文

字釋文有阮筆硃筆改迹

商句兵

馬文句兵

背阮刻作句兵立形此阮槀作句兵象形阮自改作

立

子執旂句兵　阮刻名如此阮槀名作商兕癸句兵

面阮刻子執旂形阮稾作子執扒形觀阮稾釋文有
此即小篆㫃字旌旗之游鑄兵器以為銘者取偃武
之義云云殆刻時文達仍從旂形説故删去稾説耳

周木工爵　阮稾改鼎作爵今刻同

周諸女匜

尊字下阮作其此作綦觀其筆迹實是文達手書殆
初説如此而後改之也

周甲午簋

三行第六字阮刻作覽　阮稾作鑒　按銘文从金

望而可識當以阮橐為長

周壴甗

壴作下一字阮刻作陴阮橐本作陳改作陴

周帛女鬲

一字阮刻作淵阮橐作帛今觀篆文正作帛刻本水旁側出有後增之形

商毌乙鬲

子執下一字阮刻作矛此作戟引錢獻之説當是子執矛今阮刻不别白又案汗簡收古文矛字正如是

句案上空格文達手書填一元字

商舉己卣

釋文有阮筆抹去謂字標平湖朱某云俞氏謂采取先生書之明証令按阮刻此説亦不標朱説乃悟朱豪謂上空一字待阮之標名也阮讓而仍標朱名及朱君徧定仍不標己名明善則歸師也古人大公之意略見於此

周師旦鼎

釋文阮刻引朱右甫云此元年當是成王即政之元

年云云今此稾反無之
周季娟鼎
三行第三字阮刻作夌此作陵下四行第四字五行
第三字同
五行阮刻共六字此末多錫字當以阮刻爲長辨見
阮説
周旗單卣　此作旗雞單
周弡仲簠
一行第八字金下此有鎏字阮無

二行第一字阮作鈇此作鈗
二行第二字阮作鈗此作鏖
二行第三字阮作鈇此作鑪
二行此第七字下有黃字阮在第三行首
三行用戚下阮作求稷此作諸受
三行糕下阮作粱此作米
四行正下阮作歆此作音
四行王下阮作賔饌此作賔餗
五行福下阮作諸此作必

六行首一字阮作叉此作共

六行二字具下阮作飽此作鎗　按此簋銘行行款

不循銘文字亦多異當依阮刻蓋亦先生後定之本

也

周司甗

釋文此引錢獻之兕形當作犧形今按阮刻周司甗

有犧形而無兕形

漢槃　阮刻本無此有阮刻增損字

商蛟篆壺　此作夏壺云謂蛟篆不可識云云疑本

作夏壺後改定耳

商父辛卣

釋文此多有阮增損字較今刻為詳

商舉父己卣

首舉字此闕

商父丁卣

阮刻子孫足迹此作孫承父足迹

周伯據敦

釋文多阮增損筆迹而今刻為少

周宋平公鐘　多阮筆增字與今刻同

周唯叔鬲鼎

三行第四字阮作居此作位　今釋文云居舊作位

可証

周南宮方鼎

四行第六字阮作貞此作真

五行第五六字阮作對揚此并作原一字　有阮筆

迹云射圜真原四字釋未碻當闕疑

後漢建武鼎　阮阮刻無此阮稾也

方城范氏古鐘　阮無此有

商亞才父丁爵

釋文此最多是阮筆迹

周臤尊

一行九字下阮作其字此脱有硃筆增一其字審為阮筆迹

四行第三字阮作滑此本作濉改作滑亦阮筆迹

釋文多阮筆增損語

朱氏鉏經堂金石款識跋

右平湖朱茮堂先生所著也為賢嗣建卿國教裝褾吉金文字三十六種摹江侍御德量摹本先生於嘉慶癸亥自記之矣此書為積古款識先河自湯文端張未未路慎莊葉東卿徐籀莊莫郘亭俞曲園吳平齋皆有跋其此書與阮本異同顛末俞氏載之甚詳今按茮堂先生為文達弟子諸器案語處多空格以竢文達標名明善則歸師也故有先生之說為文達攷訂者有文達艸槀即坿此冊中者又有文達筆跡標朱某云云而今刊

無之者蓋文達本以編定屬先生而先生仍以己說歸
之師耳先正大公之心有如此者即如商亞爵父丁彝
虘爵周魚冶妊鼎田彝諸釋文按之此書知皆采先生
說而不標名者必先生自刪之非文達攘善也然如周
師旦鼎有阮引先生說而此書轉無之則朱稾信多散
佚矣庚寅四月仁俊館貴筑黃子壽方伯師署適朱稾
訪之榛見眎此書方伯屬爲之跋因勘校阮書於俞氏
所舉外剌取二十餘事以諗學人有先生摹器可補阮
書者周𣎆臣彝也有器形雖佚款字可補阮書者商父

庚父丁乇父丁諸鼎周弡爵范氏古鐘漢槃也有阮槀
可補今刻器者商雕祖癸單父辛二彝後漢建武鼎也
有先生説可補阮本之闕者商母乙鼎二十七字子父
癸爵後引吳説是也有今刻不別白可證阮書所本者
如商隱尊下隱為獻人名父癸宗彝一字當是医字古
文据此書所引知為吳侃叔説是也有此釋文視阮釋
為詳者商辛父卣周伯據敦也有此釋文視阮釋為略者
周二公彝鐘乙公無專二鼎也有此摹文視阮為略者
周東瞿尊三行彝字年字四行用亯字父舟箄二行乙

字此皆闕是也有與阮刊異而是者商祖辛壺丙字此作內周無專鼎五行方此作休八行休下無用字此有鬲攸从鼎九行相此作台今案詺言皆當以此為長也有與阮刻異而非者周季娟鼎五行六字貝下此末多錫字張仲簠一行金下此多鑾字二行鈇字此作鈗二字鈗此作鑾三字缺此作鑪三行求稷此作諸受又粯下梁此作米四行歆此作音賓鍨此作賓飤五行諸此作必六行友此作共又飽字此作饔南宮方鼎五行對揚此作原只一字細案器文皆以阮本為長即先生後

訏之本也有與阮書異而可並存者商旂鼎四行二字父此作考周無専鼎三行仲此作中五行鳿此作鴻七行攸此作鋚季娟鼎三行麦此作陵叔鬲鼎三行四字居此作位南宮方鼎四行貞此作真此則古文通喈聲近義同字並存其義可以互證者也有經阮筆改正而與今本同者如周鬲攸从鼎十行使字十一行誓字十楢妃彝一行四行辟字二行四行五行楢字三行萈字五行邢字女字木工爵爵字𠬝尊一行九字下增其字四行滑字此皆先生編定時改從師說也有經阮筆改

而舉(與)今本異者商父丁卣二行武形二字周鬲攸从鼎九行南宮楷妃鼎七行陔字此先生編定時刪之如華字仍林去可證也有阮槀與今本不同者如今本商子執旂彝槀作子執㫃彝父己卣下卣形父己槀作酉父已亞爵下有手形二字槀無今本亞舟爵槀作亞犧形爵復乙去犧形二字子執旂句兵下面為子執旂形槀作兒癸句子執㫃形甲午簋三行鼈槀作鑒帛女鬲滈字槀作帛周諸女匜尊下其字槀作綦也此皆文達初說如此先生据已刪已定本編入者也今所言某行某

字以及前後次弟皆据刻本餘如與今刻前後歧異者不可勝述條凡近百例括十五不過畧見端崖耳然則是書也可以見先生孴輯之真面可以見文達改訂之精心斷金碎璧彌足寶貴在昔集古錄手槀謄葉文達曾勤之石世有援此例以續阮書者亦金石家之美談也書此以為左券

俞曲園先生跋曰朱椒堂先生鐘鼎款識遺槀四冊乃阮文達公積古齋鐘鼎款識之藍本自湯文端以下諸家跋語言之詳矣今年秋其從孫竹石觀察出

以示余余觀一本題鈕經堂金石跋六字文達以硃
筆改書積古齋續鐘鼎款識八字則其為積石之先
河固無疑矣然其中有先生原文而文達改定者亦
有文達艸藁即尌入先生之書者蓋文達當日本以
編定審釋屬之先生積古齋敘固明言之則兩家之
書即一家之書不可得而別矣故如商擧己卣抹去
謂字改作平湖朱謀云此固采取先生書之明證而
如周季娟鼎引朱云王疑是王子朝至積古款識竟
云楼周王無徙居楚麓事此王疑是王子朝不復明

其爲先生之説可見兩家之不分彼我矣其中亦間有異同者如無專鼎第二行第四行字阮作燔此作烝第五行第五字阮作遒此作貸第七字阮作虎此作弗第六行第六七字阮作帶束此作東帶第十行第一字阮作割謂借作匄此作周謂裯之省又周叔夜鼎第二行第八字阮作羞此作鬻周公華鐘第二行第三字阮作䍐此作擇周邢叔鐘第二行第一字阮作髀此闕第四行第三四字阮作皋屯此作頓手周諸女匜諸女下一字阮作舉此作作周般仲盤第四

字阮作宋此作午又如阮本商酉宮父甲尊此作酉
言父甲尊周魚冶妊鼎此作魚呂妊鼎漢龍虎銅節
此作周龍節其所釋文亦不同阮本弟四字惠弟五
字貨弟七字榴此則作道作寶作梧如此之類殆偶
未商定者乎然如商雕伯癸彝雕下一字阮作伯此
作祖商單父辛彝作下一字阮作好此作民周姬單
匜弟一字阮作尨此作奕觀其筆迹實是文達手書
殆初說如此而後又改易之也周伯據敦文達手書
謂非據字當作木旁虎梳下一字爲虘乃樝之省文

椃櫨為作器人名字及觀積古款識則仍作攄字而以虘為祖之段字周正考父鼎先生用錢獻之吳偘叔說曰蔡宣公名考父並述文達說云孔子七世祖不當作文王尊彝定為蔡侯器良是及觀積古款識則仍主孔子七世祖說而以文王為商之文丁蓋古人著書不厭反覆詳求文達筆削之精意非先生此書則不可得而見矣惟如丁師卣獻下一字先生作霙謂見集均阮刻作雭謂即霂字而又疑其詞然則不如竟從先生作霙矣子荷貝父乙先生云未詳何

器据阮本則是商彝或先生當日但見其文未見其
器乎然亦有此有而彼(阮)無者如商己癸商戊己商父
辛商父乙商父甲諸鼎商尊綦壺周客尊周主父乙
彝漢啟封鐙之類是也諸器椄語多有阮筆增損字
不知積古款識何以遺之然則此書也不特可見文
達之精意并可補積古之缺遺後世講求吉金文字
者讀積古齋者尤不可不觀先生此書也光緒七年
閏七月乙卯

《國家圖書館藏未刊稿叢書》總目

日記編

黄陶樓先生日記（全二册）（清）黄彭年 著　樊長遠等 整理

張叔未日記（外六種）

　張叔未日記（清）張廷濟 著　陳紅彦　樊長遠 整理

　舊山樓日記（清）趙宗建 著　肖　剛 整理

　非昔居士日記（清）趙宗建 著　肖　剛 整理

　庚子非昔日記（清）趙宗建 著　肖　剛 整理

　壺中日記（清）葉　鈞 著　肖　剛 整理

　東洲草堂日記（清）何紹基 著　曹菁菁 整理

　顔㑩來日記（清）顔懋价 著　杜　萌 整理

笘誃日記（清）江　標 著　樊長遠 整理

書札編

張蔭桓致劉毓森書札　龔易圖致劉毓森書札

　（清）張蔭桓　龔易圖 著　董馥榮 整理

袁昶友朋書札（全六册）（清）袁　昶 輯　謝冬榮等 整理

王懿榮往還書札（外三種）

　王懿榮往還書札（清）王懿榮等 著　蘇揚劍 整理

　藝風堂同人尺牘（清）惲祖翼等 著　謝冬榮 整理

　黄子壽先生遺札（清）黄彭年 著　杜　萌 整理

　趙宗建友朋書札（清）趙宗建等 著　彭文芳 整理

葉德輝致松崎鶴雄書札　葉德輝 著　孫　俊 整理

國家圖書館藏清代名家尺牘法書選刊（全十六册）

　白謙慎　薛龍春 主編

金石題跋編

國家圖書館未刊石刻題跋輯録　盧芳玉　整理
小蓬萊閣金石目　（清）黄　易　著　盧芳玉　整理

題贊手卷編

明渤海孫氏積善堂題贊手卷　田曉春　整理

中法漢學研究所編

燕京傳薪録
——中法漢學研究所未刊稿研究
孫　俊　程天舒　林世田等　編著

著作編

周易注疏校勘記（全二册）（清）阮　元　總纂
讀相臺五經隨筆（全二册）（清）周廣業　著
經義述聞（全九册）（清）王引之　著
經義考異　（清）方　邁　著
國語解訂譌（外三種）
　國語解訂譌　（清）孔繼涵　孔廣栻　輯校
　白虎通義校稿　（清）吴　騫　輯
古小學書鉤沈　（清）陳　鱣　輯
　聲系　（清）陳　鱣　著
説文解字考異（全五册）（清）姚文田　輯
四庫全書表注（全二册）（清）李文田　著
登樓雜記（全三册）（清）錢　泳　著
蛾術編（全十册）（清）王鳴盛　著
籀鄦簃雜著（全三册）（清）王仁俊　著

國家出版基金項目
NATIONAL PUBLICATION FOUNDATION

國家圖書館藏未刊稿叢書·著作編

籀鄦簃雜著（二）

（清）王仁俊 著

主編 劉玉才 陳紅彦

鳳凰出版社

碑版叢録

兩漢孔林金石目　共十二種十九紙

韓勑並陰左側右側　共四紙

熹平二年殘碑一紙

魯孝王石刻並題記一紙　共二紙

乙瑛　一

孔宙並陰　二

史晨後碑　一

又奏銘　一

孔褒　一

孔謙碣　一

孔君墓碣並跋　共二紙

魯相謁孔子殘碑一紙

孔彪並陰　共二紙

必口　帝守、、、宗、、、武、、、英、、、儀圖無口畤畤天道

大興翁覃溪、黃堯圃本跋　金石
光十四陽湖三月附文梓存目一
萃　云英友芝見金石萃
識後者之見也

王氏金石萃編所謝載各考　文阮集中南北書派論　北碑南帖論
言用伯蕊花
諸葛考　九推
唐宋諸碑系銜並名氏字考　不搨
諸碑所載事物條題　又推篆
碑文廻滿空字不足
唐昭陵陪葬諸碑拓考　敘換
此行遣家藏碑所佐
蔡中郎集漢卷下
元祐黨籍考以下
又求宋搨上
又校論搨下
七十二弟子姓氏異同考　附東漢
唐碑石橫題名考　附金
宋氏石經考什也

墓志說例卷二十七 司馬文奐跋

化度寺地址攷　蔣斧羕

日本金澤文庫兩京新記殘本曰、西北隅祓（長安志作祓、）祠次南曰義寧坊、南門之東化度寺、隋高熲宅、開皇三年熲捨宅奏立爲寺、寺有沙門信行自東來、熲立院三階集、其化熙行、故名化度寺。召數紙出三十引曰西京化度寺貞優石二尺餘、孔穴通連、前嵌繡楞臺之狀、羅列日曦寶

直隸完平 此碑存

陝西蒲城 此道行勝寺

雲麾將軍李秀殘碑 唐天寶元年 雲麾將軍李思訓碑 唐開元八年六月

雲麾將軍劉威墓誌 唐天寶十二載

雲麾將軍劉元尚墓志 天寶十三載

雲麾將軍陸安生 天寶十四載

雲麾將軍陸說志 永泰元年

雲麾將軍朱孝誠 貞元二年二月

化度寺邕禪師舍利塔下銘

化度寺海禪師方墳記 顯慶三年

聖教序 褚書 一在永徽四年十月 一在十二月

聖教序 褚在同州名雁塔聖教序 在龍朔年

聖教序 王行滿正書 顯慶二年

聖教序 此集王右軍之字而成 懷仁集 在咸亨三年 此并記心經

中興三藏聖教序 八分書 神龍三年

朱龜 漢碑　按朱龜史目不去　後漢書南蠻西南夷傳滇王下 熹平五年諸夷反叛遣御史中丞朱龜討之不克

張○點加 唐去安

馮摩耶 唐无年月

花細

馮道　宋刻叢編引訪碑錄有唐上柱國平州司馬馮道墓志如意元年立在直隸任邱縣界　京畿金石考上采之　後按是人仍不幸而與長樂公同名○要入同名錄矣

漢宜禾都尉李昊碑自來無著錄鄧氏玫得之見葉緒嘉詩鈔入注

後按宜禾都尉見漢書

附

老爺　見金大安三年磚刻有老爺二字
學究　宋彝山太子大殿碑會學究趙靜
石作
匠人
少俊　觀魯古郎君夫人卒於戊巳尉氏之少僮
仁兄　唐劉蒼志曰仁兄悲切　曰哲弟蒲陽縣尉
哲弟　又
泰山　又曰子壻楊氏願報泰山之見　唐太和九年
公後
花書　宋山茶掀刻石有之
織先　宋昭亭載專前陽端佛寺安素
令弟　唐醮高寺重修幢碑

秦銅权銘

余循華陽補改續所補改之三例，改每于各人文集及雜著摘其目錄分以補
（金石學錄補之遺）
以碑而兼造象者　蔡儁
以墓志而兼造象者　吳高黎

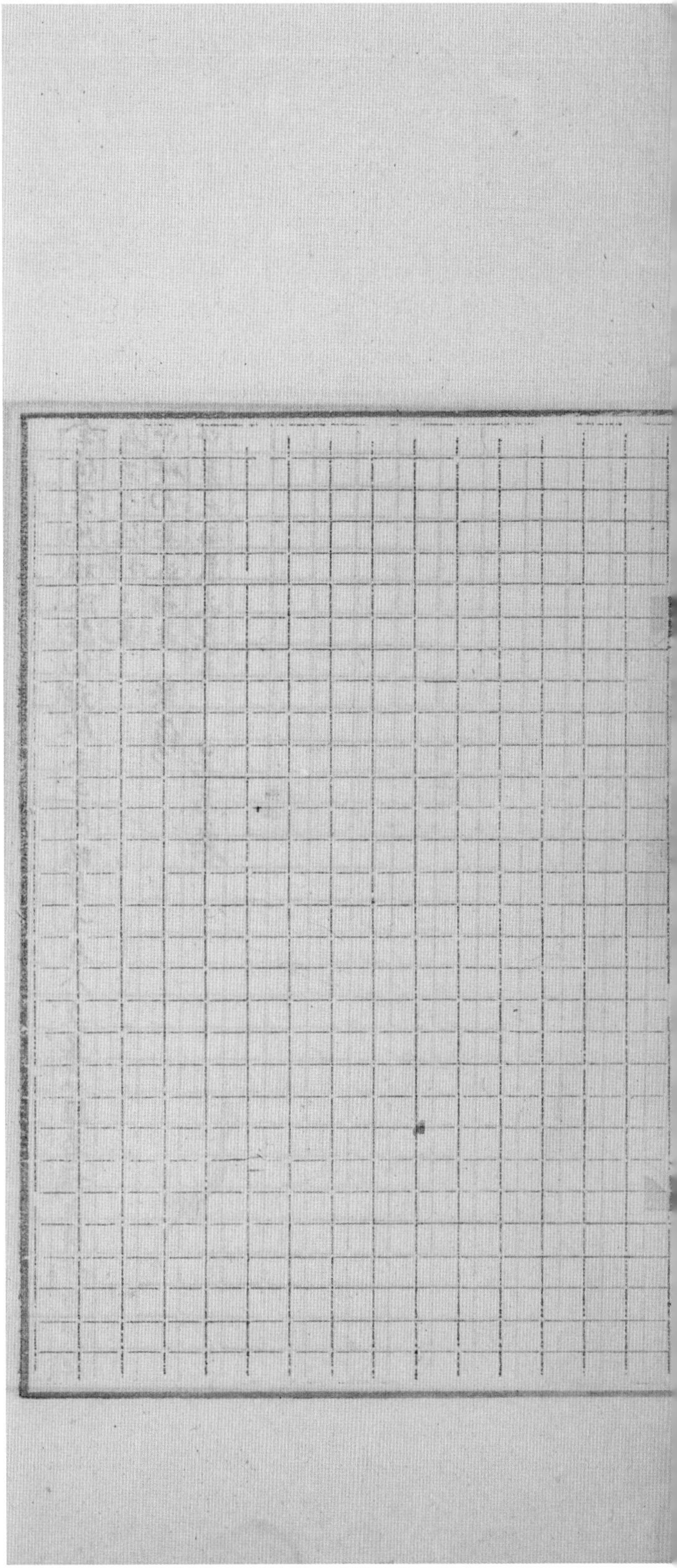

張穆記

鄧深山右志作淝非

張仲山右志無許　清神國並外作國以華說

光祥巡口並並用字　山華均無

張猛龍

國　不作國以王說

氏族　暉煥　万壑　峻嶽　是[illegible]

不泯母載口　字口口口感　又　[illegible]口

周宣[illegible]口口　[illegible]仲　山左[illegible]　[illegible]

光[illegible]口　周

終踪列士之[illegible]　諸久列[illegible]字[illegible]字最[illegible]不得以别字指之　山左[illegible]作[illegible]下字[illegible]非

於卓世[illegible]　君[illegible]

[illegible]東帝[illegible]口中

[illegible]勢[illegible]　君[illegible]也　[illegible]相[illegible]

[illegible]岩山[illegible]王[illegible]之後

詩云[illegible]山左[illegible]字　[illegible]

式口英[illegible]　[illegible]作式[illegible]　山左口

國之[illegible]　山左[illegible]

小大[illegible]山左[illegible]字[illegible]　[illegible]

何以為前山者依何口
何以高為懷山者無鳥君

附碑版口號

雲飛翁重十三刀。瀚海銘真莫湯瀋。字詡諸家精學別。莫咸蛇蹤惹人嘲。

佛成摧底好平陵。待瑭銘宜挽磬窯。皇甫誕碑三監好。蕪時無從法家亮。

安家身坐著名出。字刻于今未易逸。循日東都數五球。不嫌舊拓少黃九。

書全乾字不宜通。當拓銀錢百本崇。造象得君精拓本。紀中天荻浸胡騰。

院𥡴校椎洪頤

又北齊在五年金石萃編云

強為東魏武定四年

後有石墨天柱仙侶道班作

字列𢿊記

丹居館銘雲居所有恆以知此雲居

字爭居之安

高六尺寬四尺五寸十三行行字徑二寸後有宋政和三年秦峴等題名

高五尺九寸寬四尺五寸九行十二行字徑四寸

楷書有鄭道昭双勾碑

陶宗祝正書 乙丑年 九月 大統元年 山左大為

石峪後

後齊後列

鄭述祖夫子廟碑 乾明元年 八分書 阮志十 山東曲阜

重登雲峰山記 鄭述祖撰 八分書 河清三年五月 後有文英題跋 洪頤煊平津讀碑記卷八 山東掖縣

天柱山銘 鄭述祖撰 八分書 天統元年 洪記三之廿 山東平度

鄭述祖題雲居館石刻 八分書 天統元年九月五日 阮志十 山東掖縣

雲居館鄭述祖題銘 正書 天統元年 山東掖縣

後魏先列

兗州刺史鄭羲碑 正書 永平四年 阮志 亦見續 下碑有詩 後有文英題跋 山東掖縣

鄭道昭論經書詩 鄭道昭撰 正書 阮志 後有文英題 山左志 又

鄭道昭登雲峯山觀海詩 鄭道昭撰 正書 無年月 後有文英題 山左志 阮志 又

雲峯山鄭道昭題字九種 正書 無年月 後有文英題 山左志 阮志 又

大基山詩 鄭道昭撰 正書 無年月 後有文英題 山左志 阮志 又

大基山銘告 又 後有文英 阮志九 又

大基山石人題字 鄭道昭正書 無年月 天統元年 諸日鄭述祖八分書 又 阮志九

白駒谷鄭道昭題名 正書 無年月 阮志九 山東益都

右見訪碑錄二

後紀

鄭羲石像 無年月 在鄭羲碑側象左右有宋人題名 阮設 山東掖縣

鄭道昭中明壇題字 正書 無年月 又

鄭道昭詠飛仙室詩 又

鄭道昭大基山題字 [illegible] 正書 無年月 一歲在壬辰建 其 [illegible] 白雲 [illegible] 又

煙里也 一名 [illegible] 觀梅 [illegible] 之山 [illegible] 太室之山 在山左 [illegible]

右志訪載九種之外原書失訪 又

右見趙錄二

登雲峰山 題名 正書 無年月 指日隆道昭書 山東掖縣

右見諸家

鄭道昭天柱山銘 [illegible] 石 [illegible] 論經書詩 [illegible] 太 [illegible]

論經書詩 道士 [illegible] 九字 正書 [illegible] 二寸 三行 行三字

白雲堂 正書 [illegible] [illegible] 字 [illegible]

此 [illegible] 鄭道昭書 [illegible] 也

未見

尒足 [illegible] 中岳 [illegible] 太室也

論經書詩 [illegible]

李 [illegible] 二 [illegible] 白雲堂

雲峯之山　一行　字徑の五三寸　不等

此天柱之山　二行　字徑の寸

○中岳先生熒陽鄭道昭白雲之堂也

○中岳先生熒陽鄭道昭朱陽之臺也

○中岳先生熒陽鄭道昭玄靈之宮也

○中岳先生熒陽鄭道昭中明之壇也

○此山之壇南山門也

○此仙之北山門也

○羨門子駕日栖崐崘之山

○赤松子駕月栖玄圃之山　口拓圃字

○浮丘子駕鴻栖月□之山

○此山上有九仙之名　據下九行題字半之九仙

二行字字徑二寸不等　右據拓本係出

題字大種細目　此山左表所采在山下　九種　八叶

○鄭公之所當門石座也　□□□　三大字　逕二寸餘

○熒陽鄭道昭之山門也於此遊止の行字逕二寸二寸不等

左闕

○熒雲峯山之左闕也　下有

題雲峯山之右闕也

○栖息於此　部□□□□□

以下半扣之

五行字二の五寸不等

右〇廟〇
九〇仙〇
昕〇伏〇奴從驚
東〇
左〇上〇手〇仙
石〇巫〇手〇仙[illegible]徑二寸
隸書一行　字二三四字不等
南楊煜之有[illegible]峰姓內掃年
附北宋款書此為書鄭羲付
孫趙訪碑錄錢氏手錄
附山東通志　曲阜志　掖縣志　平度州志　益都縣志

右中書令鄭羲碑魏書本傳父曄不仕而碑云曄建威將軍汝陰太守當從
碑爲是羲之使於宋也宋遣主客郎孔道均就邸設會酒行樂作均問羲何
以不答曰哀楚有降而雅正不顯而其細已甚矣而能久乎均嘿然越年而蕭
氏滅宋此可補本傳之缺羲謚文靈碑祗稱文公者猶諸葛孔明謚忠武
而後人但稱武侯舉其美也文靈之稱羲子幼麟碑及魏書皆同北史唐書世
系表俱作麟蓋二字可通用矣錢大昕金石文跋尾二跋
右天柱山銘光州刺史鄭述祖撰文既淳足而八分書亦方整有漢魏人遺
法蓋北朝石刻之佳者述祖之父道昭以魏永平中爲光州刺史述其父羲
遺跡鐫碑于天柱山東堪石室之內復刻其銘其述祖守光州復作此銘敘
其德遂可謂風范不墜之效北史亟言述祖年已八十一矣耄而好學尤人所
難也文之所其誇飾之處而其書鄙意其之諱語俾文躍活也北史述祖
傳敘所歷官階甚爲詳悉皆不云東徐大將軍者亦之也又三

潛研堂金石文錄

後魏

中岳嵩高靈廟碑　正書　文首大代字而不見年月中多述寇謙之事當立於太武帝時

孫秋生等二百人造像記　孟廣達撰蕭顯慶書　正書　大代太和七年　額云邑子像下方刻　方刻維那姓名題名　景明三年五月　在洛陽縣

始平公造像記　孟達撰　朱義章書　正書　太和十二年九月　在洛陽縣

孝文皇帝弔比干墓文　分書　太和十八年十一月　元祐五年九月重刻　有吳處厚記林[illegible]書　在汲縣

碑陰諸臣題名　八分書

孫伯達造彌勒像記　正書　太和年造

石門銘　王遠撰　正書　永平二年正月　在褒城縣

兗州刺史鄭羲碑　正書　永平四年　在掖縣

鄭道昭登雲峰山觀海詩　正書　金石錄云永平四年　在掖縣

鄭公石闕門題字　凡三石一曰鄭公之所當門石室也一曰熒陽鄭道昭之山門也於此遊止一曰雲峰山之左闕也皆無年月

曹連造釋迦牟尼像記　正書　永平四年八月

仙和寺造彌勒像[illegible]書　永平四年十月　後有詩作女周阿足字

華州刺史安定王造象記 正书 永平四年十月

寧朔將軍司馬元興墓誌 正书 在涇陽縣

楊大眼為孝文皇帝造象記 正书 無年月 當在宣武初年 廣元邑子像

魏靈藏薛法紹造石像記 正书 在洛陽 無年月

涇州刺史齊郡王祐造像記 正书 熙平二年七月

洛州刺史刁遵墓志 正 熙平 在樂陵陵縣

兖州賈使君碑 正书 金石萃編云神龜二年四月

杜永安造无量壽佛像記 正书

趙阿歡等造彌勒像記 正 三年六月

魯郡太守張猛龍碑 正 正光三 正 在曲阜縣孔廟

碑陰 正

道子造像記 正 、正光三年 在高陵縣

李超 正 正光六 正 偃師、

滎陽太守元寧造石像記 正 孝昌二 正

法行女口口眼造釋迦像記 正 孝昌二年二月

清信女□□姬造釋迦像記　正書　永熙三年五月

濟青相涼朔恆六州刺史高植墓誌　正書　殘缺　在德州　無年月

金剛般若碑經　正書　菩提流支譯　無年月

中嶽嵩陽寺碑　八分書　天平二年四月　在登封縣

造須彌塔記　正書　天平三年正月

清信女孫思香造觀世音像記　正書　興和四年正月

比丘□□□□造彌勒像題字　正書　天平四年□月　在歷城縣龍洞

兗州刺史高湛墓誌　正書　元象二年十月　在德州

敬使君顯儁碑　正書　興和二年　在長葛縣

陰　正書

李仲璇修孔子廟碑　正書　興和三年十二月　在曲阜縣孔廟

陰　正書

□州刺史□□□碑　正書　武定二年八月

齊郡太守劉世明造石像記　正書　武定二年十二月　在益都

造像記　正書　武定六年九月

武德于府君等義橋石像碑 正书 武定七年四月
張保洛等造像記 正书 武定七年十二月
太公廟碑 正书 武定八年四月
造太上老君像碑記 正书 大統十四年四月
造子造像記 正书 大統十五年 在涇陽縣
松滋公元蕓溫泉頌 正书 廿年 月 在臨潼縣灵泉池
宋景妃造釋迦像記 正书 文云大魏孝昌三年歲次癸未 考孝昌紀年不值癸未 魏字無考似非物記

齊

張茂暉造象記 正书 天保五年七月 在益都縣
老子廟碑 八分 李雅书 元年 在曲阜孔廟
陽阿故縣村造石像記 正书 樣篆額 河清二年五月 在澤州府
天柱山銘 鄭述祖撰 八分书 天統元年 毛武玉刻 在平度州
造七佛寶堪記 八分书 天統三年三月 在偃師縣
宗買等造天宫石像記 八分书 天統三年四月 在偃師縣
造阿文八大像頌 正书 天統三年五月 在汾州

造彌勒像記 正書 大統四年九月

般若波羅蜜經 王子椿書 武平元年

大般若經 王子椿書

石刻佛名 正書 武平四元年

董洪達造像記 正書 武平元年正月 在登封縣少林寺

隴東王感孝頌 八分書 武平元年正月 在肥城縣孝堂山

朱岱林墓誌銘 子敬脩撰 孫子毅氣撰銘 正書 武平二年二月 在壽光縣

邑義三十人修造像記 正書 武平二年九月 在偃師縣

造像記 正書 武平二年十月

造觀音像記 正書 武平二年十一月 在臨淄縣 章

邑義主一百人等造像記 正書 武平三年十二月

臨淮王像記 正書 武平四年六月 在青州府

孟阿妃造像記 正書 武平七年二月

張思文造像記 正 承光元年正月 在淄川縣

馮翊王平等寺碑 正書兼帶八分書 在偃師縣

汾州鄉城老人佛龕碑正書 分石中州金石記云碑末有大象二年正月廿一日 □□所記□□□□□□□疑是慶安□□ 刻在汾陽縣

周

王氏造像記正書 保定四年 在涇寧劉氏祠

華嶽頌 萬紐于瑾撰 趙文淵書 八分書 天和二年十月 在華陰縣嶽廟

邑子造象記正書 天和二年 在涇陽縣

造□像記正書 天和四年七月 今在仁和趙氏

邑子造象記正書 天和四年八月 在涇陽縣

宇文廣造象記正書 天和五年六月

北魏永平四年、鄭羲碑在掖縣城南十五里、雲峯之東、元尚刻于崖間摩崖一通、其崖黃石堅緻、筆畫深勁、惟後幅七广行有石理、坌起字自右斜向左石工祇就平正處刻之、其文仍聯屬也、峯魏書鄭羲傳、父曄不仕、碑云拜建威將軍、洛侯太守、又云羲奉使宋國、與孔道均論樂、俱不載、可据此以補其闕也小滄浪筆談三

雲峯山與孔道均論樂傳俱不載可據此

雲峯山頂又有鄭公石、崖高約三尺、鑿于磐石之側、身惟半截、無以下無之左肩有大宗二字、右肩有政和癸巳等字、俱皆漫漶、意即秦峴詩人所題歟志云白雲堂為鄭文公遺址、旁有石龕小象、乃其子道昭為光州刺史時刻記其道昭子述祖、時年九歲、後亦為此州刺史、往尋舊蹟、對之嗚咽者此也小滄浪筆談三

鄭道昭論經書詩刻、永平四年刊、正書、字徑四寸、在雲峯山、隸題中詩敘官階稱大基山詩刻、為詳核之、歟、考本傳皆合、惟司州大中正、傳稱滎陽邑中正、案滎陽邑屬滎陽郡、為司州所轄、道昭滎陽人、碑舉其郡、而傳舉其邑也、道昭卒於熙平元年、距此僅五年耳、其外海島詩刻在雲峯山之西、峯筆畫

多门石坐　山门　左闕三種未見錢目

巖巒有力，詩多道家語，延鄭公與道俗紀遊之作也。小滄浪筆談三

桂未谷攝掖縣教諭時，親至雲峰山，蹋得鄭道昭題字六種：一題雲峰山之左闕也，七字，在東峰西面；一題滎陽鄭道昭之山門也，於此遊止，十三字，在東峰西北；一題鄭公之所當門石坐也，九字，亦在東峰西北；一題此山有九仙之名，七字，在中峰西面；一題雲峰山之右闕也，七字，在西峰西東；一題耿伏奴從駕，五字，在雲峰山之陰，伏奴當是鄭公從遊之人。道昭尚有大基山詩刻、鎸詞數種，亦在掖縣。小滄浪筆談三

鄭道昭白駒谷題云：中岳先生熒陽鄭道昭遊槃之山谷也。凡三行。又題此白駒谷四字，字徑尺許，筆意極蒼老，在益都縣西南北峯山之北白駒谷內。

鄭述祖重登雲峰山石刻，河清三年五月立。八分書，在掖縣雲峰山之東。縣志載雲峰有光州刺史鄭述祖重登雲峰山記，及遺跡菓人刻石記，即此碑也。魏書稱道昭子嚴祖、嚴祖弟敬祖、敬祖弟從郎，為鄉人所害，不言其官孫，北史稱弟述祖，弟遵祖，官秘書郎，遵祖弟光州刺史道祖，弟順祖，順祖弟□祖，舉於太丞，碑云仲兄豫州敬祖，祖弟光州遵祖，季弟北豫州順祖，皆可補魏書之闕也。述祖字恭文，魏書失載述祖名。又有題雲居館石刻，天統元年九月立，亦在

雲峰山、其天柱山銘並平度州、天統元年刻、雲峰天柱二山各縣志皆不載、
教此刻傳之、小滄浪筆談三

萊州登雲峯山訪鄭兗州父子石刻詩　阮元　拓見華後三　王寅炘　雅云卅　李信詩

寒同之西嶺是曰雲峯山絶壁拔千仞巨石推蒼穎永平鄭兗州詩刻何班班
我來躡其頂雙瀾極躋攀坐讀論經詩手扶青苔斑當門鐫石像冠服蒼古顏
古人或仙去海鶴何年還北望蜉蝣島碧鏡擁翠鬟風雨作離合共我歸城闕
靜修何可得之此逾時間

光州鄭刺史父子稱繼賢石刻閱何許舊說雲峯山山勢屼崒踞渓渤蹴夜策
杖窮躡攀披雲望海口杳靄冥濛間島嶼浮漚不可辨但見青銅古鏡昏蒼烟
喜我蕩駭震天地長風萬里迴波瀾此境將誰闢刺史今猶傳洞壁遺文味磨
滅已經歷劫封苔斑更曰峯巔㠧行字飛梯將何施劖鐫摩漥披剔不可到破
黄誰搨遺人寰惟有鬼神加意相呵護長与此山在海為奇觀

雲峯山勢高峩之下瞰萬里蒼渓波海口華碉運巇嵯千年石刻陵坡陀光州
父子隱巖阿相繼後先鳴玉珂三十六字如星羅鬐鬛周懸与晉𢦏碑遺蹟
供摩挲剔苔剔蘚細刮磋一時手眼爭煩挼春風秋雨龍蛇多白雲堂前拂烟
蘿丹壼一壁斑隸蝌斗漫半蝕盤螭蝸當年韜武儀跧跜陵谷變遷誰何護訶
風霜兵火閃鎖磨何幸此間未𧹞蠹我來寒同見靡他郭香之察名不謫嚳賞

直可窮虞戈鄭公鄭公寧輟軻石不爛今海州那
萊城四面環羣山雲峰浮出空濛間昔賢遺迹未湮沒高與列岫爭嶙屹揭來
尋蹤歷幽險此身已在青雲端更倚嶔岑望溟渤鼓帆渺渺懸絕烟遠野漸低
片雲去璩天氣際孤鶴還鄭公去今幾千載芳迹剝落蒼苔斑摩挲所以為八
九好古自本緣泥慳峋嶁徒傳數千載琅琊空見龍蟠螭蘇子當年讀石鼓鉗
口邊肚餒興難想見繼美茲然郡登攀幾日勞雕鐫片言隻字應可寶鬼神呵
護無由剗便當摹搨萬本廣播於世長流傳俯仰古今一搔首松風蕭颯波
潺湲

小滄浪筆記所載金石與鐘鼎款識山左志萃編諸書異同攷（石印）

孔廟乾隆間頒內府周范銅器十件木鼎亞尊犧尊伯彝册卣蟠夔敦寶簠夔

鳳豆雷紋壺四足鬲山左志畢以為冠小滄浪筆談三條按十器詳山左志

歷城肆中見一彝器蓋銘三字曰叀臣止器銘二字曰止康蓋作饕餮紋器邊

作雷紋兩耳飾以夔首狀類周蟠虯敦舍耳此有耳故定為彝文蓋與直

自蓋其名之按寶字金石款府收之四十二內有康字與康字仁和朱朗齋文

藻為補八十八字并與康字可見古人作書率隨意增減原不拘拘也三條

按阮款識有古器古篆全無當補

魯鼎三條按阮氏款識全與筆談異唯山左金石志與筆談同

周銅距末三條按見阮款識而萃編三種均無

紀侯鐘三條按筆談據阮款識多鐘高五寸圍一尺一寸頂有一柄長五寸柄

端一環徑一寸二分旁有三十六乳質厚五分文（引通志）曰紀城內有台高九尺俗曰

紀台云云條同

楚良臣余義鐘三條按筆談據阮款識多三句云吉金二字上似缺召字孫所

闕未釋者

宋戴公戈 三條擬筆談稿阮款識多誤以胡長二寸四分内長二寸五分援長四寸三分胡折七分款氏呼爲[illegible]戈及謂告爲造封古戈造字多作告說文造古作艁此作告者艁之省也非告字末一字似是金旁其右太剝不可辨矣

羊子之造戈 三條擬筆談稿阮款識多誤以孔戶部繼涵以側布按漢法準之重十九兩六錢四分九厘重今等八兩三錢視鄭氏注云三鋝爲一斤四兩者不足者三錢五分一釐援長今營造尺四寸八分内長二寸四分胡長三寸六分而所謂内倍之胡三之援四之皆與經合惟其廣二寸則以周尺度之財寸繳強爲崇又三禮圖曰廣二寸謂胡又其實援亦廣二寸今度以周尺皆不及而胡磬折倍句與呂大臨所圖於壽陽淮南郡宮之戈正相合則可以補聶圖之不及

漢建初銅尺 三條擬筆談稿[illegible]華編載此云本爲江都閔義行所藏後歸孔東塘氏 尚任今在衍聖公府中新城王尚書居易錄云漢章帝時冷道舜祠下得玉律以爲尺與周尺同因鑄爲銅尺頒郡國謂之漢尺或其遺歟吳江沈冠雲彤著周官祿田考未見建初尺然其所繪古尺圖與此尺正同冠雲云右圖摹宋秦熺鐘鼎款識冊所載冊又載尺底篆文銘云一周尺漢志劉歆

銅尺　後漢建武銅尺晉前尺並同按高若訥依隋志定十五等尺第一爲周尺即此也蓋唐與後人所定周尺中爲近古且最著云江寧周幔亭粲云曲阜孔氏所存銅尺重今廣法平十八兩面廣準時尺一寸側厚準時尺五分與沈冠雲所用尺同然則建初尺與建武尺同矣慮虒郡國志屬并州太原郡顏師古音爲廬夷云云

史丞節鄭君碑跋及阮氏自五鄭君碑云云按互見摹經條

建安弩機云云後擬顏莘跋陀說識多大以云顏運生爰授有弩機拓本云以之宋芝山長五寸寬一寸三分銘十八字隸書小如半菽紋細如髮曰建安廿二年四月十三日所吏千五百師稽福博古圖曰生於弓弓生於夫生於越於吴譬敵而為之則弩機在商書固已有若虞機張往省括于度則釋之語是弩機之設其來久矣建安廿二年當漢之務已成所統千五百師應屬丞相府未必天子之六師也吏字顏師古注前漢百官公卿表訓為理隋師因見盛陽雲臺碑稽福似造機者之姓名錢曉之大昭曰稽姓未審所出漢書貨殖傳有稽發廣韻云吕氏春秋有秦賢者稽黄此銘可加證矣

黄縣庫中有一古甑口徑一尺四寸五分腹深二寸七分強足高四寸八分連

耳通高一尺四分，腹内作獸首飾，底有小篆文銘二字曰五國，字徑二寸。詳其形制，當是高麗之傳。按國名及器名爲書所命，工宗奉國，當器之大，能受五國，款不能旅。造器五者，皆國正，如魏人之五熟釜耶？按款識考。

余於濟南市中得銅瓦二，文云漢朝正殿華崔銅瓦八字，隸文。詳其筆勢，必是劉淵、劉壽、劉毅、劉智遠、劉昱諸漢時物，款識頗爲當時所鑄，因存證驗，存以條致。

唐塗金造像記銅碑，高三寸五分，寬一寸二分，額作雙龍飾，字跌額四字曰阿彌陀碑記，云：夫真容凝寂，應身淨秀，慧日振暉，慈風化物，託佩金口，口頌丹青，勝軌良規，敢不傾口。佛弟子趙婆、長孫同薄合及等敬造阿彌陀像一軀，上爲帝主師僧父母、法界衆生共成佛道。貞觀廿一年正月八日。共六行，行十三字，字大如黍，正書，面上塗金如新，背青綠斑駁，古色可愛，書法一筆不苟，惜其淺不可摹拓。唐沿六代之佛，尤謹寶刹名藍之外，又家供養佛堂，都有此銅範小碑也。趙婆與長孫薄二人，蓮書必彼婦人。祖庭事苑云：梵言婆，華言叢林；梵言優婆塞，華言善士。釋氏要覽云：梵言塔婆，此言高顯。又法苑珠林曰：此即白佛言：何名婆婆？佛言：以婆說秋衣布施供養，故名婆婆。是時不訓爲婦人也。即以人名言之，晉書王珉傳有沙門提婆，北齊書恩倖傳有穆提婆、盧思道，與此

論有陸提婆唐書唐休璟傳有贊婆宋史藝文志有耆婆脈經耆婆六十四問
是又勒婆此婦人之一證也蓋其禪悅心殷取梵語為名耳趙長珍二姓俱有
寧相而二人不見于表乃賴此片銅以顯亦身後之幸也舊藏濰縣于氏甲寅
春 元過濰有持此來售者已定價矣继知為諸生家物卻之今归嵩明清枚張
春田處 三拓款識及華編皆無
宋三司布帛銅尺藏曲阜孔農部 尚任家謂為華陰王山史所贈者今工部營
造尺八寸六分按宋史職官志三司總國計应四方貢賦之入朝廷不預一歸
三司通管鐵鹽度支戶部號曰計省位亞執政目為計相三司故得自置尺也
又食貨志布帛宋承前代之制調絹紬布絲綿以供軍須服用賜与又就所產
折科和市自周顯德中受公私織造並須幅廣二尺五分民所輸絹匹重十二
兩河北諸州軍重十兩各長四十二尺宋因其舊此三司通管天下布帛有定
尺也三司尺即所謂省尺与宋淛尺異孔氏所藏建初尺當省尺九寸五分當淛
尺八寸四分 三拓華編無
陸胸仰天山三一堂鐵範羅漢五尊高一尺鑄正書在趺前及側面二為正隆
元年本縣朱家門下王氏造末云益都府正公界造成匠人王景一為正隆二年

石匠班首王六哥名揚并弟王全成岳氏戍造一尊一為正隆三年臨朐人王辰合名狼同造一為益都府南和界名善同妻王氏與大車界劉荀同妻于氏共施一尊此十八石真僞錯此五字乃宋之青州金改為益都府元又升為益都路矣乾隆乙卯益都段赤亭松苓訪碑拓得且云此山白雲洞有石羅漢數百尊摔共有銘者拓四十八尊本三稱正隆為金海陵王年号萃編無

余藏延祐銅書鎮高一寸縱二寸寬三寸四分重今京秤十九兩三錢作虎伏艾葉形銘正書四字曰延祐二年荆楚歲時記五月五日以艾為虎以辟不祥此書鎮亦仿其意而為之耳三稱延祐為元仁宗年號萃編所録至金止今

元代金石

元長蘆儒學方爐得於相山左高二寸九分口縱徑五寸寬七寸五分內深二寸三分饕餮雷紋正書銘曰元至元己卯孟冬長蘆儒學奉大都河間等路都轉運鹽使司置監造學正孔克中姑蘇領匠鍾宗鑄凡三十九字按大都路領縣六州十州領十六縣河間路領縣六州六州領十七縣并無長蘆曰大都轉運鹽使司置長蘆似是場名而大都之場并入河間凡二十二場食貨志鹽法又無指名之制設儒學官該路總管府設教授一員學正一員學録一員其散府

上中州亦設教授一員下州設學正一員是則亦不置教官矣今曰長蘆儒學
似是鹵籍遵請置山長學錄之例選商人之子弟之秀者補入而博士弟子員
也印文一語可補元史地里百官學校鹽法之所未備矣又據至元己卯當是
順帝後至元五年前至元己卯乃世祖至元十六年以鹽法志考之至元二年
立河間都轉運使司單管本路鹽法至二十二年乃立河間等路都轉運鹽使
司並理大都後不復改動也又按畿里志劉逵子孫傳五十五代克字單正當
之之未造內有任長蘆學正者名克俊字久大不名克中能克中之名與字都
相符路志亦有誤耶然則金石所關豈淺鮮哉　三按以下華編均無也
山左金石志所收刀布皆據元自藏者揭摹編纂齊及即墨甚三字皆有鼓鑄都
流傳最多即墨刀九精鍊厚重又有一刀二面一面有節墨吉化字樣一面有
安陽字樣者是安陽亦即墨所鼓鑄之一種昔人傳聞乎高陽誤矣莒刀面祇
一莒字其背多休左右及數目等字獨有化字邑字莒字臣字日字行字等大
小形製並同戰國策樂毅伐齊城不下者唯莒及即墨是莒亦齊之大都會
以鑄貨金也　三
余藏梁太平鏡徑三寸九分鼻鈕眾神八方枚內篆文銘八字多模糊曰口天

下安口明多子孫篆文銘三十一字〻多反寫曰太平元年五月丙午時口口
口道將吳造作明竟百湅正銅上應星宿下達口口據以太平紀元去自唐以
前凡四見一爲吳廢帝一爲北燕王馮跋一爲梁敬帝一爲楚帝林士宏今定
爲梁鏡五月丙午鑄物文取以火制金故古鏡鉤鑄曰某年五月丙午日造玄
以史推之往〻其月无丙午日侍御江秋史德量二漢銅鉤皆言五月丙午不
合於史未可據爲僞也此鏡銘曰五月而梁太平改元在九月即漢鉤例也抑
以訂爲梁太平以正字與真知之梁敬帝小字法真六朝人忌諱甚寬即小字臣
下想亦必避之然其爲梁器無疑 三
又得隋六馬鏡徑六寸六分鼻鈕周作細乳中有神像二坐蟹匡上八足森然
而字蟲文作轆轤車二駕以六馬窗幰雕鏤甚工間以四臣杖外邊作細乳篆
文銘十九字三曰周仲作竟四夷服唯賀國家人民息口虜口威天下復風雨時
節五穀熟長保二親得天力吳造陽里之據此隋鏡漢人于古音不少假借
服息力入豎賤德部復讞入豎沃燭新勢不可紊六朝人將多西周又內有廣
威天下復等字又知此南北朝同不諱民字又知此一人所造故臆以爲隋鏡
也鏡二枚一爲癸丑年所得一爲甲寅年試曹途次濟寧購于道旁小鋪中不

惟尺寸花樣相符，卽第三句第三字模糊亦不爽豪髮，於後知為一范所鑄，延
津劍合影無疑矣。三
吴江陸直之繩寓潭西精舍時得一唐鏡，徑四寸三分，螭鈕四獸，正書銘二十
八字曰：絶照曉心，圓輝矚面，藏寶匣而光掩，挂玉臺而影見，曉口口於後庭，寫
衣簪乎前殿。外圈十二辰像。詳其銘詞，乃唐時供御物也。三
顧蓮生崇槼藏唐鏡，徑二寸八分，鼻鈕，正書七言絶句一首：日月樣團圓水樣
清，好將香閣伴閒身。青鸞不用羞孤影，開匣常如見故人。外折枝花四枝。按段
若曆四聲青均表，清真第十一部，身人真第十二部，於易象象傳天命淵哄信
民人賓與形成貞寧生正平精清等字并用，是二部古有相合字，唐人首由押
韻雖不必拘拘，然未有無故牽入者，此清字可補其未備。三
黃小松藏唐鏡，徑四寸八分，葵花鈕，六獸，正書銘二十四字曰：團團寶鏡，皎皎
昇臺，鸞窺自舞，照日花開，臨池似月，覩皃嬌來。詞豔麗類六朝，殆視其華處真
唐鏡也。三
陸直之又得一鏡贈馬秋藥比部，徑五寸，鼻鈕，內作海馬蒲萄，外正書銘曰：練
形神冶，瑩質良工，如珠出匣，似月停空，當眉寫翠，對臉傳紅，綺窗繡晃，俱含影

中三十二字按此鏡与學齋佔畢及太平廣記鳳州道路山郭家崖景德二年軍人楊超所得之鏡銘詞并同惟易幌為晃涵為含同捨古圖所載瑩質第二鏡但末句俱照秦宮為稍異耳十國春秋載前蜀後主幸秦州賜王承休妻嚴氏鏡銘詞与此正合当屬前蜀时物 三

諸城李孝廉仁煜於城南土中得一印一枚方一寸三分厚一寸龜鈕小篆白文曰石洛侯印案漢制天子諸侯王皆為璽三公列侯以下俱為印天子玉璽諸侯王金璽惟太師太傅太保丞相太尉列將軍列侯皆用金印而御史大夫不与焉成帝更名大司空始用金印其它則或銀或銅矣石洛是列侯故得用金印史記王子侯表石洛侯劉敢城陽頃王子元狩元年四月戊寅封則是石洛侯乃高祖五世孫武帝所封也漢書始封年月皆合惟以石洛為原洛劉敢為劉敢元狩為元鼎蓋傳寫而異據此足正班氏之誤金石之有裨史學如此 三

漢并官武印瓦鈕白文見於濟寧孜孔子廟於宋并官氏漢韓勑礼器碑作并官氏漢韓宗祥符元年順詔有追封孔聖夫人詔俱作并官自明人刻當誤妄改為开沿福到今莫能更正此并官武印其族據此印文可證板本傳寫之誤 三

漢甘士廣之子孫印方六分一之二子大印作辟邪鈕通身嵌金絲印四面嵌金絲龍鳳紋朱文四字曰甘士廣印子六辟邪鈕嵌金絲紋曰甘士廣子孫又有小子印瓦鈕文曰伯豈豈應是寬字按廣韻漢複姓有甘字者凡三見甘莊氏甘先氏甘士氏是此姓惟漢有之說文廣應廣也寬也寬廣同義故字曰伯寬乾隆乙卯錢赤亭得於博山子孫二印皆鑄不可出觀吳南鄉文徽運巧毋代為生之道源一以生子孫之章孫印僅見于此三

曲阜諸生孔廣學藏一玉印徑二寸八分寬二寸一分厚一寸五分朱文篆字四曰慈聖御筆背鐫十三字八分書徑二分曰宋仁宗曹皇后之御寶頃之汴藏倒又有慈聖御筆四字并同按慈聖曹后乃濟陽王彬之孫女景祐元年冊為皇后後神宗立尊為太皇太后慈聖在諡也后諫青苗法擯黜王安石垂救猶免蘇軾兄弟以詩得罪之禍可謂賢矣后善飛白書老學庵筆記載當時擇翰多用慈壽宮寶或有別印後來承襲如欽宗后朱氏道人印高宗吳后賢志主人賢志堂印劉夫人奉華堂印亦未可知均已不傳此曰慈聖御筆似亦生前所御之物宋時宸翰書閣秘藏將當時直閣者用以題識之汴謂為曹后御寶誤矣印係良玉琢成惜毀於火璺裂無色係子冀世和乾而中張之劉之渠

眉四匣高三

泰安縣庫有玉印勳於方三寸七分高五寸餘無鈕爲碧霞元君印陽文天仙
昭鑒四篆字形色古樸當爲宋以前物三

元至山東求秦石刻如嶧山成山皆久佚泰山石刻於乾隆戊午歲燬於火惟
得舊拓本二冊石刻墮入海鄉福山官士訪之俱無不可得惟琅琊臺秦二世
石刻歸於福存是神物也甲寅春至青州時撫諸城學官物色之以拓本來遂
知之甚悉琅琊臺在諸城縣治東南百六十里臺三成成高三丈許最上區平
周二百步有奇東南西三面環海迤北爲登臺路道臺上舊有海神祠禮日亭
皆傾圮祠垣內西南隅秦碑在焉色沈黝質甚麤而堅若鐵以工部營造尺計
之石高丈五尺下寬六尺中寬五尺上半寬三尺頂寬二尺三寸南北厚二尺
五寸今字在西面碑中偏西裂寸許前知縣事泰州宮懋讓鎔鐵束之得以不
頹前知縣高密單某於碑南面磨平並鐫刻長天一色四隸字自署名而隱
其姓蓋因一自名於此而學與學不分矣碑之秦始皇頌詩及從臣姓名久剝
盡今所存者二世從官名及詔書十三行八十六字字徑二寸其首行五夫二
二行五夫二楊樛皆二世時刻從官名史記所言二世元年春東行郡縣李斯

从者刻始皇所立刻石，石面某大臣从者名是也。或指为始皇从臣姓名之末
行误矣。自皇帝曰以下与史記文句多異。石上下各刻一線为界，下線之下
有碑點墨星殘，椎鑿使然。自二行第二字至末行第一字有横裂痕，第三行八
行十行之前皆有直裂至底，又雨漏痕。第十二行前裂痕半至第五字而止。綜
計每行八字，二行与三相間少遠。詔書与从臣名不相屬也。三行止七字者，为
四行始皇提行地也。後六行、八行、十三行並提行矣。末行三字漫漶特甚，餘皆
可指而後之碑字高低，足始可及。拓時須天氣晴朗，否則霧重風大，拓不可成。
碑上苔蘚皆滿，精心周視之，審每字可辨之文，別有照。熙寧中蘇翰林守密，令廬
江文勛摹刻之本，立超然臺上，相距百餘里，与此各殊。都元敬金薤琳琅所載
宋莒公刻本十七字，皆頌詩中語，今亦無存之文。登然頂見其字，碑之高廣
厚尺度，一如琅邪臺碑，所差不過分寸間。由此可決其字为秦石之立而未刻
者。其刻在又立琅霞宮下，有小華面亭連琅邪訪篆圖，于半尺小幅中具山海
之勝。　三按：与華佩所引山左志、擘經集大抵相同。
嶧山秦碑为北魏主所仆，杜詩孤嶧秦碑在，唐猶存。耶鄭文寶所刻徐伯玉
重摹嶧山碑，從以後世篆傳錄史記之文耳。茲親從舊拓秦碑摹出，方校以秦

山琅邪二孝依知其誤而學者奉為李斯之筆不亦慎歟鄒縣志有至元二十九年重摹嶧山碑是從鄒本翻出更不足取 三

漢建寧元年衡方碑在汶上縣西南十五里平原郭家樓前碑之末行下有小字二行云口门生平原樂陵石朱登字仲口口渤三字洪氏隸釋文同朱石鐫碑之人不書于陰而附文後且不書姓吏之名皆漢碑中變例其陰向無著錄黃小松司馬適孫拓之足以傲前人矣 三 按萃編無

熹平殘碑 三 按此下三條萃編引山左志同

朱鮪石室畫象 三

廬江太守范式碑 三

北魏永平四年鄭羲碑在掖縣城南十五里雲峯山之東元尝親至崖間摩挲一過其崖石堅緻黃草莽深勁非後幅七八行有石埋坐起處自右斜向左石工祇就平正處刻之其文仍聯屬也案魏書鄭羲傳父曄不仕碑云拜建威將軍汝陰太守又云羲奉使宋國與孔道均論樂傳俱不載可據此以補其闕也雲峯山頂又有鄭公石象高約三尺鑿打磐石之側身非半截要以下多之左肩有大宗二字右肩有政和癸巳等字餘皆漫漶意即秦峴諸人所題縣志云白

雲堂為鄭文公遺址旁有石龕小象乃其子道昭為光州刺史時刻記其道昭
子述祖時年九歲後亦為此州刺史往尋舊跡對之嗚咽其即此也 三 據萃編
未載
高植墓志 三 按此下二条萃編引山左同
高湛墓志 三
鄒縣尖山摩崖十種武平六年刻俱八分書字徑尺餘內有一種刻晝晉昌王
唐邕妃晉昌王上有書字未曉其義或拓者有遺漏也案吳山夫金石存載北
齊唐邕寫經碑中列銜稱特進驃騎大將軍開府儀同三司尚書令并州大中
正食司州濮陽郡幹長安縣開國侯晉昌郡開國公唐邕眷言法宝是所歸依
以為縑緗有壞簡策非金久牒難永皮紙易滅于是發七處之印開七寶之函
訪蓮華之書命銀鉤之跡一音所說盡勒名山于鼓山石窟之所寫維摩詰經
一部勝鬘經一部孛經一部彌勒成佛經一部起天統四年三月一日盡武平
三年歲次壬辰五月廿八日云云 按此則唐邕寫經摩崖祇一處惟未知鼓
山石窟在何處耳又案山夫所載碑文祇稱晉昌郡開國公此刻則稱晉昌王與
齊書邕傳合因兹識之 三 按萃編三種無此下二種

泰山石經峪金剛經八分書徑尺餘年，久磨滅存者幾拓工以一紙拓一字
未詳文義因取金剛經覈對祇存二百九十六字聶劍光泰山道里記以爲北
齊王子椿書元槃吳山夫金石存載北齊唐邕寫經有維摩詰經不止一種
今鄒縣尖山摩崖亦有晉合惟傳稱大唐取字追贈徐州都督臨淄縣公未實
其歲月以碑證之貞觀三年十二月下詔贈使持節都督徐泗仁譙沂五州諸
軍事徐州刺史四年十一月又發詔進詔追封臨淄公以趙氏金石錄云彥謙
自曾祖而下三世皆封壯武侯隋唐史元齡所書皆同此碑作莊武未知孰是
案壯與莊古皆通用趙氏殆未細審也碑陰記載賵贈會葬之盛皆近代所無
其云文官式令例無鼓角亦特給送至於葬所致舊唐書音樂志云五品官婚
葬先無鼓吹唯京官五品以借四品鼓吹彥謙五隨官終涇陽縣令又非京官
以借之例故云特給也其卒在大業十一年至貞觀五年三月葬焉時依唐令
典故是碑備記立碑年月并李百藥撰文歐陽詢八分書爲著錄家所未見又
可寶也　三

唐岱嶽觀題名碑俗呼鴛鴦碑題字凡三十四段書體大小參差不一此碑著
錄自　國初顧亭林始予至山左更搜拓全本較爲多內稱大曆十四年二

月廿七日同登泰岳爲淄川刺史王園榮天寶元年改刺史爲太守此當太歷
時稱刺史由至德二載官名復舊也又建中元年二月有節度判官中大夫檢
昌王唐邕題字書法与此相同或出邕書未可知也益都雲門山陽石洞有隋
開皇仁壽年間造像十四種長清五峯山蓮華洞亦有隋時造像三十種皆殘
赤亭於乾隆乙卯春親至其地搜得之從金石錄有唐故徐州都督房彥謙碑
在章邱縣西南七十里趙山之陽文云彥謙七世祖諶燕太尉掾隨慕容氏南
度寓於齊土宋元嘉中分齊郡之西部置東冀州東清河郡繹幕縣仍爲此郡
縣人案宋書州郡志文帝元嘉九年分青州立歷城割土置郡縣文帝本紀九
年六月分青州置冀州元和郡縣志同此皆不載東冀州改志言立歷城即冀州治所
也歷城在青州之西又在冀州東故云置東冀州与宋書轉相證明矣此云東清
河郡而志有南清河太守當是東字之誤也碑云植公之十二世祖玄寧相世
系表植後漢司空孜後漢書植本紀永興元年冬十月光祿勳房植爲司空植
乃其名也碑云曾祖伯祖州主簿齊郡內史幽州長史口行州事魏書本傳歷
齊郡內史平原相轉幽州輔國長史而隋書彥謙傳載此稱齊郡平原二郡太
守按碑言行州事則攝太守耳非正官也平原亦非幽州是傳不如碑之實也

彥謙歷官所載多與傳校爲書工部郎中兼侍御史致謇見唐書宰相世系表
謇建州刺史書謇爲騫表誤也又有朝散大夫行任城縣令權知乾封縣令楊
序之亦見表觀王房但未著其歷官兩亦有闕漏也又有文林郎守兗府兵曹
參軍兗州爲大都督府故有府祿其祿節度驅使官左藩鎮自所署置蓋權移
於此矣前此自述未遊數四幕人蓋地得其全文今之更爲補遺於此益難矣
奇蹟者也　按此下二種萃編未收
莒州春山東藩有省字寺殘碑爲州牧許紹錦訪得以州境僻遠拓工難覓手
錄此文寄予文云第一行剝泐不可辨第二行可辨者迴山撫海維天緯地
等字第三行有莒州莒縣莫賁里等字第四行有正議大夫王須達孫定國東
莞縣正寶道顯等字第五行有武騎尉孫子貴飛騎尉徐道等字第六行有張
仕達唐波威副督公亮等字第七行有合三十六人等共捨五家之財建立佛
堂等字第八行有相是運石他山求師外國等字第九行有丹道崑崙等字第
十行有雕題刻削等字第十一行有收散以波浦之珠雕繪以藍田之寶等字
第十二行有雞雲暎月等字第十二行有伏惟國主帝主等字第十四行有沸
騰縱橫嵯峨鬼等字第十五行十六行有瓊田香草編柏文桐交柯相暎等字第

十七行首嵬雁鴛鴦等字第十八行首重申言頌其詞曰等字第十九行首元氣混沌之初陰陽創建日居月諸等字第二十行二十一行首東西正直南北相當如來湛湛菩薩陽陽等字第二十二行首不數春秋不蔭秋冬等字第三十三行以下剥文漫滅第二十四行首大唐永□元年歲次庚□四月等字錄皆不可見云案所錄此審正無福惟不數春秋不蔭秋冬上向重一秋字當是复字之論又永下出一字唐以永紀號者凡六永徽永隆永淳永昌永泰永貞惟永隆之年是庚辰此碑之年下有庚字為永隆無疑也　三　按萃編無之

房廣讓碑　三　按与萃編引山左志畧仝

魏置孔廟碑　三　按此下二條萃編引山左志同

紀太山銘　三

唐齊州神寶寺碑在長清縣本寺門前八分書開元二十四年立撰書人名已缺碑側刻心經一卷文中叙神寶寺所起先有沙門諱明以正光之年象運仲秋立此伽藍以静□為號大唐御宇以寺北有寶山東有神谷因改為神寶寺案史記天官書斗為帝車運于中央臨制四鄉分陰陽建四時均五行移節度定諸紀皆繫於斗所謂象運仲秋即斗運也此寺舊額為静□楷闕下一字無

以攷證三撥此下三品篆編等之

趙明誠金石錄云唐雲巖寺頌天寶元年李邕撰并行書未詳所在 國朝徐坛長集云李北海書雲巖寺碑在長清縣長白山寺中尚完好云云 案長白山在長山縣境雖雲巖為遺此必有誤寔刻數編亦載是刻下注商字蓋此碑在長清靈巖寺也元至山左慶飭拓工訪求未得嗣見趙晉齋魏所藏舊本魄力雄偉為北海得意筆惜祇存上半下截已闕每行第一字多誤不能定其原次矣趙君仁和茂才好古士也收藏金石至四千餘種近年卒矣 三

青州府西門內關王廟田間有陳遂書經幢後晉天福六年七月立上下皆有殘闕銜名中有秋章摠軍使左廂新興當時國是繁促職官多隨事命名非有定制吳越自天福之年奉晉正朔官屬皆其自署此稱吳越鎮海軍討擊使兼監察御史彭承威蓋亦奉使之臣與雲門山功德記所列彭湯李王人皆可補十國春秋之遺也 三

雲門山洞南佛龕下刻後周廣順三年功德記內稱功德主吳越國前攝金吾衛引駕長史彭由仁福同會弟子吳越國延恩院隊使銀青光祿大夫檢校國子祭酒兼御史大夫上柱國彭仁口又吳越國大口院隊使銀青光祿大夫檢

校國子祭酒兼御史大夫上柱國李口口案周顯德三年吳越國錢俶已
奉正朔按歐公五代史載吳越自唐末有國而楊行密李昇據有江淮吳越貢
賦朝廷遣使皆由登萊泛海常有飄溺之患至顯德五年王師征淮克靜海軍
始就陸路此碑立廣順三年貢賦尚須海運碑中錢湯李三人或即吳越
使臣泛海至青州故有此功德也諸城縣蘇東坡八分書題名云禹功傳道明
叔子瞻游凡三行右讀字徑一寸二分案禹功喬敘字明叔趙杲卿字傳道章
傳字子厚東坡集中並有唱酬之作三人字在前獨子瞻居後是其所書矣按王士
正云坡讀碑天下八分僅見此石也諸城縣宋時屬密州東坡於熙寧七年自
杭州通判除知密州至九年十二月移知徐州此碑不署年月當在甲寅以後
丙辰以前也　三按某編多此品續編有之而未引此
泰安岱廟環詠亭壁間有會真宮詩題跋二石按縣志云會真宮詩种放撰并
書久佚今存題跋二石移置岱廟又云會真宮在城東南隅古之奉高宮也宋
真宗東封駐蹕改今名按此碑錦追跋稱會真在宣上未封祀前有太平之号
至回蹕始賜今額是奉高宮又名太平宮矣而志乘皆失之宋史种放傳放字
名逸跋稱明逸先生殆其諱也題跋凡二十餘人或真或行或篆或隸或飛白

胡宗回李宗諤宗愈錦退李壽昌邵𩛾唐異蘇子美魏閑范仲淹王洙歐陽修
蔡襄程戡梅堯臣錦琦沈遘張伯玉楊傑皇甫遘皆當時鉅公也云越者周越也
曼卿者石延年也秘演則曼卿之友而僧者也才翁者蘇舜元也不稱其郡必
也廣淵者王廣淵也　三按萃編卷之
米南宮書孔子手植檜贊舊在檜樹旁歲月既久再罹火災殘闕更甚乾隆年
來孔中翰繼涑得襄陽墨蹟於華亭張文敏家結體較小而風神骨格無異因
重摹一石移舊刻於同文門下
山左趙德甫題名凡五種一在泰山閣元摩崖之東側政和三年與王賢同遊
一在臨朐仰天山水簾洞與趙仁約謝克明同遊無年月廿三在臨朐沂山政
和元年與同人遊自書題名一宣和三年與仁甫能甫盧格之謝叔子五人同
遊題名二德甫事蹟不載於宋史案李易安金石錄後序云余建中辛巳歸
趙氏侯年二十一在太學作學生後二年出仕宦後屏居鄉里十年後連守兩
郡至靖康丙午侯守淄川建炎丁未奔太夫人喪南來明年十二月金人陷青
州故第皆為煨燼戊申九月起復知建康己酉三月罷五月知湖州駐家池陽獨
赴召八月以病卒年計其享年當四十九歲則是政和元年為三十一歲

其遊沂山泰山丘屏岩鄉里十年時也宣和三年再遊沂山為四十一歲似連守西郡之日其守淄川則年四十五矣其家之可攷者大畧如此 三

鉅野縣治穰芳亭三字石刻徑一尺一寸左刻石九際跋縣志載宋時邑人晁咸報賽詣亭賦詩飲歎鐫石亭中因延王維翰書額未至有妓女謝天香者以裙裾濡墨大書穰芳二字未竟而維翰至續書亭字如出一手王謝遂為夫婦偕老今按穰芳二字狀如飛帛多燥鋒亭字則渾成雄健洵屬兩人書特將字體大小相稱耳 三

濟寧州學有党懷英書王荊公詩刻云鳥石岡邊繚繞山柴荊細路水雲間拈花嚼蘂常往來只有春風似我閒　紅梨千葉蓓花身黃鞠分香肌路塵步晚蒼官才自保日高青女為橫陳萬古悠悠心自知強顏於世轉參差移牀獨向西風裏卧看蜘蛛網絲松篁不動翠相重日射流塵四散紅地上行人愁暍死那知高客有清風凡四石每石四行字徑三寸第一石首行之右小八分書題竹溪党懷英書六字極清勁竹溪嘗是承旨自號中州集及金史本傳皆不載錢辛楣少詹云懷英以篆隸擅名一代此詩用古文篆尤精妙可愛其云黃鞠分香肌路塵蓋借亂為委字漢書淮南王傳皇帝亂天下正法揚雄長楊賦亂

屬而逐師古曰亂古委字張表碑旌命亂任亦以亂為委也亦即看蜘蛛絲網絲借亦為結儀禮士冠禮將冠者采衣紒注紒結髮古文亦為結詩毛氏傳觿所以解紒疏云紒與結文同三

濟寧太白樓在東南城上下瞰南池其外運河帆檣雲集為名流讌會必經之處每當夕陽西下明月東升縱目原野極憑眺之趣壁間吟咏甚多前有元人楊桓篆書太白酒樓記按元史本傳桓於中統四年補濟寧路教授召為太史院校書郎遷秘書監丞博覽群籍尤精篆籀之學此碑篆法遒整可觀一班王漁洋秦蜀驛程記謂是大篆乃記載之誤耳三

元濟南郡公張宓神道碑在歷城縣東和山前張林案縣志載張榮之墓在和山之陽此碑立于張宓墓上宓乃榮之孫也榮墓有碑張起巖撰已靡碎元史張榮傳榮字世輝歷城人歷官與此碑同而不載追封濟南王謚忠襄子七人第七子邦憲但言官淮安路總管而不載追封濟南郡公謚貞毅孫四十人但稱宏襲邦傑爵及真定路總管而不載宓官謚則授此碑以補史闕者正多也三

泰山道里記泰安聶劍光鈫所著記明神宗時李段張五曲竿量之法其法豎竿

一長一丈刻以尺寸端置一環橫竿一亦長一丈中五尺繫一環以繩繫橫竿
之環貫於豎竿之環使牽繩之尾橫竿可上可下以豎竿所立之處視橫竿所
立之處則五尺爲一步矣此以量其遠近也若在平地則橫竿由端以至豎竿
前後俱着於地若前高後下則橫竿前着於地而後懸於空視竿所懸處至地
尺若干此以量其高下也由山下至絕頂凡量得三百八十六丈九尺一寸中
除倒量低十八丈五尺七寸據高數外實高三百六十八丈三尺四寸餘在泰
安書院雲於堂皇亦處用重差術測之樹兩表同高近時裁尺八尺表相距九
丈人目距前表一丈六尺四寸四分距後表一丈六尺七寸五分人目距表發之
三寸一分用爲所有率表間九尺用爲所求率表高八尺爲今有數求得高二
百三十二丈二尺五寸八分三十一分之二加表高得山二百三十三丈〇五
寸八分三十一分之二又以人目距表發爲所有率表間爲所求率人目距後
表爲今有數求得山頂距後表四百七十七丈二尺九寸〇三十一之一〇視
五典所量爲少試院之地若於騎從時亦無測器所測未必準合然以竿量之
法亦未足據今論泰之高度至寸必差而斜側之勢一丈易求平線之泰山
之高約止二三百丈蓋山之基實延袤泰兗沂數府之地由蒙陰以北歷城

以南環至泰安府城其地埜已高于沂水汶河等平地數百丈矣將至泰安府城山始見耳且黄河遷徙自北而南其道皆適遊泰山之埜乎千里外之地勢由漸而高迤邐而來至泰山其意中之泰山不知巖之在幾許及至泰安見泰山亦覺所見不遠既閱張東以全勢揆之矣○

後魏

廣川王祖母太妃造弥勒象記　正书　景明三年八月

景明三年八月十八日廣川王祖太妃侯為亡夫侍中使持節征北大將軍廣川王賀蘭汗造弥勒像願令永絕苦因速成正覺

按此亦龍門諸品中孫邢趙諸均失載

廣川王祖母太妃造弥勒像記　正書　景明四年

北魏

張元祖造象記　正書　太和廿年

太和廿年步輦郎張元祖不幸喪亡妻一弗為造像一區願令亡夫直生佛國

校此記在龍門諸品中訪碑录孫邢[redacted]均無之見趙編

鮮伯達彌勒象記　正書　太和年

都綰關口游激校尉司馬解伯達造彌勒像一軀願皇道赫寧九荒沾泒父母康延諸眷屬十地仕達日羅眷屬道場聲求響和斯福必就六趣羣生咸同此願太和年造

按此亦龍門法品中見訪碑錄

後魏

鄭長猷造彌勒像記 正書 景明二年九月

拓本高一尺六寸廣一尺二寸八行行十二字正書又上方有佛弟子雒龍姬造

象高二寸廣四寸五行正書

昔口口太守護軍長史雲陽伯長猷為亡父敬造彌勒像一口一軀鄭長猷為母

皇甫敬造彌勒像一軀口一軀鄭長猷為亡兒士龍敬造彌勒像一軀一軀鄭

南陽妻陳王女為亡母徐敬造彌勒像一軀

景明二年九月三日訖

按此與龍門諸品中見趙編下一段同

清信女佛弟子挪龍姬為亡父造像一區

高樹解伯都卅二人等造石象記　正书　景明三年五月

後魏

龍驤將軍臨青男崔敬邕墓誌銘 正書 熙平二年十一月

特稟清貞長播令譽然諾之信著於童孺瑤音玉震聞於弱冠年廿八而雋華

騰實響流於京友矣被旨起家為司徒府主簿納贊槐衡能和鼎味時高

祖孝文皇帝改制革物大崇創正復以君兼吏部郎銓叙彝倫九流斯順妙簡宮

衛復以君騰驤器凝果善謀好成臨事發奇前略無滯徵君拜為大都督出圍

仍義陽城拔飆旋功績隆盛授臨青男忠勲之稱寔顯於茲永平初聖主以遼

海戎裔肅慎肆丹心也綏接於是除君持節營州刺史君軒鑣始邁聲猷以先

塵蓋践壃而温膏均被於是殊俗知仁荒嵎識澤惠液達於通遐德潤潭於邊

服延昌四年以君清政懷柔宣風自遠徵君為征虜將軍方授美任嬰疾連歲

儵伸啟遂依君績行蒙贈左將軍濟州刺史禮也迮訓女之在衛松楊之以樹

刊遺德而銘其辭

崔敬邕碑康熙間始出土純是漢隸法亂無此朝領側麗獶之習 同治壬申

李鴻裔跋

漢高頤碑

碑高八尺廣四尺二寸十八行行廿二字額七行七字

君諱頤字貴方漢中 尉 漢嘉 了 采之

才字 入

王言頤 上終

漢金石 册 千 才言 王

頤 上 四

益州 十

之

事 文 旅 州 八月

了 之 辭

漢中 若 四

吊 同

碑 高君之

故益州太守

自 從 田

泣而 功

狄・・・東　荀　流

手何・　侯後驪子孫之土　濮邑　沈漢月十以守城

德民　月十

北魏

光州靈山寺塔下銘 正書 太和元年十二月

銘高八寸圍八寸六行每行字不等額題魏光州靈山㙮下銘署大均正書

維大魏太和元年歲次丁巳十二月朔八白王茂春劉扁子諸葛洪方山二百人等敬造靈塔願六通三達世華資福合家眷屬慧悟法界永離苦衆光祚群生咸同斯慶

都邑主梁英才

唯那牟雍塔文雍塔主華智

寘 唐王盧遜志

度 唐陸象志

繕 唐比丘尼法願志

棄 唐李文志

殺 唐郭思謨志

唐許洛仁墓誌曰父清隨左千牛備身

千牛備身

內利

尚下…

漢熹平鏡

徑漢尺七寸 又分經重今權二十二兩

廣漢西蜀。合湅白黃，大利無極，世得光明，買人大富，長子孫，延年益壽，長樂未央

熹平三年正月丙午吾造作尚方明竟

漢鏡館作尚方作

尚方見宋竹垞考

熹平三年按漢靈紀光解國東朝

尚方作鏡者又見

必丙午者取火日也元壽鏡亦丙午日 永康

合湅白黃鏡之湅三方也湅字亦見永康鏡甲神鐵假

大利無極猶元壽之周後漢無極也

世得光明猶元壽之中得光明也

以尚方爲明之見漢龍氏鏡作

說文賣戝殘也古人作賈

孫吾作長亦見甲神鏡鑑

內買利無極長勝之用亦無極此見宋神鐵假

吳嘉王二光

李苞開道題名

石高二尺五寸廣一尺二寸五分額字長在右斜　張村存此所與李苞元石

景元四年十二月盪寇將十日　此

軍浮亭侯譙国李苞

字孝章將中軍兵石木

二千人始通此閣道

按李苞列文前有隸字仍一行（與原文列）偏彰建六年摩刻

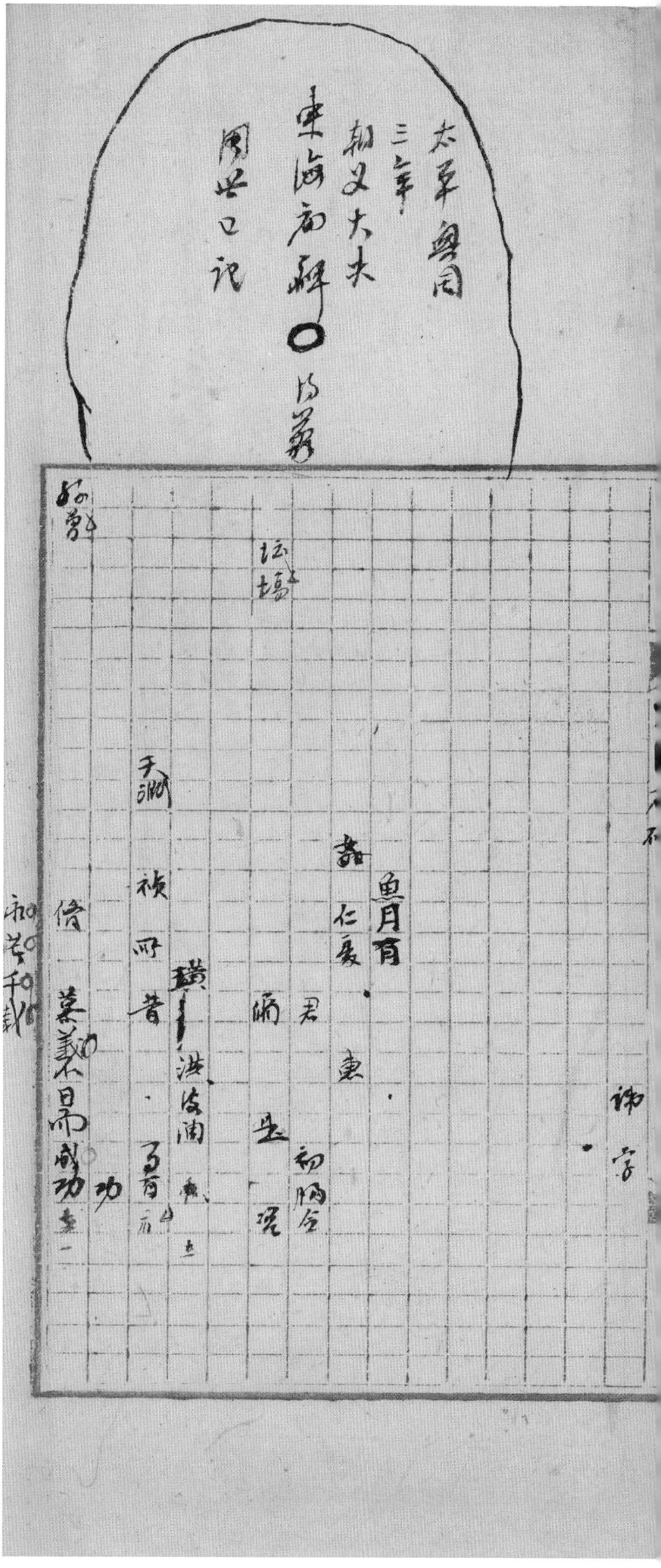
太平興國
三年
朝又大夫
東海府碑
周世口記

魏孝文弔比干文碑陰弓元詳名。題曰散騎
常侍北海王臣河南郡元詳。

孝文于太和十八年。十一月南伐有報盧淵執伐
江南從見親書言論傳。不可在
十八年。蕭賾蕭鸞。鄭重年旅
之道。乃

按詳字季豫，獻文帝第七子。太和九年封北海王，加侍中，征北大將軍，光祿
大夫，轉祕書監，行中領軍，留守，又行司牧，除護軍將軍，兼尚書左僕射，遷
司空，輔政。宣武即位，遷侍中，大將軍，錄尚書事，除太傅，領司徒。正始元年
以罪廢為庶人，暴死。事詳魏書本傳。此刻題侍中，征北將軍，北海王，與史合。
魏書南伐，獻文帝子元詳為之道，像說論出戰，范人詩憫，石刻之云
以四感同姓，親近設家，教子不節，取之詳曾奏，請改制修
遷路，見其序，又上文集議禮，禮儀以見孔志二。又孝文孤碑李淵見
碑傳是其人，亦有健白，親宗室中之卓然者也，處真承平之年，復
封，以至禮謚之以和，允哉。

中州志

榮乃榮之子伸

穎乃穎之孫倖

元年中散大夫榮陽太守孫道務，道務不見于史。北史惟毓茂弟文偉均列孫

道務爲城彭城縣八之吳昌李郡。

寧遠將軍中散大夫穎川太守安樂令衞白犢，白犢不見于史。

新城功曹孫楚生秋甚不見于史

孟子道文不見史

蕭頤房書不見史如此，千古而存不登史冊者不幸

解伯達不見史。景明之年造豆高祖等造像共次邑唯那鄭御都

並無年月，文有解伯勳

當查金石通考

其餘大代故始平公造像記外。亦見孫秋生等造像記。又司馬景和妻墓誌銘。題稱魏代楊州長史云云。考魏書崔浩傳。以漢封代土。後為魏。故代魏兼用。道武帝紀天興元年。群臣言國家萬世相承。啟基雲代。應以代為號。帝下詔宜仍先號以為魏。此代魏通用之證

長樂公臣河南郡丘目陵亮

北魏孝文帝弔比干文　又有丘目陵純音

陵惠。其爽之昆弟行与

侍持節衛兵大將軍丘穆陵亮撥亂於世宗紀曰景明三年是年國四月丁巳司空穆亮薨即其人也。

牛橛不見史

後魏書官氏志。丘穆陵氏後改為穆氏。

金石萃編弔比干文曰此碑有侍中丘目陵亮以下同姓者凡三人字皆作目而元和姓纂所出与此碑正同又碑目穆崇至亮者姓即丘陵氏姓纂亦云後改為穆而其但云姓穆者皆有闕誤

張之穆不見史

姑平公　按姑平公不知何人碑云氏無埶戒而文遺刑姑平公之子已出家

朱文友文不見史。

孟遷文不見史

鄭𤣱跋　於魏孝文帝時于乞。碑陰有鄭長遊。題尚書郎中臣滎陽郡鄭長遊。

高樹不見史

高樹生見魏書　又唐宰相世系表七十一下共廿一

未必即高樹生也　當查附居表

枋

尤
熙平四年安定王　題曰徵華ノ為華州從軍ノ征虜將軍華
州刺史安定王口為口祖親　太妃一頌太傅靜王之妃蕭地發造
石窟像一軀
祖考姓名爲正始の年造像同　成中一人再造象國比王口為王
尤奚之元志
其字細而條正始の年造象而柔和平の年ノ之花
字書二二十七十葉
敕書安定王諸王作　第十の男也　拓次下奚今在前日大奚
休年于太和十八年ノ頂正始造像時已十　年後而平の
乃初十八年ノ頂而名大奚　復改名奚故書造字

重修鄭康成廟碑

憲宗五年六月立 正書篆額 碑高五尺二寸廣二尺八寸在淄川縣東鄭

山之陽

右碑額題重修鄭公廟記三行字徑三寸文二十四行字徑一寸末刊工

姓名一行字徑五分張肅亨撰文李國維書丹王盡孝篆王道崇篆額碑

末紀年稱歲在乙卯以文中天兆開創海內甫寧幾三十年等語證之蓋

是憲宗五年其時未有國號年號故祇稱天兆而以干支系年耳畢沅阮

元山左金石志卷二十一

南正書刊正本序言也大二年有子二度七寸乃作之旬

魏故中書令秘書監鄭文公之碑公諱羲字幼驎司州滎陽開封人也肇洪源於有周胙明德於鄭國桓以親賢司徒武以善職蕃

並歌緇衣之作詠於世錄鄭當時播節讓以振高風大夫司農卿鄭眾以儒以直經文揚世澤

稱高祖略恢亮儒素味道居貞趙石之災授給事黃門侍郎中書贈揚世刺史曾祖明哲在世後趙中山尹太常卿

南貞公祖溫道協儲端識一太守贈事父曄仁結義徒績著寧邊拜建威將軍汝陰太守錫榮從載光世公稟二靈之純和應山

百之恒期秉和載誕文明冠世篤信樂道據德依仁孝而諧雅宣言飲行無藉孔精方術備究陰陽律曆於然留心常慕平仲子產

之為人也蘊斯文於衡泌遁生守州問學主年中書博士任清務簡遂棄休述作注詩論敎博訪林及諸文雅論

榮辭命雅麗中書侍郎假員外散騎常侍南使宋國宋主客郎孔道均就部段曾注行樂作均注公曰樂天命也公答

曰哀林之育士不稱之不已之其細也甚而能久乎均懼然乃罷移年而蕭氏滅宋龍延陵之觀昔詩鄭公之聽宋樂其若神

明義朝廷以公使協皇華原隰斯光遷給事中中書令總司文史敷奏惟允國之律令是所議定公長子懿邑容和令器黽

資年謚衛声徽著禮之精理道聽博學經才冠秘書碑注書史文精學位社於書公行於前史郎秘書

書隨從民莫不欽其人以于時有識之日陳疏手不復紀給事黃門侍郎太常卿使持節平東將軍兗州刺史道

脫中於侍臨國子祭酒通直散騎常侍秘書監司州大中正使持節平東將軍光世刺史父官子誌才德相承語內叙其榮也太

和初除公使都督安東將軍刺史南陽公德政寬明化先仁惠不嚴之治穩以清風光和中徵秘書監春秋六十有六

[illegible]

魏故中書令秘書監鄭文公之

[illegible]

韩勅碑　新

華嵩生皇雄顏　翁曰言疆實　翁作孔宝

皇　翁有之承天益卦　翁作天乞丿

托元於未　翁作以未

連疆郎文中　連越絶思

造父　翁作造口

荼度　翁作荼蔑

第二列魯孝秦父有吳翁均作后　年季印畱季　南陽平氏三目子　翁吳作王自字

三列任城魏文吳翁均作充文　碑文漢州元字　而此尚茂元切州

三列魯郡殷三万　翁吳作股　碑作之作殷

三列魯郡郎祖百六　廬斌李二百　翁吳于上列作百六　下截作廬斌子

上列王翁下陣坐子为　翁吳作二万　洪非二字

西列俵玉翁　成勇但有土字　翁曰天乞二

上列河南成皐成勇有土字　翁吳乞二

上列共人受土　石作大　左土土　孫石本也書　故下受土　翁戴方　亦作土

三月笑

陰下列庐扶子　下二石缺之　及裴池家　漏也

陰下列德州郡下二石缺之　又一　有又偏菩五

埒當十六品

序

碑石例

上列元成千萬一瓶 為吳誤加○ 上列馬瑩之異 為吳誤作天冀

中列漢興三百 為吳作二百 疑作五百

中列下吳松口 細案下文半截似將遠 為吳無之

中列長壽 為作驪 吳作鬆 細看不似 中列魯丹犂 丹上似有二三不甚似鼎 為吳無之

下列長世壽下 王孫千儀 為吳孫子模 右作以碌長沙

第二列刻里老 為吳作馭見老 細看稱里寧

第四列下 善玉賴二方 為吳孫下有子字 細案似無之

華陽外 朱福姓 米芬書 金石李 錢兹記

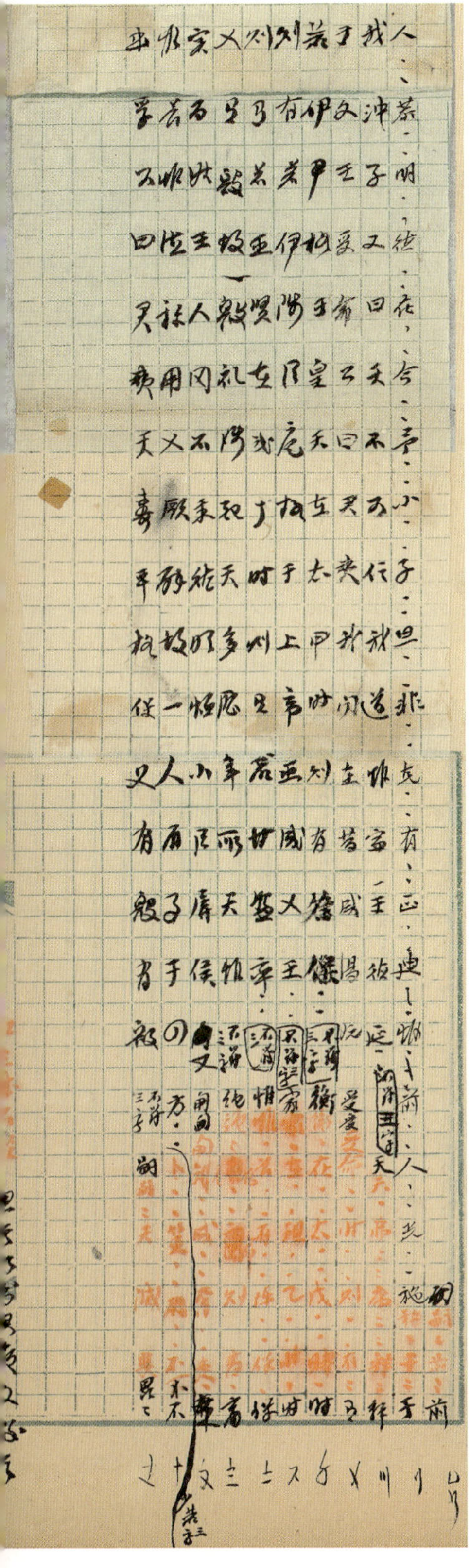

雲麾將軍碑

萬歷六年，河南李蔭宰宛平，掘山齋，發礎得唐李邕雲麾將軍碑，云碑石無毀，良鄉驛舍裂爲柱礎，蔭據邕碑，署其齋爲古墨，凡九百八十九字，首篆存唐故雲三字。查慎行《人海記》下。

籀鄦誃抒鄭龕述稿箋

天子休臣下碑

天子爲其下作碑者，唐太宗爲魏徵，高宗爲李勣，元宗爲張說，德宗爲段秀實，宋太宗爲趙普，仁宗爲李用和，神宗爲韓琦，明太祖爲徐達，太宗爲姚廣孝，孝宗爲張巒。查慎行《人海記》下。

籒鄦賦箋二卷

輯始於光緒甲午四月之朔時寓京都宣武門外爛麵胡同

蓮花寺題于　國史館中時散館之前一日也吳縣王仁俊記

藕鄉律賦筌目

雜字

駢文目

總集 別集

駢文類苑 姚燮選　　萬善花室集 方履籛

駢體正宗 曾燠選　　齋宇小人集 洪符孫

駢體正宗二編 譚宗浚選　　青芝山館集 樂鈞

四六叢話 孫梅輯　　劉孟塗集 劉開

麗體金膏 蔣[illegible]撰集　　綠雪堂遺集 王衍梅

詞科掌錄 杭世駿輯　　泰雲堂集 孫爾準

詁經精舍初二三四五六集　　左海外集 陳壽祺

學海堂集四種　　雙〻畫堂集

求志[illegible]種　　優雅堂集 王詒壽

萬坡精舍集　　補學軒集 鄭獻甫

蜀秀集　　賓萌外集 俞樾

成均課士錄小集　　丁戊之間行卷 易順鼎

樂志堂初續集 譚瑩　　希古堂集 譚宗浚

寃湄山堂集　李　　　　　　紫峴閣集　車騰芳

小謨觴館初續集　彭兆蓀　　移華館集　董基誠

卷葹閣乙集更生齋一集初後集　洪亮吉　　尚絅堂集　劉嗣綰

賞雨茅屋集　曾燠　　　　吳學士集　吳壽

有正味齋初續集　吳錫麒　　儀鄭堂文抄　孔廣森

思補堂文抄　劉星煒　　　袁文箋正　袁枚

湖海樓集　陳維崧　　　　綠蘿山莊集　吳淩

復莊文稿初續　姚燮　　　石笥山房集　胡天游

玉芝堂集　邵文臺　　　　校禮堂集　凌廷堪

述學外編　汪中　　　　　紀文達集　紀昀

松泉前集　汪由敦　　　　揅經室集　阮元

葆淳閣集　王杰　　　　　直廬集　秦菜

淵雅堂集　王芑孫　　　　亦有生齋集　趙懷玉

秋笳集　吳兆騫　　　　　樊榭山房文集　厲鶚

天文

德動天鑒。祥開日華。守三光而效祉。彰五色而可嘉。李程日五色皇字韵攺天

稟以陽精。體乾文于君位。貽夫士德。表王氣于天家。又

非烟捧于圓象。蔚矣錦章。餘霞散于重輪。煥然綺麗。又

泛草際而瑞露相鮮。動川上而榮光亂出。又

陽烏迷莫黑之容。白駒驚受采之質。又

名翬鵻翼。如威鳳兮鳴朝陽。時藿傾心。狀靈芝兮耀中國。又

同夫少皞。諒感之以呈祥。異彼夏王。徒指之而比盛。又

地理

秋月弥高兗王金波之御陽雲中摘聊當玉葉之前　王榮　芙蓉峰

濱白露而凝冰削芝天而地媚　又

楚山入座黛千點而暮青溪水横簾翠一條而春緑　王學　白雪樓

嵐光排翠披閣雲漢之心岫色横空鏡斷成妙之琢　周鉞　登吴岳

中隐深溪日月之光名刹外連層阜龍蛇之勢好蟠　又

西窥劍閣霧地崇之千潭東瞰蓮峯煙波尚之數點　又

帝王
昭示于公侯卿士如莫不稱萬歲者三並美于麟鳳龜龍可以與四靈為伍元禎郭天
日五色
祥雲

時令

煙羃歷以堪悲。六朝故地。景蔥蘢而正媚。二月時暉。王榮江南春

遠客皆迷。朱雀之航頭柳色。離人莫聽。烏衣之巷裏鶯聲。又

蝶影爭飛。昔日吳娃之徑。楊花亂撲。當年桃葉之船。又

暮暮而雲低茂苑。謝客吟多。萋萋而草夾秦淮。王孫思起。又

曉色。東皋。夕陽。南陌。又

蘭橈錦纜以盈水。舞袖歌聲而滿樓。又

淒風拂戶。髣髴以徐來。殘月臨軒。尚朦朧而未見。唐儉漢武重見李夫人

張緰庭前。時度。正懷鱸魚。班姬帳下。潛來。已悲紈扇。王翚涼風至

慘眉黛於上宮。陳娥翠斂。點鬢絲于華省。潘岳霜凋。又

礼儀

風馳天仗。雷動車輪。　王棨沛父老留漢高祖

旌旗露卷。冠蓋雲隱。　蕭穎士至日圜丘祀昊天上帝賦

劍佩紛紜以陸離。鍾鼓鏗訇而沸渭。　又

羽蓋凝而軒皇暫駐。風馬駕而王母躬前。　之禎郊天日五色祥雲

習禮空勞。日日而徒瞻岳邃。凝禎何處。年年而為鬱人愁。　王棨闕里諸生望東封

想黃屋以心傾。斂青襟而目極。　又

高踐天壇之上。遙排日北之豪。　又

空令漢史。厭隱檢玉之行。吏切孔徒。渴見泥金之事。　王棨闕里諸生望東封

夫子壇迎。望電記之會。晚辭先著。慶受日月以來遲。　又

潛期山下。何閟策字之時。無想封中。復作于秋之盛。　又

當河清海晏之時。宜遵古制。是封禱天之章。崇保泰壇。　又

政務

陽和溥暢。言拜賜于生成。稼穡艱難。乃載陳于睿哲。侯喜中和節獻農書

政令不差。則華夷知勸。水旱無菑。則倉廩俱盈。文

虔考令辰。實當四仲之首。敬舉彝典。應為六府孔修　又

高懸象魏。必日就而月將。永播蒸藜。自風行而草靡。又

驅域中盡歸力穡。示天下不復用兵。裴度鑄劍戟為農器

文学

名價有勞宮札於御牋，彤管風流無比。吟哦於貝齒朱唇。黃滔漢宮人誦洞簫

九重聖主。俄聆于玉韵金聲。兩掖佳人，爭效于瑶編繡軸。又

十二瓊樓。不唱鸞歌于夜月。三千玉貌，皆吟鳳藻于春風。又

時。江桂席。驚飄舞雪于羅衣。徘。江藹台。謾不歌塵于綉梁。又

如迦人。江都以詞鋒而勵。吻雕龍字。江夏于楚譽而飛聲。又

一千餘字之珠璣。不進漢帝。三十六宮之牙齒。詎敵秦娥。又

神儀下萃。倏閃風雨之聲。影蔽中流。已動龍蛇之勢。李遠題櫓

涯涘右逞。滴瀝其聽于無聲。翰飛未及。離披且覩其崩雲。又

奔若馬蹄之健。翦除徑檻。瑒躍鵬搏之勢。下卸奔雷。又

其心。為參史有冬春之贊。直心。為德。極周書有作德之辭。吳孝綽以一貫三

接心生為性之文。与三才而並貫。繹曰尹成君之義。極一人之無私。又

政直善民久矣。人三成衆。功成作樂。歷世尚十為彰。

人事

白髮多傷。風筆願停于此日。翠華一去。皇恩再返于何年。王棨 而文若留漢高

夢想徒勞。備及九象之圖。神仙有術。能生一夕之中。唐僚漢武重見李夫人

寐寤而求。聲亦而風生綺席。從容以俟。儀然而影在花屏。又

蓋之不笑。如益久别之離。看之無言。莫問平生之事。又

合秦關之百二。雖遲琚心。笑齊女之三千。不爲雞口。宋言致鳴鳴度關

勢異無蘿。徒新婚而知偶。花爲桃李。雖結子而無言。白敏中息夫人不言

趙居有節。惟聞佩玉之聲。應對無詞。不比如蘭之氣。又

一時之華棲波濤。今朝惜别。千里之秦吳遊宴。何日言旋。黃滔送君南浦

車如鷁。似水馬如龍。遂夜宿而風棲旅店。晨征而月在煙如。又

離思無窮。已歷傷春之目。身心隨國。儀威可待之身。白行尚坐大化爲石

荒穢三徑。雲開蔣詡之蹤。浮冀一瓢。深味顏回之道。王棨貧賦

東閣揚素之記。未時圖富。貴有陳平之美。安得長貧。又

輟於未已。殊主人之厚意。亦難拾。冀下士之向道。王棨攫夫策士

音樂

折。楊柳々數聲。雁驚前浦。落。梅花々一曲。鳥散芳林。鄭瀆吹留橋

居安

如從渤海。徙蓬瀛于人間。若自瑤池。移蕊宮于地上。黃[illegible]館娃宮

綺柱雲楣。飛蛟伏螭。又

花顏縹緲。欺樹裡之。春光。銀燭熒煌。卻城頭之。曙色。又

器物

當時出匣。揮獷俗以來賓。今日在鎔。惟良工之所鑄。裴度鑄劍戟為農器

紅鑪既燬。似失雪之鋒鋩。綠野載耕[illegible]如雲之苗穗。又

拔三尺之熒熒。波開雪薜。橫七星之凛凛。掌上風生。宋方回文辭劍

寓言

遇風公。而龍。為鯽。是逸。傳說而詠。其漁人。王棨 夢為魚

莊生。化蝶。之言。芳時未信。否。不為鳥。知驗。今日方知 又

喻彼成形。果類飛龍之象。精其致遠。因推良馬之財。翟楚賢 天行健

大道允遠。豈容媧后之功。小說誠人。何傳秦宓之術。又

縱笑談為肇數之雄。信增其勇。窮象色為風雲之候。暗識其情 浩虛舟 舒詞圃

迎心。原。以為禪。求禪。鑄而愈遠。又

驗運斬而徑。鄧。不窮寥色。囊而智。囊。祇積 又

義。樗。辨。掀。倒。轍和。御車。正。上心。安。輗。隱。橫。行。乎。道。德之中。又

筆為鋒也。無愁責劍之氣。墨作池焉。豈聽蹊田之陰。黃滔 誤筆成牛

倏兔類終飛。信駢蹄之莫逐。象須相對。思食角以無即。又

然多嘉穗。高低積數于垂天。無限芳田。遠近有同于鋪石。王棨 多稼如雲

不損不萬。同玉葉以紛敷。綠阜孫高。異奇峰之疊迤。又

破題

迢迢南浦，渺渺伊人。波長路永，徑遠愁春。吳錫麒春水綠波

高插天闕，潛分地軸。以定中原，以威南服。又伏波銅柱

蒼茫秋色，泐尔秋波。相思不已，相望如何。又蘆花

朔气橫野，降寒積林。浮雲疾捲，瘦日孤沈。又孟鷹

圓靈境朗，物利風清。波澈玉宇，露湛金莖。顧元熙廣寒宮

周公瑾以英年妙質，奮跡江東，神姿出玉，氣壓凌虹。又周郎顧曲

初冠晉代，桃李東風。地則襟山帶水，人則振鷺儀鴻。又蘭亭修禊

丁簾一角，亞字雙文。淺搖樹影，冷折波紋。又闌干

涑雨初歇，空山早秋。池邊雁語，竹外螢流。鮑桂星流雲吐華月

宣城古郡，高閣橫江。青飛月幌，碧走雲窗。又窗中列遠岫

有華一枝，元氣淋漓。蒼古之鐵，千春之姿。陳沅筆花

物有跡，不可窺，隱而涵，靜不靜，形而不燒，智照豁而虛，棲神而乎遼闊，甫方寸

之天旁，奶大乎乎地，無名而字，以名而不窮，而妙乎蒸。又心鏡

相馬通相士之徑，馭馬得馭人之術。又去害馬

登乎碣石。以望故燕。東垣蔓草。督亢叢烟。又黄金台

今將隮日丸之崖巘。涉天潢之爽塏。又海日出三神山

六國遺民。兩河舊部。其人是神仙井源。共業與倍工為伍。陳光宇孝女時保釵 文集樂人實公

素毫待墨。雅筆成雌。羌無故實。緝有餘思。書貴鑒別郎不敢題往字

秋宮。鴻沼。壽殿。侂雲。風濤。蠋野。沙化。蟲軍。刘樹屏句戲越題畫

耶食。荒度。四碑。駢篇。事李。經穆。言如。有物。杜宷寅傳仔王陽明作黄金

虎節南邦。既并東國。畢卉豈遥。嘉賓入幕。何廣生韓敦公招同宴黄金縲臚

天横玉笥。地漾芙蓉。清華膝影。係卿倚筆。江総似瓊島春陰

響調

隆準龍顏，甞息故鄉之子，捧觴上壽，今爲帝王之人。王榮沛 又老當漢高

窺泗水則悽若舊風，指芒碭則依然故邑 又

昔日望雲之地，料前難認當時貫氐之家，那能拋得 又

草澤初興，雲破而蛟龍奮翼；鄉園重到，烟火而鸞鶴歸林 又

過夜遙天，未變沉沉之色；撾眉鼓鼓，因為盛盛之聲 宋言敎鴉唱度岡

高穿紫塞之上，飛入黃河之裡 又

一鳴而守吏先驚，三唱而行人早起 又

寒窦巖烟，沉東流之渺渺；濤涼澗樹，含蒼白以依依 宋之漁文辟劍

一川之煙景茫茫，橫衝楚徼；兩岸之風濤渺渺，直截炎荒 黃滔送君為浦

夢去不到書未寄常 又

霜華徹離於悽痕，苦點睛侵于眉綠 白行漸更大化為石

孤烟不散，若盤紫手爐頂之中；圓月斜臨，似對鏡于蛾眉之上 又

快若憐若，豈怪蓝刀之悲；今夕何夕，共悄畏網之悄 王榮夢為魚

振添壯士，踏晴而高水寒空；愁殺騷人，落日而洞庭波起 王榮涼風至

紅藥將殘蓮衣飄落珍草與纖絺色變 又
減庭草以芳靡揉林楨而聲疏 又
朝日耀而蟬鮮嵐光照柝秋風擊而竹蔽秀色長濃 王璧 芙蓉峰
屹然江岸之旁遙誰奏曲傑起郢城之上浮以清憂 王璧 白雪樓
勢彎時屋梁橫曉虹 又
浮雲齊起疊標檻之幾重皓月無時引笙歌而四起 又
風觸檐牙彷彿雜幽蘭之響煙分屋角依微聞下里之聲 又
九天斂霧送芳景于環軒萬籟編音讓嘉名于玉笛 鄭瀆 吹笛樓
舞榭歌臺朝為宮而暮為沼英風霸業古人失而今人驚 黃滔 館娃宮
波佃相華西施 又
恨留山鳥啼百卉之春紅愁寄隴雲鎖四天之暮碧 又
碧草芳腰清風夏寒 周鉞 登吳岳
霜地表之千鍾望涉澗之數蹊 又
森筍立以削成黛雲凝而化出 又
乘船電遊于遐方建節處生于異地 李遠 題橋

鳥喙半聚。投含未盡之肉。指山日日。拜瞻花叢之言。徐寅白燕進西施々

若夫瓊英綴雪。縹蕚霜儀。傅粉果彌何郎。清馨澹龍。疏花朧嘆。又若穹窦

是謂鶴壽。凍雨晚溫。風露紛滋。又如黃皇。流于九疑。愛日烘晴。晚蟾照夜。又如

神人來自姑射。胭脂晨香。陰露畫圍。又如函谷凍接袖攜賢。羯鼓攙沙。飄素雌

柔。又如絳珠。鞋易墜。指半含。半開秋豔。紀言。湯伯雪。日擊道存。或衛或仰匯

笑。九疑東郭條。正寄妒眼。或幟悴若柔。玫或嫣媚如女君。或經盈若飛燕口

吻唯黃。搖簫唯德。宋璟梅花　戊戴樹若曼稱

凌雲將獻。鵲歸辭使之籠。拜表而行。雖別越裳之國。王榮匠州献白鵲

月下南飛。過銀河而混色。風前東嚮。映瓊樹以增光。又

鄭郊遠而五女祇于嵩山。今帰玉海。巢可窺于禁林。又

六軍飛擣，登常武之壽詩。三日大酺。邁鎬京之燕飲。絕桂笑大愷樂

濯龍。壽晚。都人欣就日而來。翔鳳雲高。國士慶彈冠而至。又劇の門

擬古

若夫瓊英綴雪。絳蕚著霜。儼如傅粉。也似何郎。清馨潛發。疏芯暗噢。又如窈窕。是謂飾壽。凍雨晚濕。宿露朝滋。又如英皇。泣弓九疑。爰日烘晴。冷蟾照夜。又如神人。未肯姑射。烟梅晨酣。陰霾晝閟。又如通德。擁袖擁髻。狂飆捲沙。飄素推柰。又如綠珠。輕易墜樓。半含半啼。如默如言。溫伯雪子。目擊道存。或俯或仰。匪笑匪怒。東郭慎子。正容物悟。或憔悴若靈均。或欹傲若晏卿。或嫵媚如文君。或輕盈若飛燕。口吻雌黃。擬議難徧。宋璟梅花

若乃粉蕚初苞。瓊敷自媚。綽如處子。待年未字。素蕊勝雪。寒英著霜。窈如靜女。照鏡凝霜。照水一枝。簇烟數點。瞥若江妃。凌波冉冉。輕縈密綫。暗隨影寒。嗣其神女。環佩珊珊。老幹皴苔。虬枝拗鐵。澹若高士。偃卧米雲。蜂蝶不喧。琴伴文荐。雍然儒將。瀟洒中郎。涼夜如水。風林有聲。還憐羽客。扶鶴吹笙。空山無言。朗月四照。又似羊尼。拈花微笑。或古癯似野叟。或傲睨若狂士。或纏綿如仙書。或矜嚴類帝子。彈墨妙與筆精。羌難得而徧擬。鮑桂星擬宋璟梅花

賦字

張平子所思不見，未免鎸魂生愁。江文通黯然銷魂，因之作賦。沈吳錦旗春水綠

玉函○○鵬起，同賡鳳玉之詞。雲液分來，破獻凌雲之賦。又陸羽為茶神

野人獻曝。願掃就○●日之忱。學士登瀛，敢擬凌雲之賦。

○○章學默捉松牖。秦淮揚○○月角之猗。臣心附揚花矮。丸象獻日華之賦。

照兆鏞學去心之白日

西清給札，言懷函○○日之心。東丸射處，陵秦處長之賦。 罷文後二十八宿賞 以西

身未大令人鬢服氣日中其賦 以下內其賦

雕隽有實，芳英傳來丸遺住。○○○壽考延隆。華勝獻西河中賦。以下餘賦抄

鳴●○○盛和聲，登高作賦。

欣依○○北闕之光，頌上南山之賦

民志齊。相安于鑿井耕田。○○皇念民依。廣詠以豳祖薦賦。

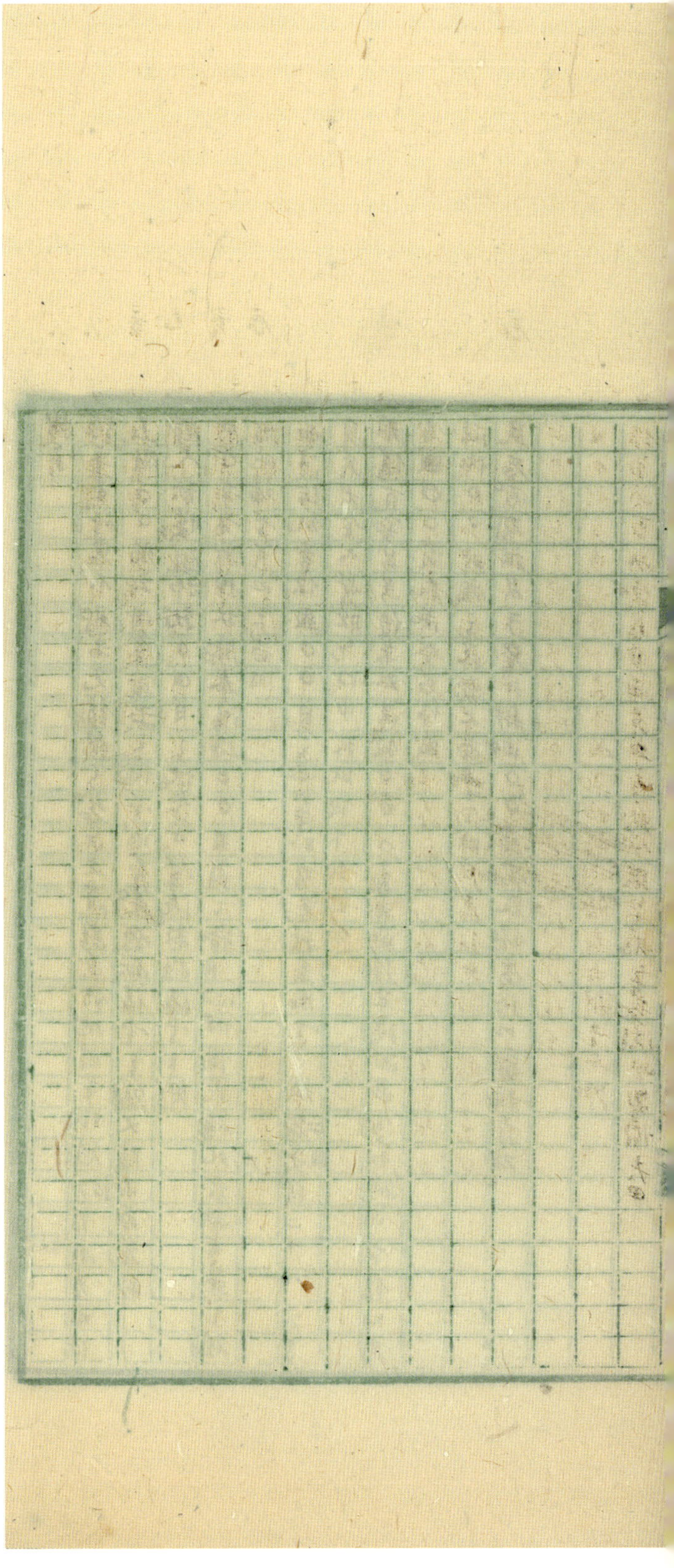

支干

寅子 扶桑頖采。覩日射于初寅◎伯趙書雲。信陽回于戊子◎吳錫麒鄒子吹律

亥丁 壯業里之激遊。麥破吉亥◎發九天之綸綍◎定布神丁◎張錫康冊封琉球

己寅 劃切陰扣。設道搖題自己◎假勃納諭。存心不外維寅◎司徒無逸圖

寅亥 暖風搖蒼。佔氣而農卜上寅。春雨醍醐。祈禱而祀隆吉亥。錢福昌考壯于卯

辰卯 作賦擬春禾之瑞。。極拱維辰。降康未擊壤之歌。當徹丘卯

子 餘田少以擊吹。陌有芋無。促履陰而及春。同無作乎以下同丑賦

子 漫說耕蘭雨露。里巷已近相公。安知華亭晨昏。黃口猶丑孺。和柔以下江左校士

子寅 本自忘乎甲子。豈其降自庚寅。以下館賦物

子 盤有銘兮自警。思進德于成湯。器取代而不流。情作夕于揚子。

丁申 此際驅山捍海。超偉業于五才。何時歸馬放牛。斂兵韜于六甲

辰亥 爽律鍾中。平分淋景于南。福爲神秉。今切壽祈于吉亥。

「此當於鞠之時。穡先播厥。而值條桑之月。駕必祝乎。

辛卯 ○○初年典肅。早卜吉于上辛。劝稼心殷。去耕于小卯。

子 信句爲華爲實。及時無負乎春秋。試思若短若長。閱世几周夫甲子。

午

庚悵千保年叢簡之炳。文蔚典午。斷五百歲譜書之厄。道訖庚辰。

庚

子釋迦已上丁之酉。占辭半復甲先庚。藏書陸二酉之奇。蘊括乎百家諸子。

甲特見文成乎飾。姓族鋪金之碑。漢魏仍僅存。不射由基之野。

方位

閒[?]時餘露燒金。探神奇于域外。蓋猶是流滴淹迹。寄忠愛于江都。顧元嶼神

宅中而埋。穢迹宸宸之當陽。輻輳而臻。邈矣帝車之在北。昔北 鮑桂星擬李程 初尉 衆星

忽逢積雪素夢。驚回夜光。每聞銅琶鐵撥。高唱江東。李星沅東坡後遊赤壁

此更芳江。自古長歌如伊人湖江。經左江北江郊。以下須先

鞞曲數殘。曾送郎向于江。北驚声歸鴉。且贊姜岑于遠西。

人間之儀音永遠。那不翻作晚下。林表之浮雲積雪。科應未破綠南。以下江左 梅士家

望气迎來。想吳嶠西左右。雲軿轉變。何多閬苑西東

想奇編中有異聞。超出乘盧以上。恨弱水下臨無地。往嵯馬首難東

回頭望京洛之塵。狀化星馳閣北。跣轉轉越裳之探。應知風動薰南。

凡如獵碣沈埋。奇迹遂磨于渭北。轉過遙深荒草。勒貞珉長耀于安西

習習風聲。定有人聲偏北。沈沈夜景。問誰將剪窗西。

何當木李相投。人來硯北。轉笑鉋瓠自擊。地阻極南。

猶應撒而疑。行感慨不異。負暄禁下。感各遠而模楷同衲。詎非次德天知。

升 益

卦名

蓋居高以取。聚上財得之抑。而達 自爲。還養則取諸益以下館賦抄

国棠
牧彭
表

人名

試覩正學以言。及席上徵乎饒國豈獨在文未立。侍才雅並於殷崇。以下江左投士等

畧似文章。恨今日已無顧恢。差同高祖。歌大風而懷猛將。

畢竟錚錚要士。如管幼安壁臥遼東也。何灑灑公孫王仲宣牧侃劉表。

顏色

青綠　船真天上。撈星斗而皆去；人在鏡中。染眉而畏綠。吳錫麒春水綠波

碧　安得拂星槎。玉同壽八月之歡。陰非飲樸人來。願恐一拳之碧石。又昆明池織女

黃白　將埒價樁左藝。豈讓聲于鬢白。飽桂星擬新延之赭白馬

黃綠　寫讀仙之幽。返夢半幅硬黃。題刺史之鏡。試第一株寒綠。又綠天

青紫　神鏡雲散。光迷海嶼之青。雄劍芒寒。氣撐關門之紫。又古北口大閣

白　情同姜卯。發竅響于登穹。慕子通神。縱俠心于建白。陳玩振白居易敘陳城

裝黃　雨過千山。勻描蝦翠。風圓萬樹。暗將翡黃。朱蘭夏雨半翠綠

綠青　留得春波。水皺差差之綠。延來秋爽。山橫楚楚之青。又

經青　揚雨後勝景看來。偏多濃綠。寫山前平青對面。外垂青、郡宿蕤雨後出光陽　郭青

青白　勝暮雲之四飛。閑靜流青化。萬塞爲光明。定盧出白。暇此修學寺心之白日

青　多少樓臺烟中而隱之。莫滿楊柳經雨後以青之。何桂泛楊柳枝

紅翠　花開巧擬裁成。橫樹嫣紅。葉底開擬御就一抹濃翠。陶澐芳樓

紅綠　夢醉眠琴之地。塵卻轉紅。源生叢茵之溪。鏡揉新綠。黃仲宮綠陰

翠青　迷窗柳綫穿時。手畦翠。織向蓮甸鄉去。叢遙時。郝蘇學健蓀搖

青白 内工取白。恩荷無言。

綠青 平生情傲林泉。仰借愛儂。到處追隨杖履，奴於情兮。以下論述試

红綠 數年南國，兔起豆子之紅。此日西湖，恐折楊枝之綠。

黄黑 三請有戒，敢移口吻雌黄。十上無書，任諸窮於黧黑。

白青 莫辭一曲更深，淋漓屆白。爲感兩人同悵，郗重垂青。

素青 淺白誰收，任庭階之積素。軟紅莫到，渺天地而皆青。以下江左校士條

素青 似閬峯玉栢，遥上界之樓臺積素。那得一塵不染，話天之馬嶼皆青。

青素 似此英姿颯爽，納霞采于丹青。可無大筆淋漓，寫風流于縞素。

白青 憐朱方飲啄之恩，祗今非白。從黄閣賓僚之末，已勝仟青。

青 笑膺流循伏朱門，騈闐冠蓋。願威業仰帥白屋，超嫡丹青。

黄素 想昭月于京華之域，光狀流黄。追高風于癸丑之年，時含尺素。以下符成抄

綠 取材藝圃，藹芰乎冗叶炊枚。再翼○○流汜，深娩乎蕭紅釗綠。

青 資控制于羌戎，吳賽風行電掃。壯登臨于吳益，係甚水綠山青。

碧青 撫棲樓之縱横，萬代之藪兵蒼碧。作邊陲之保障，千秋之蔚嶂青蒼。

發軔南服，融之域，來侍式遄。前車循黄帝之方，成功仗穗。

紫 紅　下他年黼黻昇平。紆青拖紫。善世白冠裳宴集。剡翠裁紅。

碧 黄　華添四照之光。枝抹螺碧。濃鋪中央之色。痕染鵝黄。

紫 紅　底並兩字鵝頭。御合倚銀玉印紫。恰如一枝手捧。遥看錦袖霜紅。

青　本末二氣絪緼。長喜子開丹谢。恰似五星燦爛。任看桶白蒸青。

赤　測周天之氣數。皎似珠微中迤。駁景運于星精。玉宇則道分黄赤。

青　倚石壁之千尋。高聳月小。築金碉之萬仞。峭逼天青。

紅　被野草以留痕。幻成兔白。繞江楓而設色。染出疏紅。

白 絳　披幻小對。花飛三徑之紅。藥帶新垂。草映一庭之綠。

紅 朱　白原守黒。勞石奪朱。

黒 碧　採鷺子之句青。訪鴨頭之新碧。

黄 綠　送玉人歸何處。悄看陌上殘紅。盼燕子兮不歸。瞥見枝頭新綠。

紅 紫　朱櫻蹕安。橤葉絳棗以殺成。黄鳥氣來。墮絳雲而奪紫。

丹 朱　千點圓勻。倚竹闌而映碧。一林朗矚。掛綺陌而凝朱。

碧 青　九華豐肉呼發為汁。染柳而之綠。三千人京並居奇充分暮林之青。

綠 藍　使他方物辭蜀。燦然百國之杞。吳被終於采櫻。尖修一剣之藍。

白　白　紅　紅　紫　白　紅　鈕

素　青　青　紅　白　青　白　綠　白　黃　青　絳　綠　翠

繪錢唐之雲水。皆宜寧雉亭去。聚數綫之烟氣。最愛積猶積素。

而笑啼莫。多了五月之吻。應噪眼白。偏留院邑之春。

如此光景。附南飛之孔雀。一川晴依。隨北苑之丹青。

任他遠水別來。影亂空塵之白。莫是蒼天雁起。光分殘樹之紅。

真影前欣菊蓋。時果乎綠蟋腸斷。仍訪史上一層。流連乎風清月白。

共看去年蓮花。以為小郎剝白。記覓詩於柳絮。爭過太傅無青。

燎園鶴履。添犬色之微紅。筆走嵐歸。隱靈光之虛白。

莫惜花硯瓢甃。識他凡否殘紅。絕情草色半千齡。醺就一窠秋綠。

只昧塵緣。心匪虛白。

蓋溫溫恭恭之天。全飛紅紫。完宛之居居之殊難下惜黃。

亮帳草色荏成。魚流汁白。自分禾將稼穡。偏迎秋青。

更成李白封之地。撫侯孫電。擁山河者寰之雄。宅邦故絳。

權將鵝擷。枝枝積翠堆紅。盡去畫如。娑娑之錢全錯綠。

嘉魏元成保紀。同懷石室之丹鈕。傳闈主奉成圖。應寫緱山之蒼翠。

三四 五 半 十八 三四 第三 三一 双二 三十 三四 重五 五 三十 三一

數目

台階援斗以平三。玉燭調四時而協四。吳錫麒閏月定四時

清息三分。彩光百五。顧元熙春雨五色

秋借三分。辟殘一半。又崔雨

歲云秋矣，知銀潢忽秋夫三千。盡往丸平，歷月來虧于十八。又八月桂乘芊

建皇極而奉三。處歲功而成四。銀桂是於乎天地同節

貞如瑞旭照陽戶，啟建章之萬。冀其鈞職紫芝峰，擬太華之三。陳沆海日五三

身佇白璧。綠烟不打之三。籙滿黃金。未若侍經之一。又一經為立身之本

甫七齡而貴藻之号無雙。年弱馬之齡而容來有二。又二十八宿多心臟

升堂而禮則讓三。啟口而廉能知十。又

德之侯之，報其之御賜三錫之履之虎貴之車控四又

九華翠擁，看影拖而轎重。一孕紅融，正天臨以尺五。辛酉牌壇日下五色雲見

惟祥和之有象，畢好雨而箕好風。擬程度以無差，地數十而天數五。汪鳴相五風十雨

倘逢時夫月暈。道用月時之三。若自數其天倪，恰半天于之七。又

七爪苔徑三。霜迴西閬一。一杜受田小樓一夜聽春雨

重 三 五 三 一 蒙 三 三 千 双 千 千 三 千

有 三 一 千 三 五 一 十 一 一 六 十 一 一

时当建巳。辟正耀宇〇〇光電体奉应辰。屋坨去乎三矛須悟御記又石雪
去天尺五。对景感。三顾嘉荊海日出三祥山
太極函三。聖人抱一吴季钱重人以一贯三为王
会恒步之六蒿。统韵水之三千。又
体乾父坤母而受其中。協于克一。绯崇效卑法而成其位。毋之以三。又
政寛当濟之以猛。故服就三而免辱。三法立而後辞知。聞亦師聽五而消辟。五
祁宿座作刑谢岌
右感继乎左徊。於肩捷甲信三。相畀萬以将才。何待戰匹傍。一罗悟御有文可必有武俗
入门髙揖。吐忙则氣贯三千。多厰择彫。雕龙则藕成五千。
珎求郑而双双。等吹蘇而一一。
䛇止蒍花芸薹。青色平分。悟如远水长天。春光混一。
牛生之千。乃长之六。
果肤昊地。穷道致於八千。何函仰天。感功名于三千。
为语北征将帅。更何劳捷奏馳三。须知南渡江山。原不是神州混一。
争锋不匹羊千。作气何劳鼓一。以下内如地

双十　白工配白。才華未是無双。恩垂有志。声价原盡信千。

重一　恰似锋辱上剑。時新走下。纪関未手係來。錢府一下。

双十　女子也能殺賊。居然国士無双。婦人原可勤王。把習亂居有千。

千二　但厥明經道遠。得尋歸路三千。致之汗馬勤驄。曾歷推図百二。

双八　国士衡陽之陣。筆勢無双。常归塞北之秋。书行有八。

两三　捫腹無多。香篆方而僅两。伐毛有傢。保書味而兼三。

三两　撫角羊之羡鐲。法約以三。吳首風之待藏。镜指其两。

数　傳其韓经而读。堪称才歎。何須前賢之泰。崙求術數。

双八　九天揺稱。核劇而風殿暎双。一代才成。形容而驚辛鞭。八

卞　惟不孤之有鄰。定必之功成衆。

双半　風状未绝。共真觉於代無双。我亦甚癡。僅得古人之半。

半　有如點鐵。居然大智若愚。任尔癡聲。不过求全自半。

三四　敢謂部錢分宅。兩賢乃得戎而二。难忘对組隨娃。數當而還夜共四。

鹅双　都国外戚争功。嗟將才之不挠。曷得當皇華任。使国士之無双。

千五　凡許聚毛作腋。話取盈千。稍他京腰為羡。錯还称五。

双　双　九　　三　二　三　弟　三　三　重　六　千　双

五　一　三　两　二　七　千　七　一　弟　三　九　·

恰好炎天冰雪。起来盃盏一双。分明春水作刀。数过禁经百五。
拭鳞送耳。勅郑公赋媚无双。辣吻钩牙。樊宗师才情未一。
综寄合凡十九。悟盃俭无二三。
维口论咒时佳话。除却太上谁知。叩头祝圣算古寿。厥与小臣而两。
临流而影形成三。邀赏而难还并二。以下能赋拆
泛清流之手腕。遂挽锦缆重二。指碧汉之双星。又过佳期七七。
一瓶载上揭册。何用脱缨十发。乃日醉翻瑶圃。次知斗阻十千。
齐之而时无视伏。允堪集瑞于台三。齐之而迹混参差。何俟积于风也。
断簇专于嵩岳。公祝以三。衍多福于箕畴。寿居第一。
爰奉自之大甲乎。虎斑声动九重。岂共降自康宪。龄锭岂盈三郊
璠玙自重。材原珠重之三。模样翦楼。枝摧桂林之一。
孚恐北伐方仍。月刚逢六。学般东归不见。年计以三。
秘漏赤枯之殁超世界以三千。看择丹陛之毫启云篝斗八九。
粗似汉高推论士重无双。宜其广祚中兴。功推第一。
与熊皇而接迹。瑞叶归昌。它无雀之饰。谁进原见可。

（千 ::）闡壽星于南極。步寘蓂而有千。調元氣于中宮。道寔一歸古二。
（九 三）瀰浮于馬甲龍圖。曉稽錫九。釐訂夫魯魚虛虎。字寓往三。
（一 三）浪湯桃花。龍(?)酬別痕添一。影傳桃葉。渡頭之波抄(?)三三。
（三 萬）○○無私。別設奉以三。表正則邦用其義。
（双 二）晨照林間暖流。助逸興之無双。悅如郭外閒鐘。証禪心於不二
（二 千）乃拟金甌百二。共掛珠簾三千
（三 一）托元首於王本之訴。廷以三後。卦初出天下之動。乃失一
（千、萬）悅親東都車馬。仰瞻虎旅之三千。如睇西漢威儀。永奠鴻基于億萬
（重 二）永懸依日月。九重瞻秀立河山百二
（双 十）深宵露禱。牛斗躔而劍氣騰双。詩禱駢臻。遊仙篆而瓊文麥(?)十。
（三 四）廣所土之維。二朗輔星之有四
（千 一）不煩以歷成。千征羲山樓太一
（千 二）浴銀蒼于陂上。新回世界三千。撲玉蝶于風中。人倚闌干十二。
（三 五）宛似肅將嘉惠。五歌聰鳴鹿之二。本來瑞啟太和。度峯叶眾星之五
（千 百）犀靈結之歲耶。春八千而秋八。和倚嘉穀之年。登國三百而屢三有。

千五　來精一輪以徵道，國知其澤可印千。而今峯巒以程録，乞自説水無出五。

兩雙　隆碑玉之一聲。輕行雨之。倚翠情之半慚。霞影雙之。

二千　誰觳下墜之十二。無煩奉膳之三千

三善　春枝嶺巇嵋差低。萼起再三。指前山路茵爲鄰。罷首千歲。

千百　精卸乃樂。不須債夫十年。領略相逢。莫外杯你學三百。

狂澤未白。依當少訓。

五三　對束而金井凝空。所過夏五。猶刊列玉壺冰雪。日紀庚三。

雙萬　出逢而共品無雙。閱價而錢已數萬。

千十　持來談古。何其氣象千。樓臺游春。仍占韶光九十。

數　請於斯後，調之而額。然千字之不愉。後此前有詩之文。恍然孔子禮之有數。

千十　親生千宵，薇而氣象殊異。若和方昔砥以立。危閣應曾經百十。

九千　好同級其拨來。淵乎入九。若作雞林賈知。重必到千。

三九　平地成天之委。禮典秩三。府際乃新之年。功成功九。

千年　定益去天尺五。氣象盈千。居然在水中央。煙波若米。

三九　雖天子猶耕千畝。郊增根三。使小民相聚八家。井疆畫九。

三一　鈞爻遇变。遑之佃許開三。剝式呼竟。僥有於然天一。
双十　此地集东鳞西爪。峰似排双。是否通见闹球望。淵原纪十。
一三　早識各原第一。壽同俊又卅三。
六　安淨意参禪地。不任攜收之初。幸多姚媽喜。號稀協元壽之六。
一三　試看继起于女环。隨肩左一。扫择附庸于诸国。影是而三。
千九　对此湖地皎脊。亲境叢和。石粉花灵蝶。绕商之十九。
重一　最此荒稻聲馬。镇翠霸之重二。依然翥鳳翔鸾。问得辨之一一。
三五　農有三疊之慶。階已平三。穀古五熟之禾。星如聚五。
三十　但使制得用宜。九年而食必餘三。何須置述竞史。一日而播鼻横中。
絃第數而大生虎。
三六　徹于有位。日宣之征惟三。彩殿有常。歲會之條凡六。
三五　亮天工而熙績。事已俟三。禍不應而閑門。物宜分五。
二　安閑七十二候。五日爲姻。壽图三十六宫。三分有二。
千十　蔦喉並詠之。故宮闕苑三和。電淡而徽。又時雖尭女十。
三の　今風光千里加一節。而气已兼三。課花子三百。六候而数还倍四。

發語
原夫　在昔　初夫　溯夫　粤稽　嘗考　若夫　緊夫　稽夫
方其　觀其　夫其　亦其　想其　允夫
既乃　爰乃　爾乃　胡乃　若乃　乃者
則見　徒見　則有
然而　要例　如其　或　如若
固宜　宜乎
於是　由是　至於
而使　使其　俾得
蓋自　是蓋　蓋以　是其　是則　蓋以
以彼　彼夫
非是　爰有
所幸　所願　所由　所以
其時　於時　此則　既而
而後　如若　而此

遂使　遂乃　遂令
莫不　無不
迨今　迨者　曏者　昔者　昔之　昔李　繄昔　昔在
至於　至若
亦有　別有　爰有　士有　復有　復有　僕也　亦復
又如　又或　有如　如謂
而況　況乎　又況　何況　且也　且以　況夫　況乃　矧夫
無何　既而
迄今　往見
故皆　每逢
方將　方且
然後　厥後　迨乎
豈非　豈若
且夫　且使
是○也　徒觀夫　不然者　寧未若　夫豈知　吁嗟乎

誠知　爭奈
幾多　無限
誰見夫
縱　誰
非同　何用
誰令　焉用
遂使
且當　莫被
爭得　只因
胡為乎
無不　如何
須知　莫自
何　忽
倏　作

發語

誠知青律，吹南北以無殊；爭奈洪流，互東西而是隔。王棨江南春

幾多嫩綠，猶開玉樹之庭；無限飄紅，競落金蓮之地。又

誰見夫曉色東皋，處處農人之苦；夕陽南陌，家家蠶婦之愁。又

縱兆民如子，思更洽于放心；誰四海為家，情頗深于舊邑。王棨沛父老留漢高

非同不死之藥，當使長生；何用返魂之香，自從神化。康僚漢武重見李夫人

誰令嘒嘒之駐五馬而請使君之惡；焉用嘐嘐以獲一雉而恣大夫之歡。白敏中息夫人不言

遂使雲髻觸處，不吟紈扇之詩；樂府無人，更重望陵之引。黃滔漢宮人誦洞簫

且當顦顇，把芳酒以留歡；莫被薰風，吹片帆而便發。黃滔送君南浦

爭得枝瀾夏比翼，更同于越鳥；只應波上離群，便逐于飛鴻。又

胡為乎君處歌聲，我沉哭響。又

無不銷魂，為何攀園。又

須知赤帝江邊，兩心然火；莫自蒼梧岸曲，一去如雲。又

何誠精之所感，忽變化而如神。白行簡夫化為石

倏搖曳于紅泉，滿儻歸無作；離披于碧樹，淅息鳴蟬。王棨涼風至

幾家 誰家 本 若 試問 如延 似 物 竟無 空有 倚 非 或 雖 翻羲 卻起 也知 無奈 焉有 差教 方期 詎料 偶 但 都應 或者 偶羨 忍孤 還作 遂同

幾家。樓中。送目有池塘之景。誰家。林表。撩情惹草樹之姿。王棨 芙蓉峰

本。不蔓而不枝，恨人影放。若。無名而無夏。何代錯枝。又

試問。鄒生。豈似梁王之館。如延。孟子。何慙齊國之宮。王棨 白雪樓

似。從餘韻謝朓閒吟于晚雨。物。遺妙製劉琨長嘯于清霄。又

竟無。六律從當時紫府之清音。空有。一像是往日翠華之素蹟。鄭瀆 吹笛樓

倚。並遷鶯語。詩女名姬。非。乘駟馬。遊于鄉閭。李遠 題橋

或。載渴以載飢。未窮推忽。雖。衣無稱。終自悵惆。王棨 貧賦

翻羲畀。彼月先遁于清夜。卻起無女媧。電已度于晴霄。王棨 神女不過漢壇（潛弱改翻）

也。知鳳翥。鸞翔。不似衆仙之下。無。奈雲車。風馬。必經三日而騰驤。又

焉。有和知採樂府鍾鍇之物。差教。一旦廁侯門。臭擊之徒。黃滔 戴安道碎琴

方。期。奔走偕來。弄清風于玉殿。詎料。崛強自如。彰素節于金徽。又

偶。係逸火。特挑起草之灯。但。照波心。別隱懸梭之字。吳鎔 機雁字

都應。羈鼓君玉。帝紫薇舊主。或者。寶霓她子。織女前生。顧元熙 長庚星為李謫仙

偶羨。錦袍玉䅿。下界青琳。忍孤。玉宇瓊樓。諸天秋物。又

還作。長庚伴月。身歸淺沙之風。遂同。傳說乘箕。如滿塵而之謫。又

就令　正恐
豈其　莫是
安得　除非
偏　是
似　如
也知　翻怨
定須　會見
只諳　已老
明知　僭尔
豈詎　何毋
莫是　翻使
卻笑　不在
豈爲　相看
似尔　莫遣
最憐　枕把

就令花全作粲，枕留波面之痕；正恐葉易成陰，又換天涯之樹。又吳錦被春水綠

豈其爐燒錫墨，情天補後；莫是衣披玉如，神雨來時。又昆明池織女石

安得掛星槎到，風前八月之秋；除非飲犢人來，鏡碧一拳之瑤。又

偏指淺水，如孤蒼山。又春陰

似鼓薰風，欲播五絃之曲；如吹越雅，若開七月之圖。又鄭子吟律

也知祇鶴羈鳳人間，果如翻怨金風玉露天上秋清。又昆明池織女石

計二萬貯錢之數，定須下界債來；數三千桃實之年，會見銀河清淺。又

瑤池難到，空御殘劫之灰；銅掌未移，已感秋風之哀。又

明知墨濤，尚有待于添毫；僭尔形成，妙不嫌于失真。又謀筆成蠅

豈詎林泉瀟洒，揮塵無人；何毋山水清虛，超然失術。又

莫是生綃圖就，細數波濤；翻使放紙鏃好，賦時浮靄。又

卻笑盤中，空費章家之綠豆；不知教扇上，更黏盧氏之紅錫。又

豈秋香多，肯有快于役隱；相看癡絕，曾不可以後兆。又

似尔富生，因拈丹青之毫；莫遣招魂，重來黑白之嗟。又

最憐影抑萌蘆，八千里归誰家；枕把杯雨紅雨，二百年嫌古德樓。又蘭亭序

倚會　何來
尚勝　定無
喚起
不抵　好芳
早付　幸賜
比來　善似
休問　莫調
已逢　浮飄
幾多　大半
那不　何地
只怕　林寂
倚闌　如
閒幾時　蓋欸冀
渺不知　任
訴　問

倚。會。羣賢。緩步郊臨平野。會。何。來。走馬。一條行路乎鍊陽。又題扇齋
尚。勝。一龕灯火。同參彌勒之禪。定。無。五蒲團。薰未趁佗帆之便。又
喚。起。名花。傳來羯鼓。又羯鼓吹花
不。抵。付郵。杯。茗。移樽子
早付。幸慶之音。軟。燭。平安之字。又鏡破
比來。鄉。國。團團而明月入懷。差。似。墓。心。脈脈而清水去抱。又
休。問。懊儂之曲。莫。調。長恨之歌。又
已。逢。佳。織。浮。飄。相。思。又
幾。多。蕭。怨。大。半。淒迷。又米姜
那。不。勝。迴。何。地。目。極。又
只。怕。濃。記。葉。燭。拒。杯。濃。嗎。人。归。又
倚闌嬝于紅葉。十字分明。如題塔于青雲。一行諧。此　岑錯被服寺
閒幾時鍊秉燒金。採神奇于海外。萬妝集漢蘭沈芷。寄。怨。憂于江。郊。　張元幹　神仙尉
渺。不。知。其。何。之。數。經。翠。鳥。任所止而休。也。直到銀。漢。飽桂子。查女玉斗牛
訴。塵。世。之。衣。冠。何。來。天。上。問。主。人。之。雞。犬。底。事。雲。中。又

何以 歸而 四看 仰視 試問 逢 況當 傷閑 料應 縱使

何以賦君。一片嫦仙之石。歸而行彼。城都處士之星。又

四看城郭。游入虛無。仰觀星河。依然照臨。又

試問斗牛宮。雲錦之七襄多少。不逢星漢使。烟波之一葦誰杭。又

況當詞賦吟成。錯閒塵閣。傷心故人念別。一卧滄江。以下江左校士第

料應鳴鳳高翔。孫子更難抗手。縱使掌騷交睫。羣兇未敢攖鋒。

哉矣
爾然
矣之
可因
異如
成不
殊似
然似
矣然
矣焉
矣其
矣不
知能

虛韵

聖代而陽和煦物。元首明哉。　暮年而蒲柳傷秋。老夫耄矣。王粲沛父老留高祖

迷也化宮。周穆之遊園尔。　地非巫峽，楚襄之夢庭然。庾信漢武重見李夫人

若老子之騎牛。飄然遊矣。　數盈昭之返神。嘆而追之。宋言寂鴉鳴庭閣

想李公之雄魂。相併來矣。任秦王之利口，難學無因。　又

恍若有忘。顧物我以何異。悠然而遊。失形骸之所然。　王粲夢為魚

遂因神遊，解脫之質斯成。　謝覺形遷。物化之言信不。　又

腹上之松倒映。垂藤雜採。懷中之日翁明。銜珠積修。　又

贊碧山而出水，天然倚斜。漢而凌波醮似。　王粲芙蓉峰

氣遺俗。容見蜜峰，訝先生休矣。　視渊中郎捧檄，竟防使去不知然。　李達題桥

去不可逃，破咽僕之絕矣。　財無相救，覺屠嚴之花然。洋虛舟解紱閣

顏生負郭之田。有時竊矣。謝氏登山之屐。無所用焉。　洋虛舟行不由徑

恢游刃以有餘。神乎技矣。　豈求易而不得。人哉遇其。　黃滔僕華廣牛

大塊推掌。含牧饗以無知。　丁聊用解親閒儀人之行不。　王粲推大吳士

莫名其物。　蘇秦爾時。　吳錫族成逆移時識

若　之　如　似　並　其　也

之　于　邢　及　許　故　曰　不　勝　有　相　為　許　之　無

劇造化之靈。樞將使又如暘若。米歸昌之李律弦如雷以動之　又鄒子吹律

普後來之美利。導前古之唱和。又

千秋萬歲泰。郁滿和　又古鏡賦

恃方寸之無私。鑒秋毫其畢度。又

念勤業而頻存。感蘭閨之見御。又

鎔。有。點。金。妙。術。難。侔。大。冶。之。功。陶。冶。獵。石。人。求。能。識。神。通。之。妙。故。歐冶生水之堅鍊雲

乾所生娠于九壤。文成之。世坎在上則為雲。需在有。日。又

為。誑。傳文之長吉。此。鄒。何。如。時。獺密葉之嫦娥。懷歸豈。不。又廣寒宮

記未廣樂之聲。部。吟。相。似。未接癡仙之景。鶴。背。難。勝。又

清光脈脈。屈蟠之影依。然。碧落茫茫。香與之痕難。有。又月中伐桂

往時積雪融初。還是枝枝凍蕊。幾日好風吹動。依然玉碎金。樹。又

鑄。法庭之弓影成蛇。搖無。關。也。繼飛將之鍛痕沒石。而。寬。以。為。又劍池

有。如。此。劍。生平之知己無忘。當。歲。何。時。日月之譚馳如許。又吳季子挂劍

公。不。負。盡。毋。奪。人。所。好。也。乎。已。于。諾。夫。寔。其。玉。令。速。之。又

月曉雲迷。沒鏃不知其深淺。精吟雁落。鳴弦自震於靈無。又李廣射石

方盡　已也　之來　有　之也　之焉　也乎　吾未　許　未　應　更　之者　於　都矣

原非嘗預祈年。未獻瓊樓之除。生羨子房入道。相尋辟穀之加　又丸蓁烟村

回憶而溪野樹陰。紫氣依然。重來洞口花遮。白雲而已　又

欲問天闕引星辰而上也。氣吞雲夢。隱江湖而東之　又八月棧乘浮

人似萍蹤之宜合。而逝而來。幽花芝草之無根。佛將爭都　又金華園

接摩而傳大本根。數惟女在。傳合而為枝葉。留有分之　又

乾之寶而而永。是中易所省也。坎而交而渡。到滿五倍以乘之　又井冽寒泉

喜以根果之滿。厥惟靜以居焉。出同口流之口。此以質為貴也　又

無隱而自參真禪。屋如闕。爭有悟而冥。抗逆塵囂。惟悟至　又佛手相

當日殿前走馬。曾承天子呼來。吾素內外韓盧。初無先生何神。陶然李白　醉過醉實門

湖之果園之夢。知兒夢矣。詩之滿岸之情。惟嘆道中。又瀛壺風雪中。郎子背

儘堪從此于城南。直尋市地。何必分第于硯池。朋集郊廬　又

拾北睡遶秀居。林數覓句而句。奇誰之格是錯硯。墨落瀟然而然。更　又

最憐野老聲鬱。有失聲而哭焉。不任書出叩焉。餘先矣。都知之　又奉祥顏師

更說汗馬馳騁。大理獄長城。綏矣。隨此全牛割裂。小輯延半。厭要於　又

慶來祈俗觀軍。數十騎馳驟鋒鍔。奪日咽喉。亭地二三州。保陵戚都　又于初一身都是肥

無如 匆匆成急就之章。高尖迥絕。字字扶飛行之勢。纔上。翩如 又揮毫落紙如雲烟

可有 安得同坐之睹。庭也候。塵。幸來京夜之藏。象乎。塵。有。 又象有齒以焚其身

其 蓋行歲悱自嗟乎。而昨夜亦不詳知。 又五柳先生

須 春風桂葉枝之錢。海家傳衙舊雨傳行林之社。海友仰流。 又海流墨坑

可 得而歡俯。何慈俯而無劍。影作家看。猶笑而今不知。 又秋海浪聲

及 散序無悉。幸壽庥之怪狀存。秀木有心。乳橋桂之材沿及。 又安窮堂

之好 越風清于五夜。奇氣嘆成。歷冰雪于三冬。活搖屬的。

之以 淮舞氣節生。和輩。植之壞。知具有桂枝屬。天知下輿。以憂。以。 又

肯 如此把款之脈人及心驚。予以轉項之名。帝尤首肯。 又轉項拳

以 居然察察。聆日希而轉日黃。微究未明之。凡所由而視之以。 又加粲爛然

為 闡其聲如觀其形。得毋自誤。揣其未而病其本。亦隱何為。 又

有勢 回顧而蓬島俯如。一天別有。揮手而蓬城去也。雙鳳臺塵。 又桃核薰流揶山頂

非 分明將為義與神威凜凜。慷慨歌十六字。奇想非之。 又筆法行臣之耕田

其 帶劍原無據哈。引飽家有訛其 又

乎者 外戚受土田之錫。是可忍乎。深激遇為臣之歡。猶何為者。 又

兼 也之 自 有 者其 所 所 吾無 此 以 而 若之 者也 好及 然未

不是斗筲人。即可分兵農而戢擾。由來刀筆吏。誰能令將相而才兼。又 文東武西全
一技無工。非我能及也。兩端並執。治君所傳。知之。又
莫笑狂吳而外。將貫與同。須知秦漢以前。師資有自。又 武 贊 黃文正以春秋漢書摘
搖膺而豪情拔穩。知揚眉半房間生。若留而功邁於輪。想造膝原如是有。學江左校士采
方欣白屋青回。判無後知。何玉蟬歸秋老。户英雄知。又
尔日虎狼師大。笑李斯荒語。方將地年然火。錯天知趣。涌狀驚帝所。又
闖色鴻業。大漢炳其文字。四方騎隊。有用多歷奉行。又
遠嘆不順乎群工。到今直到。同姓有君長廣國。識我匹配。又
孝是天然膩態。手元全趣。精將大將湖山。坂鄉無去。又
祇我輩重臨勝迹。狀貌神筆佳拜。內何人塞斷洪流。不行拔難可以。又
條茲祥于堂北後花園。靡閣蒿。保富在于山南。松柏都。攀般雨
如廣漢鈞距精明。最宜善為政。知。耻馨次以耕桑條學。真有味乎其言之。又
宮門函箱金闕長青至方對。郡國積和。最公子孫其匹也。又
丹禁別開勝地。漢知繼美于三長。璇闈保有家流。何多傳才子八及。又
試兼湖州古之佳例。眾美洋然。侯巡付子穀以築利。易知才勝未。又

者　須兮　也　斯　者矣然

須之是以不其感以之香多兩而請以

一時之艷藻。曉新裁。兩岸已非。九日之芳罍重扣。依樣何須　又

惜當年舉案。姓名無傳。知論自古文人。知遇多以依附　又

壯絕塞千種之色。原知倚薄無多。分野人一旬之知。自作朴忠如是。又

語君而布帆送客。流也即須廷繞而玉劍融君。無知伽以　又

搖園而溯之。悵節。奉說而媚之陳不。又

果然鳳羽騰霄。翥乎天也。一任魚龍感浪。吹如風女　又

涅未馬氏倚義。元膝素此。但止鴻騰鳩杖。抗手而感。又

是真有兩必先。誰知不我賤。以　又

須知名。不定。無屋。生。依。物也。毋。念。後人。毋。渺。掬。如。助。多。之。又

比廣微絕群之論。逸趣惟多。有平子絕倒之思。清談盡。初　又

晉侯晉人絕倒。李乃玉妙。擬之王揚雅容。數語共加　又

漫說千卿何事。還須侯乎而　又

鳴以脂膏。怨作歸。而　又

仰群史于萬仞。空惋高矣美矣。參制度于三王天地。者誰建諸　又

種彼征玉者之瑞。道藏直劃然。布名宣木鐸之靈。天下原。聊以　又

然 似 其 乎 凡 也 然

果 固 所 甚 以 猶 有 也 不 既 与 与 相 其 与

但使尋兵間也。看我軍口共衛極。頓發支銷無從。笑亦粥腹撐持果。又

南徐遊俠鎮于南。北顧行銷名為北固。又

笑凡輩趨朝驚馬。學超僧越。同當時點素擊蟣。飄零何所。又

傳語恩。仇井底之陂安似。非道姓氏。水濱之閒居其。又

只道學傳東魯。文也於其。有誰。名葉西河。似。之。是。以。又

參乎前而不顧。左其存而無猶。又

君。真。於。此。耶。凡。師。亦。何。帝。之。有。又

孫。將。仙。乎。猶。是。物也。又

只道神仙黃白。樸術偏工。安知帝幕中。紅異人了不。又

實從極游龜之國。拜跪何物。更專向儀節之封。恩。榮無比。又

緋御乘車而我藏皇。相逢於許平生。況右祖臣而左手與。並立宮亦不與。又

男侶味於牛蟻。欲扰瞞眼。休於門左營營。洶洶宜與。又

遙羞同殺附和群相。又

吾意寧解罪如。今而知我如是也。於味品有同嗜。樣無待食不知其。又

不必惡乎不然。相與于無相與。又

兮 爲 乎 哉 亦 宜 已 些 耳 哉

胡 必 有 兹 矣 者 皆 爲 無 彼 其 焉 而 而 也

闻生廣莫之鄉。以形相祿。由入華胥之國。不知樂之樂。又

類與不類相爲類。謂是謂非。忘所不忘。乃謂意。毋意毋必。又

莫之爲而爲。固所有而有。又

變則能化。仙乎仙乎。生也有涯。如是如是。又

綜爲之凡十九。繫乎大哉。修玉學無學二三。思過半矣。

徑開而三益人來。道遠而一方知爲。

翩悽時遠賦中。池畫春生。爲下天帝宮下。祗神乎矣。

主賓如連理駢枝。中微心賞。心事合良辰美景而醉似如。

心法似知自。吳錄與。

九華壽腰。定知使往感召。而神風清。誠向仙高同彼。以下皆感舊抒懷抄

寫物而已。正覊遣也。又

典甚直兼路勤。校尉遠去蜮爲。又

休誇海國之奇勝。衣裳今昔。共向淦山而居勝。玉帛聯而。又

是亦與人同耳。返當傳我學而。又

何足道哉。伊可懷也。又

之　矣　所　有　若　自　及　欺

此以競於無而無而獨於之之自不及

赤滅送前。固当如此。
崖﨑盛之環瞎報似
言外之争奇鬥巧。挑剔天真。自然之花被水。底。那。害。心。競。
無欢虞震威矣。敢云麦罪贤。欤。
未免矜然言遠。且然竊恐人無。
得所譯所已而已而
微精自有。典實莫敵。
国有美而必彰。神采修倩阿娜。知取才之当富。環英直当事而。
更不待国师剑表。婉丽寛易之論。照後来言密郊君。倡。拙。遂。譔之稱
初寔而千畦暢遂祭協而一笑相於。
愼雨暘而旰。菩旱。橋。雜。而。務之。
秦膚功其何自。特目笑而稱之。
流韓秀穷。直灵有自。
古今相及。優劣何如。
大抵如此。無怀虎威。

之　是不　若之之乃

無忽非也諸於而爲本手乃者亦其無

汝言豈余需能。其才皆曠代所無。

豈出五。千。萬哉。道。拜。帝。知。想同。十。九。宮。之。神。宗。儀。象。

試而門于委大後導助手錯然。

然妄聽之何足算也。

周外而旗旌舞影。似徒往環之圓蓋。實中而旋法壁。月如承於水千方謝。

從知數水痴宮。道誡在是。嫦行往神掌海。疏於湘瀧。

映回琪樹暖花。先生節孤。亦到親盤蠣細。形異鋒而。

新道人濟未道。與爲其行不留。

那淺白陳珠青。楊柳千條。誰從那尉發。東梅花萬。南。

神明暢適。終路典乎。

其死帳魂何之。錦在任行乘乃。

在山其激而行之。此海有難爲水矣。

明遊郭集。力伴梅亦。

時曾僞乃。閑必此史。

至道本不矜不伐。特性更何有何無。

時僅遲曉色而隱約盼待光之未僅
何可休閑如何與娛聊爾
僥家去張塞復未文僥
自但執玉良之策何敢不罷料鍾傳說之冥如未有聞
凡於品畢等凡數琵琶概
罕積成歲月之多自為見聞之罕
罕吾見亦罕天禄無虛
也如青也明也清如盼如
於肆生律畔秀擷擷於
然不遂使潛通奧義一旦親然茫茫編輯書刻十年悔不
何徒餐古叢經之致術將為處胡獲之詞何
餘而於君王之十韻無愁大夫之大餘
曾呼之影去闕所未曾
芳君羡戲諧為餘銘要為
香院玉醉丁香珠窠玄院

斯　此　何　　乃　惟　　然　矣　對　也　所　之

亦　之　不　是　獨　而　亦　無　自　云　且　之　　在　餘

徒使飄零蕭條，筆冢寶手，波妙斜蔴殘碣，點搨荒苹秋草。
甘作知心遠莫致之。
我勞如何，不思容否。
綠蕪都滿田野而茁。
鳳尾書體，蠶頭古樸。
多師即是我師，行如草加，同筆妙取人意，則匪遠爾。
予文何而不惟，學為法而我亦。
已難復知，或猶勝于無。
咸知物推之帝鄉，那識化工之設耶。
何其感矣，書潮不已。
應從如妙，前亦聊且。
伊可懷也，何以酬之。
問夜復以何後，其諸太息之所，家攜行之自歸，極乎無極之惝。
作泣之兮何記，覺拙之兮安在。
莫名其妙，多奏不餘。

數何帳外烟雲來之以川無數。眼前滃霧。踏萬之風景。如何。

禪便同參彌勒之禪。未越傳帆之便。

羣之兩勝風也。於是乎融舉。一鼓睡足。將萋離乎見之。

私及情方寸之無私。顯秋毫其變矣。

看許分與業而類都盛鬌絲之多待。

前影獨去無前。宕逸所趨。

然似擁旌旗之飄之。異術森然。常河漢之道之。駢字宛似

動伊猛氣咆哮。雄心鬱佛

有無思覃九有。功在三無。

路何淀俗耳之筆。藝丈風肆好。助詩勝之鼓吹。於意云何。

紹揺之數篇編之為題。如瀾瓜合而新秋。

也之惟大文為尚質也。非大匠其孰能之。

矣之故蓋乃以象晶廿八列形惟肖矣。摘稽以象旧。三十而一以貫之。以下鮑桂星

及之苟非納膚之淵底。皇之若弗及。窮恐排闥之俊。廖畫之越去之。

遺以神珠一握。粹而是而靡遺。舞羽兩階服而荒其有以。

徑以識人气之鍾于前而後知天巨之北極兀北斗之中乎绳而移信周付之有以

造為蓋仰規乎天然而非假手人為

也緒苟見異而遷也，得有要而會諸

之驚三五而上之

焉不為精鶴侶，意有托而逃焉。与康家游，盖同于服不

美之閔不滅矣。又焉用乎

芳若伊帝也之德芳，豈天使之然歟，以下陈沅

輿亦僕也去彼虎兕，將守柙兮，衛与，豈有受人牛羊而求牧與，抑亦

成但信有易剩之術，不外思臧，毋誇相詐之能，致成棋但

不其我將去之，悟以官名服，不毋文害也，吾惟徒別稱其

非身須識應頑之捷，毋並生殺害言司牧之艱，従其従者

手不芳距撥乎軒于，豪争翹乎節邪

矣而究其在矣夫，豈遠而

若其種當春夏之初，雨後時若，芸在青耕之後，田其無失

去好漫穿地幾之滋，去不早去，雖有應附之屏好焉取好

堅以萬厥丰革。实好宗壓。俾彼甫田。俟乃俟以。
何不無日生則逸，生則逸。將立命以云何。我思古之人，古之人。向告勞而敢枉
也世赤子初生負質何其厚也。青田作去四思但覺茫然
乎不叩胸中之往業，富已多乎。閔悔後之工夫，爲之厭不
作爲就全革機成於。亦根抵史往之作。就使登高作賦，豈隨迷先暑之為
也而果不虧其質也，又何害乎。雖而
陵作清音之出谷。何必管弦謡静也以參禪，別有風致
空有淵器巉之失影，豊裡如其何突兀之怀奇，胸中若有
立為萄自立也，焉亦何之弗立，有不為也，而後可有為
也之自天子至于庶人，循本本也。由閫內達于四海，推而行之
中至見降可憂，惟爭目之方中，發憤忘食，不知老之將至
岬於念寸晷之堪珍，上聖學猶惜。吧思分陰之易擲，吾人據敢荒於
讀當雖升方丈之堂，千日而居。然不讓如珍，徑尺之璧，百回而亦自相當
孔雅紀之器，仰昔李周鈞弋之位，願希乎孔
未設鼓徵乎史，求多士以咸來，言遜于心，予一人其何敢又

矣活　斐而完用矣於今無吏呆焉

之狀應計悵不若其如乃止有竝相也

試看遠水無波，蓋三年于茲矣。何用狂瀾莫挽，障百川而東之。
泛乎以活，不如若狀。
虛其中以忘己，質爾人民，擴其量以同人，惟茲臣庶。
不敢貴乎異物，為諸侯憂，還須取彼帝矜，自天子訪
學美夫如切如磋，君子有斐，質完夫不雕不琢，壽士其惟
友道籌千金之惠，考以躬而我心同，片石之堅，敵之礡不
不比奉廷待款，軋鼓相以終完，非如盜石往減，嗟宋人之無莊
惟固志可與斟，金兮焉用，步雅守分，常如是玉人，斌溫其
仁人之利，漙兮君子之交，淡而
當好景以相探，陳嘉詞而進兮
匪今斯今，可止則止
公子賜無先生焉有
固知詩思清酣不徹，一行作吏，畢竟浯懷，跌宕憲宜，或立之監
梟妓遠而火嫉其擴充，肯來求則得而舍則失，倍蓰或相
生餘萷葉山木之說存焉，東任東西水流之勢斯也

爲希
相
然也
之者
也之
由
所
如矣
是財
矣之
然不
可
也於
其居
是由

敬長愛親孩提何關乎學習察倫明物聖哲不外此幾希
在至人之門猶從其厥惟敬乎率天下而路於異者乃有陳相
慶會歸乎〇〇皇極道若路然惇利戒乎尼山聖之時也
狀。求。力袪蔽塞。乃能冥心以求之。豈知象物離明斷無不學而能者
其學在誠意正心。弗明也則弗措也。是以如先天化日。皆見之而皆仰之。
見日邁月征之致。懷功崇業之由。蕩廷魁巍乎時行
其言納之。淵然守默以自全。成性存存。懷乎限教以作師。
息深達靈。仁義之言藹如。扶翼後學。道法之華美矣。
如孔庭垂儆儀之銘。鐘衛之謀於是。比衛賜陳福驕之戒。琢磨之詩如妙
如思慎夫無邪。一言蔽矣。擬歌陳夫不忮。終身誦之
闡自編侍三絕。聖人之學易有述。記從口授三緘。知其之失言亦不。
造他年行車周遊。應對褒刺周詳。役當年載寶後讀。安得聖心許耶
將示我以周行。見其進也。謂時中有捷徑。無乃過與
有不為而後有為。漫云其細已甚。所弗履然知所履。冀類相士以居
彼何人斯。所在國應如是。知天道也。論言雅大不由

他年披歷斯懷。於斯言也。古人涉冰履虎。此爲近之。
渺而難窺。主父無由而寤。知淵乎莫測。上官焉得而奪。諸
作者屬別部分。意殊旨殊。喜識緒之脈注。想入非非。
徹上徹下。易地皆然。傳信傳疑。含情無既。
引靈機于腕底暢所欲言助神妙于毫顛其斯之謂
上其監於存乎人者
如斯而已詎不其然
蔑以加焉無能名焉
其述爲快可謂仁之方也已好惡相遠是寫人之情也哉
休休焉取有利哉硁硁乎已莫知也
梅枝兩眉齊朗照應知月是前身。鶴歸而勝遠聞也。何患雲無所作。
任三年之有約觀面何須將一去而難留委心曷不
重其本也舉而措之
當農桑周歲之文保疆保以行政律有書之旨其慎其難
非乙居而申伸幾先暢達行子尊而丑紐義自相於

馬 也 自 兹 美 尔 多 將 厭

搖 彼 之 遲 故 之 初 回 共 美 昧 莫 嫌 搖

爰求柔桑。执懿筐而来。柔后彼硕女。坠嫩叶以猗猗。
待他日高柯远布。與且見共勤焉。看今朝弱干新。条方歌夫芄彼。
宏去数枝華之隍。大人造也。廓美大圣神之域。君子居之。
周共庭知幸门之有。昭带如也。將入室而未遑。
此耶壇紅藏杏。欒中之丝竹。秋新。况乎洋碧留前。庭外之絃歌而故
典重比商華夏。與文共在兹。流传到墨海旗沟。斯惟求而。
所由。。校泽庑隅。扶汉唐之盛氣。柳且人文勳風。驾舟鍋而上之。
姚故人之尚知。秋我好以惠而。
讵有雪鸞之鸳。手如只之。自情日隆锋。紙自来河之
赤苇从此之地。湖其偏多。芳祥望幸之辰。韶光与共。
难擎擎物。几像气与留将。促的风流。一字序述而著。
差腾去年惟悼。鸦丘翠翠。秋勤友到安经缔。蓦声似昨。
倚榴徘徊。寻思李英。
最有趣之斜之。青其不厭。很写枝之叶茨。更何嫌。
天光淡沱风景先搖

看红树于千鹰村。伊人宛在。听寒砧于九月。秋思何如。
怀人湘滨。白云之咏望云何。驻马长安。流水之光阴若此。
寥寥古木之乡。写来萧臣。既首象寥之句。岑到降何。
团来一片浩降。春降羁愁。写出无边丝斜。人宜为秋。
从来粉撒虚空。九霄无际。省识丹成游戏。大时能还。
试令仙家输来。蓍龟可截。料理降仓储阅。缟鹤同还。
溯三百篇之钜制。源自无殊。以十二幕之笺迹。信何中庸。
试内或丹或黑。军家之烜赫何存。但看蝶蝶蝗蝗。霸业之纷争孰为。
襄古逦沩江使。楚之之梦境皆真。甚矣哉是用。齐国之方言有如。
可称当代家篇。不愧古之作也。以下能成妙
隐之乎声隆思而往矣。浮之乎陵众体而节之
如开连理之花。标来翔而落韵之。成之瑕随彼颠于。
权作农髡。试拟微乎道德。谢他凡鸟。何烦载情降矣
琳瘦陵之欧阳。老夔州之杜甫。
当开编而析义。神怡偏多。苟下笔而为文。神来若有

吕　云　其也　也　然也　也　其　如

相與家盧仝傾七椀而之霏玉屑者接子胥袁六后而翁協金相
然声沸丁蒿世外之萬邑似昔廿回乍榻枕中之琴筑依然
曰枝寄道换衍旨多可証詩云祭品犧尊清酌帷陈谒曰
猶雲房月構之内天光淡沱棋局琴激而外餘音袅枕
兮度守土之臣。孰是能安刘知笑拔山之勇奈何悽嘆虞兮
兮威海内而歸故鄉。属詞何其壮也。念閭里而蠲租賦。阜財令袁重邦
之未為計之得也安能坐而治之
若会見功成不日疆宇晏然行將圖繪凌云丹青炳若
之九姓敉園行佇撒而定也南川门户詩借箸而筹之
之未若善也謀解禦之
賴發軔向融税之域乘傳式憑前車循黄帝之方成功攸賴
不惟聖主兆行南國。率土偕和。藉使吕武無南郊莫不。
其豈同居秩爽階惡夫侮者拯見会同周道極已歸大
許共仰。。鴻昭建極。蓋已罡內咸如宋暗瞬拜供。。后言許
太和平入泰如节豆协乎八音。柔順同和如奚命叙乎六太。

將以
之又
也乎
乎所
乎爲也
而也
油惟
斜晴
所
厥惟
惟幾

滄葦萃之淵藪，車服匡範亦昨。拜藻於手光，知車服庸以
可是五野陰命福優縕之不娟の壓迎守宝。入入文
其淵可立而待也。所造它有異於昨乎。
知有度之惟良無一夫之失所
騰凋於掌若夙摑示於昨乎忠牧，望膝盈此，謀於禎乎
遐哉勿可及乎，煥乎其有文也
為淵而高十八傑其禘而願其陟守三千紀於善也
五百年道顧見知今昭昭黯為而属之以十六字心傳久執而危微精一而惕
以惟
皈無鮮甲之訊其人則遠涉鮮波濤之險陟福地崙
兹奏而備爰日我斯
安平甍梅作相。啟乃男心。當斜技鈕盛供。獻于王斯
相期於棟先華成功告厥，作是相岡墓華吉士。其惟
華一代之英才彥之玉立均九州之貢，賦上上。田惟
滋芳績勵群后。有鍾離之鄰賜吉僅特能見也。非陸續之見哉

宅徒十倍。收声價于人間。直可三熏。上封禾于幸訪。
此去賸先片玉品重溫共。犹看留纂重簾鉤。無押不。
雖去夏册言葬。列邊編而炳若。宅坐冰壺玉尺。喻清節之昭然。
惟出入必知共鄉母月始迴傳進退以失訪擬將風馬之
啟必以時。任往來與來去。守仍不懈。恐朝於而夕於。
誰司管鑰啟索信而出共。用固封疆宅域良而不喻
問衛氣之難。名乃服膺之方。如
遙憶楓于僕室勤日日。發華于茵然
得有未曾共然。夫宅
斷金下同心之驅。合和巨執與於如。倚蓋宇一面之交。非共人焉納何敢。
必曰此中區側垂人誰向共日然傳之訪然。如雖大造示形共無語
不為而形有為無形共訪不形
垂人不可勝用。準繩繼之。大匠善于誨人規矩亦必
共聰月搭調鉤帽群生而常。遙望天門而知來善處以于和
鄰封之壞搖犬。知約束推算。比屋而歌典藝樓。奚自揄揚。

也之尊美利于農桑。此其大畧也。統神州而衣被，寓曰小補之

自護深根于曲隰。与日俱长。騁逸韵于疏篁。知風之自。

自枝柯不改。定知薛荔之常存。莫篠同林。婷作〇〇。栽培之有自。

嗉求仁而不固修途。懐微之于廣肆。覆埋而枝思長城。道王道于冀嚟。

頡然貢於人甚。物產雖登。而降于天者。葦蔭無頹。

訝毋同征蜀之伏波。無效伐吴之杜預。

豸擬王臣之蹇蹇。立節砥礪撫鱗。欣髭士之峨冠。揉園庭哉有分。

者之有以文為貴者。假然望而畏之。

与非如衆凝之争趨。不礙中流之竟与。

同過剡為檣。方幸罪恨底續入五紀化。忠椎潰水任闕。

殊自鵲鴒飛而不過。知地氣之有殊。彩龍馬負以呈圖。識降康之有自。

為不蛙以就將當境。常多起而力為。從義玩悄然。混已再來兮所不。

益跨之音於三徑。鳴盛和声。劲策力於羣賢。集思广益。

溪寫風流之韵致。思入玲瓏。折壽境于滄溟。神游汗漫。

遺訳懐羣芳之競吐。藻以相遺。值萬木之俱凋。丸之吾然。

足邑若成鼻刻印。羊武徑以四駛。祖閩石建上书。高亮閩共一足。
當綜於一原。儼天樞之默運。當卡三十管地數之相當
其所例以占卦。拱北辰而居動。擬詩演策。待大衍之虛於
也欽東鄰於菊。無怀氏之民歟。非羲皇先生何许人也。
只共閱且霏玉。桴雅弦于溫也。便如穿珠。美傳秀于業只。
乃解須識大官大邑。無有解有不解。此為一詠一觴。無可無不可
加擬光啟皇圖。邑常情之可擬。祥開帝運。而玉佐之無加。
斯此非前頼更知。未遑多讓。試證詩人之作。何以加前。
至奇底歸未激。何由叢家成適。雖友萼迭自多。証此一夢已足。
夫矣為古今上下所共由。是誠美矣。經男善稱多而益入。不爲善夫
也孫試看為綱為紀。赤城之瀰漫何孫。回思直墨直朱。李地之變更已甚。
於自變化無方。丹赤必因夫藏知。所承有自。青藍且見其深於
休所無一夫不獲其所。俾四方怫乃之休
昨碧樹之翠華若此。岁又經秋。多灯之況味依然。今秋惶昨。
斷看一片承平之奏。宜頌直風。比千秋傑出之材。能樣斷

了又萸知周夢文琴原皆了了。何必莊襟老帶，別作如夢
多是張何理會。須知物我無多。從此敗役，其道當前即是。
乎已將兩來而徒往，不直若乎須。日日何已，于彼人外，妙而已
適雖愛必捐，會逢其適
雖鳧　刊旅徽夫子也。安有為雖
矣該道彼雖亦。自覺親接，具備。敦吾風趣。無難本末兼該
乎雖赫斯燦，其為寶也幾何矣。不參匿傲，抑先覺其是賢乎
尚銷吳偉芸之利，鑄自盛陽刊成前後之銘，愛之呂為
無太岂貫星槎而直上。先動斗牛，或棄綈袍而降也。靈鍾岂太
自恨此君為解圍佗。一日難無。顧羽雪同，剛高標如風之自
僅一飯而百世難忘。此如刺千秋亦僅
將此時游刃有餘。夙戚臣勤，嗟昔范金和訒，治羅于將
庶海已蓍乎。要成治更加于富庶
哉將治風于立悟，庫祀從將。誰知徙往身之力田，孝弟代有難哉
皆鳴琴自責，飲任孔皆

事

妙

奈

多

皆　孔穎時異，風事。而複易地，則皆。

未　算尔日神遊郭外，一瑣如妙。計此時春到江南，二分秋未。

亦　笑伊勤相絲枕，荷之往憐夫花外，為感河陽風雪，年之高卧夫言亦。

曰　能保其社稷祿位，福也何因，以保我子孫黎民，有韶尚曰。

自　上治不治。將老氏之微言，日新又新，契湯盤之銘曰。

枕　但執王良之策，何敵不摧，料僅特從之節，其來有自。

將　才亦乎棫樸菁莪，志屋非奈，若別乎梓桐棫樸，功實不猺。

粵　既耕既耨，亦敦亦將。

猺　羽干來舞乎庭階，玉帛會同乎荊粵。

偏　豈次音之或闕，實其德之不猺。

莫　鬼起息和，趁風光之不定，作言作行，經地勢之多偏。

感　祇蓬心之疼，蔵根化社風，它乾漿之飄零，野岸之莫。

猺　仰○○無為之漢，絵勝雅奏于韶咸

罕　迴不人猺

婦修合撤，積成歲月之多，廣守其身，自西見聞之罕。

即矣然劳然之以及之 哉
兹之不在此者为请共乃惟此为于乃

如游群玉之山，不数神灵于鄉邨；似织兜罗之锦，漫拾珍异于龍藏。
纤柔挺秀，大夫常以其知，侯鸣我国，宗礼宗直。
自有五千年宗，李桂馥以后，然后初八方孙宠，思存身而莫不。
以一福祝，加修持人之援，然何劳，以五斗米折腰，假友之生平者在。
君子必修能修，无适不然。古人于赏风尘，其情若此。
用世居之直之福，共大古远古
桑植成都，子弟之后，生有此蔓来蜀地。神仙之幻术实为
更无成古怀归，侯微小及，恨料想而止，渴，好比极端
后移继连于古，坐瞩色初，然前挂已联于亭台，寿尧与共。
故与歌风并峙，工则度之，信为不可而成其美也。
一时一瑞，载祥载福。
灌之若如时而鞠之之不以
为余惜其付劳，服之无数，惟若佩之可贵，敬又改之。
试看古往之画，恐然罪之，遂见在庭之鹭，未也于和。
作殿堂中真之主，元首明哉，开蒙世之学之先，圣心励乃。

詩云能者此何之花矣厥也

欽又以啻有而以爲可在不屬之而而

欲成康夏。良材宜早求諸。將來有秋。嘉種必先播厥。

孝祥視履。好已協于星從。明亦情思。斟夏期于日也。

之志作而行舊穀。夫子之云。內宗順而外勿侮。用之且以。

如臨如履。君子剛金恭敬肅。不勉不思。至誠剛浩無以尚。

淡我其于咏。於是斟乎何有。

川上逝時。絕無滯于逝者。倉原歌厥。会心正不遠也。

謙虛且銳。微尺寸其誼為。清者無塵。戒慎王其勿以。

銳抵西人。軒帝之用心若此。從役犯無良土奉庭之無恨異也。

將使銳治四海。西宝幾何。次其鋸十秋。前功棄耶。

綠萌數而大生。廣取費四時而全生祥也。

采平陸以用其臣之直。以徒我生。以當其稱不稿也。

卜年卜世。厥基永守于仲虺。多士多方。石静無慚于建屬。

之美而五者並知。樂無靡而一以貫之。

千暵之斟雨過時。種植播厥。五畝之濃陰沃若。寶豈遠而。

知太璞之狀貌。重之播璞如也。更學尹之用建者。以攫英字也。

何以向牝立秋行之概，宜也如何。合存誠主敬之功，宜乎無以
也之農服精而秋成。將有待也。樹既同而乃至，我其收之。
妙乃不昰日行西陸。各稍已旅求妙。正當時秩南訛。鐵鑄還敷揚乃
向年真可倒。剛陽曲而董迫。日冕再中。岁回光于葵向。
詩牝三日而經地道。一念切屆詩。一句而都可如三才爽絶牝。
相植上詩照為有排故未就。沈吟夫義，忽聞兌雨疑相
就然排無韻之韻。乃自然而然。
者之若夫釋所當然，要何為乎。偽狀新華未定。王制攝之。

豆 添 換 風 動 聲 劍 軍 驟 鴻 進 管 心 益

錫 寂 晉 瑤 騰 旅 稜 凱 庚 鮑 拓 栩 脈 皮

儷字

御笑盤中。空費韋家之綠璽。不裁扇上。虛黏盧氏之紅鷁。吳鉤秋樣華成幔

莫是生綃圖就。細穀對添。細嚼故紙鎖餘。幾時得寂。又

寫道士之往。鵝經可換。學夫人之椰花。不勝籍。又 王右軍書蘭亭序

題何路旁之碑。鞠鸞舞鳳。篆出廣寒之橋。錢雪飛瓊。殷元照之意空

上倚盾嶷。若負嵎而不動。俠臨絕壑。詩飲劍而時騰。又 劍池

寧庠為伽。無山鬼而累鷲。峭石千尋。肯輕犯而雅源。又

虎氣深藏。化延津之劍。驪淵正睡。幻成雷澤之梭。又 梭化為龍

堂之鉦鼓。之旗方舛之軍。蛇之郭台。表獻太師之凱。鮑桂星 假作雲台

愛封果之登般。真難李之土庚。陳沅擬康作小園

似尤畏于謝鴻。得莫爭半臆。鮑又擬鮑照舞鶴

豈若如瓶守口。無虞乎駟馬之追。正猶執玉祇郎。祇惧夫青蠅之玷。方牆三復 白圭

何須十樣蠻箋。多輸隋管。比好一奩暖玉。故步文秋。林名有詩牌

凡番錯綜。乃閉角而鉤心。一氣貫穿。還閉胸而達腕。又

共賦。〇〇楓陛之光華。飛梟焚益。詎比秋陵之唱和。酬漆膚皮。又

瑀 植 旻 求 声 如 商 場 懸 工 陈 秋 遣 退 征

隸 衛 弁 揣 導 尊 飣 飲 駐 鮮 匿 諸 趣 穗 轂

籍之才拙同乎瑀奚之拙遂改為隸
新條手植别署所衛以下陶生
凄霄有藥。應逢匿諸之罪。射月無弓。猶笑英雄之弁。
禮備秦祭之禮。而用他私。書參筆妙之文。不勞懸揣。
無分服蓬山之表。擣藥箸以自声。何人披舊塾之深。引而而東導。以下江左孫士宗
古文河右祝伏生之咸墾何民樂府多才同揣國之女車推尊
芸房宝具斟非往日之宫商蓬嶠方壺孰覔推家之藥飣
餘声不以重游而飲酒之揚蒼煙黑優終古墓异仍之飲
無遺烽火悅一桁之朱雀只懸於此江山情三峽之翠華未駐
丙夜狂吟東閣才人例得詩之怨好協談南華筆相而初典鮮
寡夜從軍詩史猶看廊廡金陈甚情绝念孤臣同守寄虏服匿
莫教雲葉共存漫剩于三秋傳任攏肆何有封糕之再諸
誰知一丈高新佳日而使君穉遣命有双祥表道下風而是子争趣
九野風中之勢四仞難退比五華城下之樓新巢更穗
尚友天下士須從萬里而來征萬作老儒生生抱一編而不轂

合源伶絕筆軟肖贏戈蚓車甕降著涸

投愔愷癥癥黠黠轟轃轟轃琚聦驛營

黠蟬未自與琴中。子等已成隙合。燕雀安知鴻鵠志。我今莫誤珠投。

能使征西折節。甚逢深源。翻於盲左塲癖。同之愔。

未必天生酒癖。厭以夜達之劉伶。漫為摘紙錢怒。等豪華之王愷。

丹樓兩語之口占。是爾色絲成絕。孟亨一厨而羽化。真同顏字祇癥。

河橋倩神。未覓伯還為筆。一厨何去。將無夢亦成癥。

草書應妙。筆折因張旭之軟。李椽何饞。擬算吳王戒之黠。

本爾虎形俱肖。自成絕頂之聰明。以何蟬翼霜形。誤作絕無之詐黠。

微蟲之葉枝排除。直似不殊螺贏。前馬之深心孰後。同嘴豈飛黃轟。

豈其臣名蛾蟲。尚營心于戴甲蔣戈。只今人肪蠛蠓。狀實於手持銜伏轃。

由來蜘蛛相依。紛紛等不泉之蜩。莫是蝦蟆善鬪。奔同上灶之轟。

想爾日爪牙豈悖。不嫌重有之回車。故彼脊精聲云亡。終見防風之橫轃。

由來名勝長留。重鎖鎔于金陵鐵甕。鴨為職辟大殺。好樓題于玉珮環琚。

從為華胄遙遙。自天福降不以太師藉藉。惟石見聦。

勝上困為室上客。還烟傍著而養。前車驛。即後有師不負兼金以驛。

即今嚴道銅山。大爐瓜涸。除是鄧卒金穴掘地為營。

陵　海　絲　乘　手　心　有　逢　張　華　知　虛　酬　俱　遷

校　皋　縣　元　屠　長　積　趙　殄　蓊　賀　破　破　冰　蹄

無翼而翔，斯馬俄驚于刺腹。不脛而走，千夫自震于銜枚。
從劉歆出責太常，直謫諮之方洞海。而司馬檄付巴蜀，若陂陀之收神皋。
值張敖王深之吏。蘇秦縱而成。雷田雲液之門，若封縣之。
劇周霸者誅之秘，不忘咸宜。設武安一拜之爭，何爍氣元。
料孤鳴鳳高翔。倅子更難抗手。縱使宰殿交騰，群兇未敢槎身。
蓋將領坐金石，素兒猴呂更之心。究之之憚來霜，天子患奉者之長。
那有鄰人，探窟而撓仍有。斟無奉相，停軒而內王積。
不圖夷數之相逢，方妻爭謀之兗趙
怒氣方張，仵風未殄
生對援附，儻新賢于彩筆。進持玉節，方保施于胸膺
迴異所係，體貴。行人多問姓而知。善同隋帝驛。出佛女亦登臺而賀
偶然。持同執御，一旬波虛。後閱人悅，葉葉千金屢破。
威遍。易同許墨。曾持鋼劍以相酬。任教劫換僑劫。長其金甌而不破。
貴枝葉而閱時不改。激氣與俱出山河，而大地增壽。國規新涉以下餘賦抄
詎易壞于經時。荔同驛遞。豈弗良于邊地。積款淮蹄。

更　僧　窗悠尔欲玉印。鏤錯難更。依然莫莫金甌。背城誰僧。

貫　澆　果然滿腹精神。源流畢貫。鄉吳枯腸搜索。硯墨待澆。

徽　照　未定禱膝東里。東樹桑開飲之記。負師誠感西周。輝扬未偃来一照。

宣　闕　行見金甌枝下。。從草黄寶。死往玉留班聯。橫花紅闕。

朱　鳥　能協和平。城鳥聲手奏和諧同維樂。義聆朱之生鳥。

仲　師　民於萌也。望于帝而求仲。政不亞焉。定秉王之言師。

音　道　德音秩秩之休。群生惠寿。敷政優優之美。百祿是遒。

心　徇　周家紀正月之如月令著先蠶之徇

本　鄉　勿以履軒數駕。鸞嚮哉奉躁之和。何妨抵璧捐金。敦被質珍之鄉。

雲　浣　笑倒甕中喜和。此物何愚。為呼帳下健兒。汝曹休浣。

倫　今　無量珍物。然不本寶之西倫。張棚得菊卻對元堂之右今。

蟻　稀　既謀高而樣人。利穀之行同磨蟻。方執臍而載牽。司原之幾家有封稀。

瘡　引　西大渚棋疎觴。輕紈之映日無瘡。德來野水之鴉。赤穀之牽風徐引。

刻　粉　影浸梅花。前度霜鐮乍刻。白分蘆影。几時冰碓初粉。

飯　匙　孤山放鶴為呼。人和攤飯。滿岸騎驢去也。家玉挑匙。

貴昂　賣貨物來。拱璧之珍同貴。豪門市告。萬金之價非昂。

綴昂　惜若紅之葉，映與璣。丹青照綴。凡離勢之飛揚，振動氣象軒昂。

酣諫　若指法春于酒局。任我無蹤。如根據辭之蔽更。何論碑誄。

碑寫　誤祇務于驊騮。往載以碑。物宜相平衡用。澤如心寫。

行舞　先生得也。不拘拘以。隨。行。喜子來和。依然氣。無句。舞。

水雲　不同何禊之詩人。觴流曲水也。傲淡泊之懷士。台現青雲

秋羨　豈果矣盈白水。猶若蠹柿。寬同仰視青穹。鳥飛往羨

爰〇〇以〇〇
遂〇〇而〇〇
〇〇〇〇〇〇未備於〇〇
〇〇〇〇〇先措於〇〇
是〇也
倘入〇〇亦〇〇〇〇〇之〇
縱執〇〇也〇〇〇〇〇之〇
奉為〇〇〇〇之〇
正是〇〇〇〇之〇
便甚
〇不〇敢〇〇
〇早〇〇於〇〇
則〇〇〇
自〇〇〇
而乃
歎〇〇未〇〇〇後〇〇
在〇〇〇早〇〇〇故〇〇〇
爰〇〇言〇〇〇　歎〇〇〇〇條〇〇
歐〇〇為〇〇〇〇之〇
料有〇〇素〇〇〇〇素〇
故是〇〇〇非〇也
原〇〇而〇〇

誰謂
誠知
爭奈
猶〇〇〇〇之〇
就〇〇〇〇之〇
昔日　竟無〇〇條
當年　寧有〇〇是
昨日
此時
庶表
那無
雖　歎　既　既
詎　傲　又　因
初疑　固知
又若　何必
如從
若自

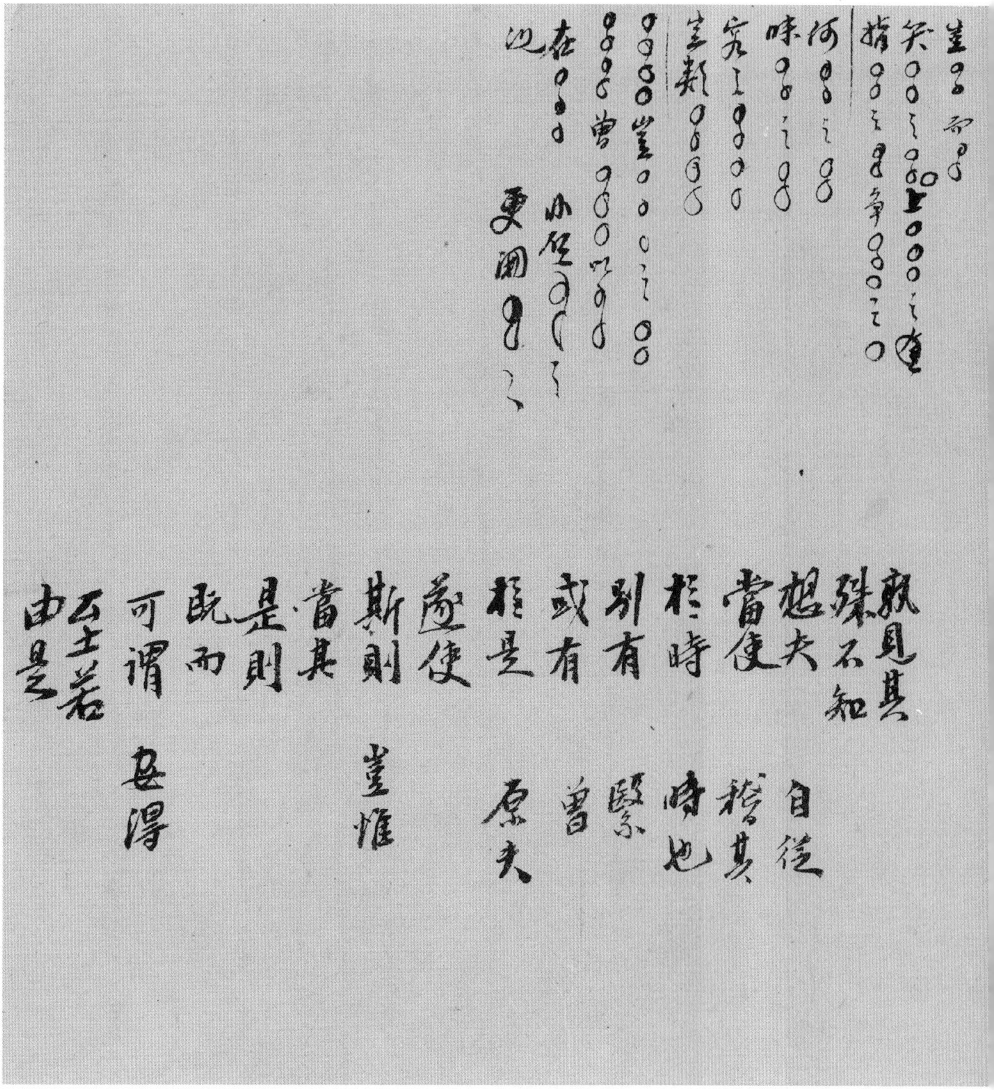

執見其
殊不知
想夫 自從
當使 稽其
於時 時也
別有 緊
或有 曾
於是 原夫
遂使
斯則 崖雅
當其
是則
既而
可謂 安得
至若
由是

漢碑徵經補

漢碑徵經補

書

虞夏書

衡方碑少以文塞長以欽明

堯典　欽明文思安安　碑思作塞

此令文尚書説後漢書馮衍第五倫陳寵傳注引尚書考靈燿俱作文塞郅惲傳塞晏之化注引考燿靈云道德純備謂之塞詩言其心塞淵毛傳塞

實也與鄭注可互證魏受禪表欽明文塞義同

樊毅復華下民租田口算碑縣竹江堰碑唐廣被四表

唐扶頌德被四表　又追惟堯德廣彼之恩

光被四表

廣彼即廣被亦即光被魏上尊號表即與今合用假

借字也

華嶽廟碑犂民時雍　張平子碑黎民時雝

黎民於變時雍

犂民即黎民漢碑黎陽多假作犂陽孔宙碑於下

時靡雍雝廱古通用孫淵如云卞即弁之俗字下

音近變故得通也

北海相景君銘辨秩東作

平秩平東作

周禮馮相氏引書鄭注作辨秩東作史記索隱曰大

傳平為辨是也

王君廟門斷碑庶績咸喜

庶績咸熙

揚雄劇秦美新亦作喜正與碑同

陳球後碑口升大鹿　封燕然山銘納于大麓

舜典納於大麓

銘上云寅亮聖皇登翼王室是以大麓為大録三公之位魏受禪表書納陳于大鹿又遵大鹿之遺訓皆與陳碑義同此亦令文說鹿麓通用

華嶽廟碑辯於羣神

徧正於羣神

按徧為正字然史記本紀作辯又引作辯與此作辯並假借字左氏傳云子言辯舍爵亦假徧作辯

華山廟碑五歲壹𢔩守
五載一巡狩
壹與一同作五歲與史記五帝紀合
督郵班碑潻遠而邇
柔遠能邇
郭是碑柔遐能邇遐亦遠也
張納碑乃訓五品敬敷在寬　孔宙碑祗傅五教
五品不遜敬敷五教在寬
遜訓古通用訓順也漢書鄧禹傳引亦作訓史記本

紀作馴索隱曰史記馴字徐廣皆讀曰訓是也宙碑

敷作傅古蓋通用漢書文紀顔注曰傅讀曰敷可證

衡方碑維明維允

惟明克允

郭旻碑夙夜惟寅

夙夜惟寅

按今本與衡方碑所引合此隸體之變類篇以寅爲

寅之古文似非

衡方碑能哲能惠

皋陶謨　能哲而惠

華嶽廟碑鳥獸率儛鳳皇來儀

益稷百獸率舞又鳳皇來儀

無極山碑楊越之槐口條蕩

禹貢瑤琨篠簜又杶榦栝柏

按槐下必是榦字條即篠之省

無極山碑終南之敦物

終南敦物

開母廟石闕銘九山甄旅

九山刋旅

隨山刋旅木說文引作栞木云栞槎識也史記本紀刋作表謂削木以爲識所以表道也此作甄者文選光武紀述贊注引尚書緯鄭注又西征賦注並云甄表也是亦用今文爲說與本紀說文義同

商書

唐扶頌優賢颾歷　袁良碑優䝨之寵於斯盛矣

盤庚心腹腎腸歷告爾百姓於朕志

此碑用今文說也考古文則歷字當下屬今文夏侯

國語

魯語

三公山碑馬餼稂莠

馬餼不過稂莠　注稂童粱

說文有稂無粮今據碑文則漢時已有粮字稂秀禾采生而不成者之稱魯語作莠恐非

周語

白石神君碑故天無伏陰地無鱻陽水無沈氣火無宎燀
時無逆數物無害生
天無伏陰地無散陽水無沈氣火無宎燀時無逆數物無
害生
碑散作鱻鱻即鮮亦即散也文選景福殿賦李注引
作宎燀作炎燀今得此碑知選注乃後人所改矣
鄭語
張平子碑遷太史令實掌重黎厤祀之度亦能焞燿
敦大天明地德光照有漢　祝睦碑湻燿天地

說作優賢颺歷與古文異詳孫疏

周書

孔彪碑無偏無黨遵王之素洪範遵王之路

范式碑徽柔懿恭無逸徽柔懿恭

尚書殘碑恭作共或用假借字也

靈臺碑日稷不夏

至於日中昃不遑暇食

稷即昃夏同暇多方須暇之子孫鄭注夏之言假蓋
鄭以暇作夏可證

詩

國風

衡方碑樂只君子

樂只君子

張遷碑蔽沛甘棠樹　魏元丕碑蔽芾其縱

召南蔽芾甘棠

蔽與蔽同沛與芾同

衡方碑褘隋在公　費鳳别碑逶蛇之節自公之操　王政王碑逶虵允口　張表碑委虵公門　司馬季德碑委虵其德　侯成碑委虵衡門　任伯嗣碑衢路委虵　唐扶頌在朝逶隨　劉熊碑卷舒逶遁　逢盛碑當遂委蔿迆

委蛇委蛇

釋文韓詩作逶迤　王伯厚詩考載韓詩外傳又作禕隋此惟衡方如此作與韓詩合餘則皆四家異文也

鄭季宣碑夙夜在公　張納碑夙宵在公　孫根碑日宵

在公

夙夜扗公

張表碑實命不同

寔命不同

毛作寔此作實蓋本韓詩見釋文

北海相景君銘天寔為之

邶風　天實為之

堯廟碑赫如屋赭

邶秦風　赫如渥赭

白石神君碑卜云其吉終然允臧

鄘風　卜云其吉終焉允臧

與唐石經宋本合今詩作終焉誤詳阮氏校勘記宋書樂志晉荀勖隆化樂歌三朝習吉終然允臧可爲

焉古作然之證

都鄉正衛彈碑梵梵黍稷

鄘風　芃芃其黍麥　芃芃黍苗

平輿令薛君碑永矢不愃

衛風　永矢弗諼

費鳳別碑倏倏歌桼離

王　彼黍離離又悠悠蒼天

楊震碑恂美且仁

鄭　洵美且仁

費鳳別碑褰裳而涉洧道阻而且長

褰裳涉洧　秦風　道阻且長

費鳳別碑黃鳥集於楚惴惴之臨穴　西狹頌惴惴其慄

秦風　交交黃鳥止於楚　臨其穴惴惴其栗

惴即惴字但碑文皆五言故引詩各增語助

議郎元賓碑殲我良人夏承碑𢧵此良人

殲我良人

平輿令薛君碑如可贖也人百其身

如可贖兮人百其身

嚴發碑西遲衡門

邶衛風衡門之下可以栖遲補

說文西鳥在巢上象形日在西方而鳥西故因以為東西之西是其義也李翊夫人碑棲遟不就

婁壽碑徲遟衡門孔彪碑餘暇徲遟縈陽令

楊君碑漽泥樂志竝可證棲遲之義

孔宙碑稱彼光觥

豳風稱彼兕觥

釋文兕本或作光卷耳釋文兕字又作兕呂覽精通篇養由基射光中石乃飲羽誠乎光也今據此碑則作光為正作光作兕皆微異

白石神君碑萬壽無畺

萬壽無疆

三公山碑出從幽谷遷于喬木

小雅 出自幽谷遷於喬木

袁良碑僊脩城之䰟亦假遷作僊此即其例

三公山碑羣犁百姓

羣黎百姓

靈臺碑匪皇啟居

不遑啟居

楊著碑頎甫班爵孫根碑圻甫考績

圻父予王之爪牙

譙敏碑昊天不惠 逢盛碑顥天不惠降此大戾

昊天不惠降此大戾

孔彪碑先民是程

先民是程

高彪碑獄犾生㞢

宜岸宜獄

釋文岸韓詩作犴云鄉亭之繫曰犴朝廷曰獄此作

犾者犴或體也

華嶽廟碑惟風及雨

維風及雨

平都相蔣君碑蓼蓼者儀
蓼蓼者莪
儀莪皆從我得聲故衡方孔耽魯峻三碑並引作儀
惟魯碑作義此其證
張納碑杼軸其空　張壽碑杼軸罄殫
杼柚其空
釋文柚本又作軸方言東齊土作謂之杼木作謂
之柚此碑作軸與箋意正合
三山公碑或耘或芓

或耘或耔

三山公碑以穀士女

以穀我士女

唐公房碑去其螟蟦

去其螟螣

釋文云螣說文作蟘與此碑同今本說文作蟘引詩

亦作蟘蟦蟦字同

竹邑相張君碑蛑賊不起

及其蟊賊

說文蛑為蟊之古文詩作蟊則隸省也

無極山碑興雨（雲）祁祁

興雨祁祁

此與班書食貨志及呂氏春秋韓詩外傳合

唐扶頌受天之怙

受天之祜

隸辨曰碑蓋借怙為祜考之靈臺碑亯大祭兮上來

多怙亦假怙為之與此碑同

費鳳別碑樢與女蘿

蔦與女蘿

說文蔦或从木作樢此似用或體字

唐公房碑癘蠱不遐

烈假不瑕大雅

鄭箋厲假皆病也鄭意烈與厲同假與瘕同故云皆病瑕作遐者通用字錢氏大昕說

平輿令薛君碑張納碑丕顯其光

不顯其光

丕即丕字不亦丕也劉熊碑相繼丕顯隸體小異耳

西狹頌克長克君　衡方碑剋長克君
克長克君
劉熊碑岐嶷踰絕　又誕生岐嶷　逢盛碑在克岐嶷
婁壽碑岐嶷有志　武梁碑岐嶷有異　武班碑岐嶷發
蹤　唐扶頌少有岐嶷　任伯嗣碑少履岐嶷醇懿之□
郭仲奇碑𡕒有岐嶷天然之資　鄭固碑善性形於岐
嶷
克岐克嶷
詩説文𡾊小兒有知碑文嶷嶷竝見嶷是假借字推

傳箋之意似以岐嶷爲正

張表碑高朗令螎

高朗令終

融終也螎即融字偏旁互易

校尉熊君碑嘉樂君子顆顆令德

假樂君子顯顯令德

假作嘉與小戴記中庸合毛傳假嘉也謂假爲嘉之

借字顆與顯同猶濕之或作漯也

夏承碑令問不已

令閒不已

閒與閑同

白石神君碑率由舊章　譙敏碑祝睦後碑帥由舊章

率由舊章

衡方碑平都相蔣君碑顒顒昂昂

顒顒卬卬

卬乃昂之省

唐扶頌爰及鬼方

覃及鬼方

劉熊碑惟德之偶

惟德之隅

偶即隅之假借字

劉寬碑後𪏆競伊人

無競伊維人

伊維音近故可假借

華山亭碑逢斯癉怒

逢天僤怒

碑上句云畏天之威故此避天字癉與僤同方言戲

憚怒也廣雅同之齊曰戲楚曰憚令詩作僤與癉同並是

假借

西嶽華山碑　白石神君碑　魯相置孔子卒史碑敬恭

明祀

敬恭明神

釋文明祀本或作明神是陸所見本尚作祀也李注

文選答張士然詩江文通雜詩皆作敬恭明祀而東

京賦注又引作明神此疑是淺人據誤本毛詩而改

不足據也

三山公碑峻極于天

駿極于天

峻駿通用字

劉熊碑民之秉彝

民之秉𢑴

隸辨曰案集韻𢑴古作彝

張平子碑柔嘉伊則

柔嘉維則

伊維古字通西狹頌郎中郭君碑並作惟則劉寬後

碑引無競維人維正作伊可為碻證

樊安碑厥祖曰仲山父翼佐周宣出納王命為之喉舌

出納王命王之喉舌

堯廟碑天生仲山甫翼佐中興宣王平功遂受封於齊

仲山甫徂齊 遄其歸

班書杜欽傳仲山甫異姓之臣無親於宣就封於齊

按徂齊者毛說至封齊葢韓詩說也此碑與漢書似

皆本韓詩然傳言異姓碑言同姓未知孰是

郭旻碑既明且哲

既明且哲

隸辨曰說文古从文哲从三吉碑作喆者蓋變吉作

吾而消其二口也

劉子山斷碑不畏彊禦　北海相景君銘强衙改節

不畏强禦

禦之作衙者敔語字皆从吾得聲而讀與禦等是衙

禦可同音也同音即可相假矣

郭仲奇碑褎職有闕　蔡湛頌褎職是望

袞職是望有闕

裒之作褎蓋隸體之變郭旻碑又作裦魏受禪表又作裦與此同例

司馬季德碑百兩匔匔

百兩彭彭

彭乃匔之假轉聲

劉熊碑式序在位　孔褒根碑式叙在位

孫式叙序在位

叙王字序借字孫叔敖碑曰拭序在朝是拭又式之借王字矣

孔宙碑豐年多乗

豐年多黍多稌周頌

郭輔碑克昌厥後

克昌厥后

後后古今字禮記大學然而後作而后可證

逢盛碑日就月將學有緝熙

日就月將學有緝熙於光明

張表碑王君廟門斷碑二有馥其馨

有椒其馨

椒乃俶字之謎（釋文沈作俶）俶與馥音近假借（見段氏說文注、阮氏揅經室集）晉傳咸答潘尼詩吉甫作頌有馥其馨可見晉人尚有作馥字者

張納碑庶慕奚斯□□之義共論叙紀著休烈　度尚碑故吏感清廟之頌歎斯父之詩（謂奚斯季孫行父）　楊統碑庶考斯之頌儀（謂正考甫奚斯）　費鳳碑感奚斯之義刊銘元石　楊震碑慕奚斯之追述樹元石於墳道　曹全碑嘉慕奚斯考甫之美乃共刊石紀功　綏民校尉熊君碑公子奚斯追羨遺跡紀述前勲　張遷表奚斯讃魯考父頌殷

魯頌　寢廟奕奕奚斯所作

案毛意似謂寢廟為奚斯所作今據諸碑所引似謂

此詩為奚斯所作也與毛義異

華嶽廟碑歲其有年

歲其有

豐年正義引亦作歲其有年唐石經有下旁添年字

釋文云又作歲其有年者皆衍文也此碑所云與釋

文別本合今無年字者陸所見本也

衡方碑不虞不揚

不吳不揚

吳虞古今字商周鐘鼎欵識凡格虞太廟皆作各吳大廟可證蓋虞省作吳也

郭旻碑獫蠻懔彼

懔彼淮夷

校官碑卑爾熾昌

俾爾熾爾昌

俾碑省作卑又節爾字蓋節引也荀子宥坐篇引俾民不迷正作卑民不迷楊注曰卑讀為俾可為碻

諗

校官碑布政優優

敷政優優商頌

敷亦布也古多引作布北周書蘇綽傳南史夏侯詳

于夔傳皆引作布可證

高彪碑□□申甫稽功猗歟衡猗與

猗與那與

度尚碑亂彼海外

截彼海外

洪适曰亂即亂字

禮記

檀弓

從事郭君碑卜商號咷喪子失明

子夏喪其子而喪其明

明作名者晏子春秋君上享其明臣下利其實又云

是上獨擅明利下流也明與名可通用韓子孤憤其

不可借以美名者藏本作名顧校以作明爲誤丁

君壽昌曰古音明入陽韻名入庚韻名明音義似不同爾雅目上爲名目不得爲目名竊謂明名假借字

祭法

殽阬君神祠碑祭法曰山林川澤有益於民□□在祀典山林川谷丘陵民所取財用也非此族也不在祀典

祭統

白石神君碑□闇經國序名莫重（急）於禮禮有五經莫重於祭

治人之道莫急於禮禮有五經莫重於祭

喪服四制

鄭季宣碑咨文事君

資於事父以事君

禮記緇衣引書夏暑雨小民惟曰怨資釋文資與

咨同是咨資古通可證此碑之引資作咨矣

周禮

地官司徒

華嶽廟碑周禮識方氏

職方氏

集古録曰其字畫分明非譌缺疑當時周禮之學自如此案識職同莊子繕性篇心與心識釋文識向作職二字皆从戠聲故古相通假

春秋左氏傳

隱公

無極山碑口必豐碩酒必嘉㮚

博碩肥腯　嘉㮚旨酒

杜注嘉善也㮚謹敬也劉炫以㮚爲穗貌則與詩實穎實栗同嘉栗言穀旨酒言酒此碑所云與杜正合蓋異義也

僖公

費汎碑其先季文為魯大夫有功封費因氏為姓

公賜季友汶陽之田及費

碑改友作文似誤

陳球碑公子完適齊為桓公公正

陳公子完與顓孫奔齊　使為工正

公正即工正

平輿令薛君碑英名委質宣昭令聞

策名委質　宣昭令聞

英當作英藁長蔡湛頌協英公門此隸體之變又令

聞左傳作令問

耿勳碑敦詩悅禮　王元賓碑敦書悅禮　平都相蔣君

碑敦書說禮　西狹頌敦詩悅禮　殷華碑敦詩閱禮

說禮樂而敦詩書

悅說古今字閱與說通

文公

張平子碑介盧之所識

介葛盧聞牛鳴曰是生三犧皆用之矣其音云聞之而

、信

樊毅復華下民租田口算碑魯不脩大室春秋作譏

經大室屋壞

孫叔敖碑霆堅禹稷

皐陶庭堅不祀忽諸

霆堅與庭堅同

成公

劉熊碑養口之福

能者養之以福

漢書五行律厤志作養以之福與此碑合可證今本左傳之誤

襄公

樊敏碑晏嬰邲殿

與晏子邲殿

碑邲从比者猶詩邲風之一作邶風也

春秋公羊傳

僖公

白石神君碑觸石而出膚寸而合不終日而澍雨沾洽

觸石而出膚寸而合不崇朝而徧雨乎天下者惟泰山

爾

翁氏方綱兩漢金石記曰據此傳文初無雲字唐人

類書引此乃加一雲字曰唯大山雲爾誤也何休注

曰言其觸石理而出無有膚寸而不合下文河海潤於千里注曰亦能通氣致雨潤澤及于千里據此則所謂出合者山之氣為之也觀是碑上言幽讚長育下言澍雨沾洽信知二公羊二語之不指雲矣今案翁言以觸石二句為山氣非山雲不知雲亦氣也尚書大傳五嶽皆觸石出雲扶寸而合不崇朝而雨天下即本公羊傳三山公碑觸石興雲不崇朝而雨祀三山谷公神碑興雲膚寸無極山碑觸石膚寸興雲祁祁西嶽華山碑觸石興雲雨我農桑皆指雲說其

非始於唐人明甚但太山下不必更增雲字此則類
書偶誤耳

文公 補

樊毅脩華嶽廟碑世室不脩春秋作譏
世室屋壞何以書譏

僖公 補

析里甫郙閣頌脩瀫嶔之道
爾即死必於瀫之嶔巖

論語

學而

景君碑高彪碑慎終追遠　督郵班碑慎終亐追遠尚

德乎歸厚

慎終追遠民德歸厚矣

班碑加亐乎者文皆五言故各增一字也

爲政

劉熊碑政猶北辰衆星所從

為政以德譬如北辰居其所而衆星共之

從亦拱也拱乃古者作共

祝睦碑導濟以禮

道以之德齊之以禮

道作導與皇本高麗本同齊作濟者别一義亦得通

費鳳碑有恥且洛　祝睦碑有恥且恪

有恥且格

洛正字恪格皆借字

費鳳碑舉直措枉　樊安碑舉直錯枉

舉直錯諸枉

八佾

華山廟碑周鑒於二代

周監於二代

監作鑒古通用

劉熊碑魯無君子斯焉取旃

魯無君子者斯焉取斯

孫根碑束縢立於朝

束帶立於朝

隆即鞶帶之鞶

公冶長

王政碑無申棠之欲

或對曰申棖子曰棖也慾

申棠即申棖欲作慾字同淺人加一心字耳

蔡湛碑頌有君子之道四焉

子謂子產有君子之道四焉

今古本有之字碑無正與古本合

婁壽碑善與人交久而能敬

子曰晏平仲善與人交久而敬之

周禮大宰二曰敬故鄭注敬故不慢舊也晉書鄧騫

傳善與人交久而益敬皆無此碑義同

述而

景君墓表惟君束脩仁知　朱龜碑仁義束脩聰□□□

自行束脩以上吾未嘗無誨焉

以束脩為童幼之稱與鄭氏合

衡方碑用行舍藏　張表碑舍之則藏

用之則行舍之則藏

古有臧無藏漢書說文凡藏皆作臧蓋臧藏古今字

高彪碑五十以斆

五十以學易

斆學同

泰伯

孔彪碑可以託六

可以託六尺之孤

碑少尺之孤字者省文也

子罕

費鳳碑仰之以彌高鑽之以而彌堅　嚴發碑鑴堅仰高

仰之彌高鑽之彌堅

碑文五言故增語助字以足之鑴　與鑽義近

孔廟碑禮器碑違彌之思

卓爾

錢氏大昕説違彌即卓爾

范君墓碣茂而不實顏氏暴顛

苗而不秀者有矣夫秀而不實者有矣夫

茂秀義同碑以苗而不秀二句爲顏子發彌衡顏子碑秀而不實振芳風唐元宗顏子贊秀而不實得無慟焉蓋漢唐人舊説皆如此

鄉黨

劉脩碑其於鄉黨遜遜如也　祝睦後碑鄉黨逡逡

孔子於鄉黨恂恂如也

遜逡義與恂同史記孔子世家索隱云恂恂有本作逡逡與祝碑同

衡方碑誾誾侃侃　唐扶頌衎衎誾誾

侃侃如也　誾誾如也

衎衎與侃侃同

先進

費鳳别碑南容復珪

南容三復白圭

圭珪之省

陳度碑意則屢中

億與意則屢中

億與意同字

唐扶頌四遠童冠摳衣受業　又云五六六七化導若神

冠者五六人童子六七人

隸釋有員興宗咨洪丞相書堯祠請雨碑五六六七化導若神五六六七化導若神五六者三十六七者四十二謂七十二子案此說雖巧似是漢人異義項安世據漢志郊祀用舞樂七十二人以論語五六六七為七十二劉氏愈愚解作六七人五六人而斥員氏項氏為肌說今案二

說似俱近是可以並存

唐扶頌朝有公卓

孟公綽為趙魏老則優不可以為滕薛大夫

綽古或省作卓式左哀九年傳使孟公綽辭師於

吳釋文本文作卓可證洪适亦云孟公卓即孟公綽

衞靈公

堯廟碑無為如治

無為而治

如與而同此碑引孝經高而不危亦改作如可證

陽貨

州輔碑所謂摩而不粼涅而不緇者

磨而不磷涅而不緇

摩磨古字通粼以磷即粼之假借緇作緇者碑别字漢唐石刻多如此費鳳别碑涅而不滓廷尉仲定碑泥而不滓校尉熊君碑泥而不滓檝文史記屈賈列傳皭然泥而不滓後漢書隗囂傳賢者泥而不滓東方朔畫象贊涅而無滓皆與今本少異而作泥作滓大抵畧同蓋皆齊古魯異文

也

微子

婁壽碑榮且溺之耦耕

長沮桀溺耦而耕

且乃沮之省

劉子山斷碑綏之斯來動之斯龢

綏之斯來動之斯和

劉寬碑其存也榮其死也哀　又後碑生榮亡哀　郭

究碑生榮死哀

其生也榮其死也哀

平都相蔣君碑遵五迸四

尊五美屏四惡

尊乃遵之省屏古有作迸者小戴記大學屏迸諸四夷可證洪适云後漢書本傳亦有此文蓋漢人傳魯論如此

附錄 論語

夏承堪碑仲泥何侘

仲尼日月也

案尒疋水潦所止泥丘釋文依字又作坭注頂上洿下者說文坭反頂受水丘也从丘从泥省泥亦聲孔子世家叔梁紇與顏氏女禱於尼丘得孔子生而首上圩頂故因名曰丘字仲尼段氏玉裁曰坭正字泥

古通用字尼假借字今碑作泥洪氏深非之謂其押
韻之罪大於子雲之準易豈知其非古誼哉
復按此條劉氏愈愚錄列諸漢碑引經之末今以無
所傅麗採以爲附錄而附之論語之後云

孟子
滕文公下
議郎元賓碑退不枉尺直尋
枉尺而直尋
碑引尋加手
李翊碑比烈陵於
居於陵

碑作陵於蓋用倒文之例

三山公碑⿰尗寸㮚如火

菽粟如水火

叔尗古今字古菽粟字皆作尗或作叔从艹作菽者

淺人所加也

爾雅

釋天

張遷碑周憬功勲銘歲在攝提

在寅曰攝提格

封龍山碑歲辰執涂

在辰曰執徐

費鳳碑歲㑹于大𠘧

扗巳曰大荒落

逢盛碑歲在協給

在未曰協洽

韓勑碑青龍在涒灘歎

扗申曰涒灘

殽阬神祠碑作詻之歲

扗酉曰作噩

此與漢書天文志合

高彪碑龍在困敦

莊子曰困敦

孝經

大夫章第三

堯廟碑故能高如不危滿如不溢

高而不危所以長守貴也滿而不溢所以長守富也

引而作如此碑之例其引論語無爲而治正作無爲

如治可治證

黎爲高辛氏火正以淳耀敦大天明地德光照四海

說文焞明也春秋傳曰焞耀天地焞即焞之隸省碑

文與許氏合作淳者假借字

城垻碑至於元月

至於元月

國家出版基金項目
NATIONAL PUBLICATION FOUNDATION

國家圖書館藏未刊稿叢書·著作編

說文解字考異

（一）

（清）姚文田 輯

主編 劉玉才 陳紅彥

鳳凰出版社

圖書在版編目（CIP）數據

說文解字考異／（清）姚文田輯. -- 南京：鳳凰出版社，2021.8
（國家圖書館藏未刊稿叢書／劉玉才，陳紅彦主編. 著作編）
ISBN 978-7-5506-3346-9

Ⅰ. ①說… Ⅱ. ①姚… Ⅲ. ①《說文》－研究 Ⅳ. ①H161

中國版本圖書館CIP數據核字（2020）第261644號

書　　名　說文解字考異
著　　者　（清）姚文田
責任編輯　孫　州　姜　嵩
裝幀設計　姜　嵩
出版發行　鳳凰出版社（原江蘇古籍出版社）
　　　　　發行部電話 025-83223462
出版社地址　江蘇省南京市中央路 165 號，郵編：210009
出版社網址　http://www.fhcbs.com
照　　排　南京新華豐製版有限公司
印　　刷　南京新世紀聯盟印務有限公司
　　　　　江蘇省南京市建鄴區南湖路 27 號春曉大廈 5 樓，郵編：210017
開　　本　718毫米 ×1005毫米　1/16
印　　張　112.5
版　　次　2021年 8 月第 1 版
印　　次　2021年 8 月第 1 次印刷
標準書號　ISBN 978-7-5506-3346-9
定　　價　2500.00圓（全五册）

序

中國國家圖書館以庋藏中國古籍善本宏富著稱，其中宋元舊槧、珍稀印本，向爲學界推重，頗獲利用。相較之下，約佔館藏善本總量三分之一的寫本類文獻，利用還遠遠不够，堪稱有待發掘的文獻寶藏。國圖藏寫本文獻以著作稿抄本爲主，兼及日記、書札、題跋、校語、文書檔案等類文字形式，因多爲唯一傳本，故有别於刊印文獻，具有獨特的文物、藝術和文獻價值。根據館方專家調查，〔一〕館藏宋元抄本即有十五部，明抄本則多達一千二百四十六部，其中一百七十餘部爲内府所抄。如宋仁宗親撰《洪範政鑒》，僅此一部内府抄本秘藏宫内，從無刊刻傳抄，彌足珍貴。明嘉靖間《永樂大典》抄本，世存殘卷亦以國圖收藏最夥。許多早期抄本與原本成書年代接近，而原本或有亡佚殘缺情形，抄本遂具有無可替代的校勘與輯佚價值。國圖所藏明清抄本中，著名學者、藏家抄本佔有相當比例，許多是影抄宋元舊本和珍稀本，僅毛晋汲古閣影抄本即有近八十部。在清抄本五千餘部中，還包括有盧文弨、鮑廷博、吴騫、翁方綱、陳鱣、黄丕烈、焦循、管庭芬、楊守敬、王國維等名家手稿本。著作類稿抄本之外，國家圖書館還藏有明清以至民國一百五十餘家日記稿抄本，三四百種書札文獻，數

〔一〕陳紅彦《國家圖書館藏抄本述略》，《國家圖書館學刊》，2016年第4期。

千款金石題跋，以及數量不菲的圖卷題詠、批校文字、文書檔案等類寫本文獻。上述寫本文獻，除部分著作抄本之外，大多未經刊行，均可歸爲未刊稿之列。

寫本文獻存量稀罕，往往具有孤本性質，加之多數未經整理，字迹辨識不易，閲覽亦不方便，這都成爲限制其發掘利用的重要原因。有鑒於此，我們組織國家圖書館古籍館與北京大學中文系合作的學術團隊，在對館藏寫本文獻全面調查的基礎上，首先選擇具有重要學術價值、讀者利用不便的未刊文獻，予以整理刊布。並在國家社科基金申請設立『國家圖書館藏未刊稿整理研究』重大課題，以保證整理研究工作的實施。經過課題組同人的共同努力，陸續完成部分階段性成果，今擬分作日記、書札、金石題跋、題贊手卷、中法漢學研究所、著作諸編，依次予以刊布。

《日記編》整理收録顔懋价、葉鈞、張廷濟、何紹基、趙宗建、黄彭年、江標七位清人未刊稿本日記。其中如黄彭年、江標，不僅參與過重大政治活動，在學術領域亦有較高成就，屬於政學兼通的重要歷史人物。黄彭年《黄陶樓先生日記》、江標《笘誃日記》，所載均長達數十年，可稱一生行迹的詳盡記録，涉及朝章典故、交遊見聞、日常讀書生活等諸多内容，極其豐富。張廷濟《張叔未日記》、顔懋价《顔脩來日記》、葉鈞《壺中日記》、何紹基《東洲草堂日記》，雖然記述時間不長，但是内容各有所長，據之不僅可以考察日記主人的生平交遊，還可豐富清代學術史的場景。晚清藏書家趙宗建的《舊山樓日記》《非昔居士日記》《庚子非昔日記》，内容跨越清同治元年（1862）至光緒二十一年（1895）共三十多年的時間，記録了趙氏的日常生活、藏書收購及與衆多友人交遊情形，還有對圍剿太平軍的見聞記述，頗能反映江南地方士人的生活與眼界。

《書札編》從館藏各類書札文獻中選取黄彭年、趙宗建、張蔭桓、袁昶、王懿榮、吴重憙、繆荃孫、葉德輝等十餘家往還書札，予以整理刊布。因所涉人物都是晚清、民國間重要官員和學術文化界名流，書札内容豐富，且未經前人揭示，具有無可替代的文獻價值。如《黄子壽先生遺札》收録清光緒年間黄彭年在江蘇布政使任内與按察使朱之榛之間往來信件六十七通，涉及漕運與海運之流弊、來蘇流民之安置、正誼書院並藏書樓之籌建等諸多政務。黄彭年著述宏富，但大多未經刊布，本課題同時整理其日記、書札，預期將會推動學界對黄氏的深入研究。《趙宗建友朋書札》收録趙宗建光緒年間所撰詩歌、隨筆、抄經、墓誌銘、祝壽帖及其友人李芝綬、季錫疇的書札共一百四十餘件，不僅内容豐富，還可與《日記編》所收趙氏三種日記互相參照，促進學界對這位重要藏書家的全面研究。《袁昶友朋書札》收録劉履芬、丁丙、馮煦、孫詒讓、楊守敬、沈曾植、戴望、張謇、李文田、孫衣言、張鳴珂、張之洞、陸潤庠、王頌蔚、王懿榮、翁同龢等人信札二百餘通，袁昶親自整理粘貼爲十二巨册，涉及歷史人物衆多，堪稱是晚清學者的群體資料。《王懿榮往還書札》收録王懿榮與師友、親屬往還書札數百通，基本可以反映其後半生的主要經歷與交遊關係。王懿榮光緒年間授翰林院編修，三任國子監祭酒，博覽書史，精於鑒藏，與當世金石學者來往密切。書札所涉人物包括潘祖蔭、陳介祺、繆荃孫、吴大澂、盛昱、汪鳴鑾、孫汝梅、黄紹箕、吴重憙諸名流，以及女兒女婿等家人。書札内容多爲討論金石碑拓釋讀、古籍收藏、科舉學問，以及時務政治、爲人處世、家務瑣事，據之可以考察同光時期精英士大夫鑒藏金石之風尚，以及業餘生活趣味的豐富細節。《藝風堂同人尺牘》是晚清著名學者繆荃孫的友朋書札稿本集，收録惲祖翼、繆朝荃、劉炳照、吴慶坻、陳慶年等人致繆荃孫書札一百餘通。書札的撰寫時間多在光緒時期，内容比較廣泛，除家常瑣事之外，還涉及刻書、詩詞交往、方志編纂等方面，是研究繆荃孫學術交遊、晚清政治與文化教育的重要資料。葉德輝致松崎鶴雄書札（《郋園手札》）是著名學者葉德輝 1910 年至 1920 年間致日本學者松崎鶴雄的書信，涉及研治經學、小學等多方面内容，可稱現代中日學術交流史的重要文獻。

《書札編》收録書札出自名家之手，書法用箋考究，文獻價值之外，兼具有藝術觀賞價值，故採取録文整理與選擇影印結合的方式予以刊布。此外，我們還特邀白謙慎先生、薛龍春先生精選館藏十餘種名家尺牘，製作法書字帖，集爲《國家圖書館藏清代名家尺牘法書選刊》，以饗書法愛好者。

國圖收藏金石拓本豐富，題跋數量衆多。如宋元合璧拓本《廣政石經》即有名家題跋、批校百餘款，宋拓《嘉祐石經》亦有吴昌碩、丁晏、葉昌熾、沈曾植、羅振玉、陳寶琛、楊守敬、曹元忠、繆荃孫、柯劭忞等多人題跋和批校。《金石題跋編》甄選館藏金石題跋七十餘種，以拓本爲單位，撰寫提要，著録題名、拓本、裝幀、行款、書體、責任者、遞藏源流等項信息，並對題跋文字進行輯録整理，可爲金石證史、拓本源流研究、金石學者交遊研究提供全新的資料。

《題贊手卷編》率先刊布長達十六餘米的《明渤海孫氏積善堂題贊手卷》，該手卷是河北滄州孫楷第家族世守之寶，彙集明代前期朝廷重臣、翰苑侍從、書法名家四十三人的題贊墨迹，爲明代文化史、文學史、書法史研究的重要實物與文獻。諸家題贊，書法風格各異，可稱難得的藝術珍品。其中如明代第一大和尚姚廣孝的題贊，可能是其唯一的傳世手迹；而明初賢相『三楊』（楊士奇、楊榮、楊溥）和書法大家『二沈』（沈粲、沈度）的墨迹傳世甚罕，手卷所存可謂吉光片羽，彌足珍貴。此次刊布改卷裝爲經折裝，採用原版影印與題贊釋文相結合的整理方式，前半部分展示手卷原貌，後半部分爲題贊釋文、印章釋讀及題贊者小傳，既能滿足學術界對此珍貴文獻的研究需求，又可據之勾勒明初京師文化圈的面貌。

中法漢學研究所是法國中法教育基金委員會 1941 年在北京資助成立的漢學研究機構，設有民俗學組、語言歷史組、通檢組、圖書館、法文研究班等部門，開展文獻搜集整理和研究、翻譯工作。該研究所 1953 年撤離中國時，部分申請出關的圖書資料被中國政府徵購或没收，輾轉存藏於國家圖書館。《中法漢學研究所編》對其中曾毅公《五十年來之甲骨學》、陸翔《敦煌學著述考》、傅惜華《漢代畫像全集》三編、徐宗元《古今本竹書紀年合校》、柯昌泗《漢晋石刻略録》、羅常培《蒙古字韻跋》、魏建功《完全本王仁昫刊謬補缺切韻初次的討論》等未刊論著稿本以及神禡相關資料，進行整理研究，以求揭示這批珍貴稿本資料的學術價值，豐富敦煌學、甲骨學、民俗學等專題學術史，爲深入瞭解中法漢學研究所的學術活動，探究現代漢學研究史，提供文獻幫助。

著作稿抄本在國圖館藏寫本文獻中數量居多，近年頗有影印出版，加之閲覽方便，已漸爲學界所關注，因此未列爲本課題重點對象。不過考慮到有些著作稿抄本學術價值很高，甚至關涉重要學術論争，有必要予以刊布揭示，更便利學界研究，我們選擇方邁、王鳴盛、周廣業、孔廣栻、吴騫、王念孫、王引之、姚文田、李鋭、李文田等清代學者稿抄本予以影印，并分别撰寫研究解題。其中如李鋭《周易注疏校勘記》殘稿，是阮元主持纂修《十三經注疏校勘記》的重要文獻見證，有助於釐清當年校勘工作的緣起與修訂過程。《經義述聞》，涉及王念孫、王引之父子著作權的争議，是清學研究界關注的熱門問題。爲便於展開深入研究，我們將國圖館藏《經義述聞》初刻、二刻、三刻所據稿本及《校書録》稿本合併影印。其餘諸家稿抄本，亦精彩紛呈，各有可觀。

以上未刊文獻，雖然形式有别，但是日記、書札、題跋及著作稿抄本内容多有關聯，甚至可以相互印證，子課題實際都是總課題的有機組成部分。我們希望通過對這批未刊文獻的發掘整理，爲學界提供第一手的資料，以推動明清以至近現代學術史研究的深入。在整理過程中，根據文獻樣式的不同，我們分别採取釋讀、點校、輯録、影印、解題、小傳等整理研究形式，以期最大限度地發揮未刊文獻的功用。因爲未刊文獻的隨意書寫特性，文字辨識、内容整理難度很高，整理成果想必仍有不少訛誤，期待學界同人不吝指正。此項整理研究工作得到國家圖書館古籍館、北京大學中文系的大力支持，浙江大學文化遺産研究院白謙慎先生、薛龍春教授在文字釋讀方面給予無私的幫助，鳳凰出版社慨允出版，謹表衷心感謝。

北京大學中文系、中國古文獻研究中心　劉玉才

二〇一八年五月

目録

說文解字考異（五）

姚文田（1758—1827），字秋農，浙江歸安人。嘉慶四年（1799）狀元及第。官至禮部尚書，謚文僖。著有《説文聲系》《古音諧》《邃雅堂集》等。生平詳參成玲《姚文田之生平與年譜》（《姚文田生平及其古音學研究》第二章第一節）。

國圖書目著録稿本《説文解字考異》二部，一部書衣題『群書引説文類』（索書號：A02104），一部則題『説文解字考異』（索書號：A02102）。據繆荃孫《清學部圖書館善本書目》言，題前名者爲稿本，題『考異』者爲清本。可見前者爲初名，後者爲定名，所指實則一書。考姚氏與嚴可均（1762—1843）曾合編《説文長編》（又名《類考》），其中一種爲『群書引《説文》類』（姚衡《寒秀草堂筆記》卷一《小學述聞》、嚴可均《答徐星伯同年書》），知《考異》實由此而出者。故國圖藏清本開卷題名於『歸安姚文田輯』旁側添入『大興嚴可均同纂』七字。

《考異》分卷乃依大徐本，以《説文》原書前十四卷各分上下，而第十五卷則僅録大徐本卷十五上之許慎《説文解字敘》而已，故諸書記載《考異》卷數，或稱十四卷、十五卷，或稱二十九卷、三十卷，實當以二十九卷爲準（嚴可均亦稱二十九卷）。

《考異》一書，性質並不複雜。文田《與宋定之書》曰：『向年心好許書，博采北宋以前各書之引《説文》者，以正二徐之誤。又引宋後各書之引《説文》者，以證今刻徐本之誤。其中舛誤至數千條，已粗有成書。』（黎經誥《許學考》卷三引）所指即爲《考異》。其書寫體例爲先列大、小徐本文，再舉各書所引《説文》文句，間附案語於後。對於大徐本『新附字』，除非曾爲北宋前之書引自《説文》者，一概不録。可見是書目的乃以他校法校勘《説文》，力圖恢復《説文》原貌，其呈現形態則可稱爲一『《説文》他校材料合集』。

時隔二百年，如果僅以上述角度利用《考異》，則今日實無影印之必要。因爲我們不但可以看到很多當年難得一見的各種古籍及其珍稀版本，而且可以利用電子化文本的檢索手段更快更全地搜集古書中的《説文》他校材料。實際上，在『群書引《説文》』研究方面，近些年確已取得很多新成果。（詳參杜麗榮《〈説文〉學研究的新領域：『引〈説文〉研究』》）那麼，今日影印《考異》，顯然不是爲了給閲讀《説文》者再添一種參考資料，其價值則主要有如下兩點：

一是《考異》在『《説文》學史』上的價值。乾嘉時期，漢學興盛，研究《説文》成爲一時風尚，各種論著紛紛問世。校勘作爲一種基礎方法，被普遍運用到《説文》研究中，更進一步説，主要是利用他校法（即通過他書引《説文》的材料進行校勘）。但由於當時獲取資料不便的限制，很少有人能够大範圍地進行像《考異》這種彙輯引《説文》資料的工作。而近三十年的相關研究，雖然也遵循清儒的路數進行更完備的輯録工作，但各自爲戰、專攻一書者多，直到今天，也還没有一部集大成式的成果。由此也可見，姚、嚴當日從事該項事業的超前性。當然，輯録群書引《説文》材料，並不是他們的終極目標。以此爲基礎，通過對勘，得一《説文》『定本』，才是他們的目的。而所得『定本』（羅列諸書異文，未必予以定論），則又變成開展進一步研究的基石。姚氏的《説文聲系》和嚴可均的《説文聲類》《説文訂訂》及二人聯名的《説文校議》一系列著作，均可見利用《考異》資料的痕跡。此外，鄭知同（1831—1890）、王仁俊（1866—1914）都曾對《考異》進行訂補，分别有《補姚氏説文考異》《説文正異》《説文解字商義》和《説文考異補》（原名《説文解字考異三編》）等書。也就是説，圍繞《考異》實際上産生了一批《説文》學著述，那麼，出版《考異》自然有助於我們釐清它在這一『著作群』中的核心作用，同時也有助於我們更好地理解以上諸書。《考異》雖未能刻板行世，但並不意味着它從未發揮效力、産生影響，其在《説文》學史上的地位，亟待確立。

二是《考異》在『書籍史』上的價值。《考異》一書，雖然未曾通過刻板印行而廣泛傳播，但因爲它在當時及其後相當長一段時間的重要性，再加上文田之子姚衡及其孫姚覲元（1823—1890）的悉心校理，是書於晚清學界頗有鈔本流傳。今日可見之稿鈔本即有九部（實八種）：國圖藏一原稿本、一清稿本，均存全書（中有缺損）；浙江圖書館藏姚覲元批校稿本，存一至四，共八卷；旅順博物館藏稿本，存一卷（四上）；上海圖書館藏清道光十三年（1833）許槤鈔本，存全書，許槤跋；南京圖書館藏清葉名澧（1811—1859）寶芸齋鈔本，存一至六、九至十五，共二十五卷；国图亦藏宝芸齋鈔本，存七、八，共四卷，恰與南圖藏本合成完璧；廣東省立中山圖書館藏王秉恩（1845—1928）强學簃鈔本，存卷一至三、四上、五至八，共十五卷；湖北省圖書館藏民國鈔本，二册。而晚清、民國時期，得見其書而筆之於録者，還有譚獻（《復堂日記》）、繆荃孫（《藝風藏書記》等）、丁福保（《說文解字詁林後語》）、馬太玄（《〈說文解字考異〉稿本》）等。如此多的稿鈔本及衆多的閲讀記録，無疑爲我們研究古籍刻板之前的流傳情況提供了一個材料豐富的極佳案例。因此，出版《考異》必將爲書籍史研究提供多個課題。

然而，上述九部（實八種）稿鈔本，並不易見，所以通過影印出版或數字化的方式進行公布十分必要。截至目前，國圖所藏二稿本均已在其官網公布影像，而影印出版者僅有浙圖藏本（《浙學未刊稿叢刊》）、中山圖書館藏本（《四編清代稿鈔本》）。此次選擇影印的是國圖藏清稿本（索書號：A02102），希望各古籍存藏單位能陸續公布其他藏本，以利研究使用。

尚需指出的是，該清稿本看似完整，實已殘缺，其卷十上『炟』字以下、卷十下『態』字以下、卷十一上『泭』字以下、卷十二上『揄』字以下、卷十二下『甈』字以下，總計七百餘字相關內容均已佚失。這點缺憾更讓我們期盼其他各本的儘早刊布。

趙兵兵

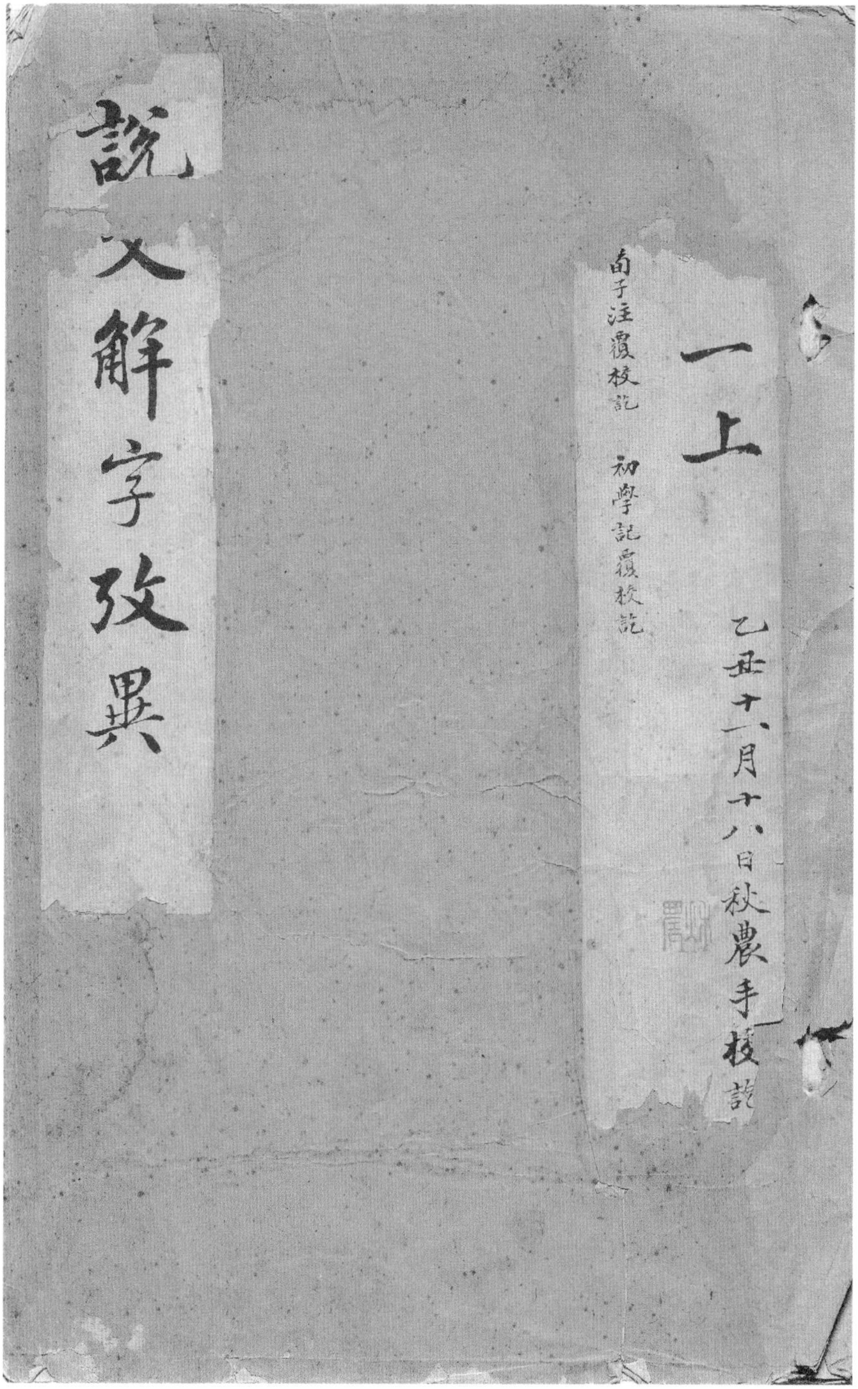
說文解字攷異
一上
乙丑十一月十八日秋農手校記
南子注覆校記
初學記覆校記

說文解字攷異一上

歸安姚文田輯

大興嚴可均同纂

一　惟初太始道立於一造分天地化成萬物凡一之屬皆从一　古文

毛閣刻徐鉉本後稱大徐。凡毛閣本从字小徐皆作從毛閣本於字小徐皆作于令並不列異文　惟初太極道立

于一造分天地化成萬物凡一之屬皆從一　徐鍇繫傳後稱小徐　惟初

太始道立於一造分天地化成萬物　玉篇一部　惟初

太極道立於一造分天地化生萬物　韻會四質

類篇同大徐　屬皆作類

類篇

弌　古文一　大。小　弌古文　玉篇廣韻五質　古作弌　韻會四質

元　始也从一从兀　徐。大　始也從一兀　小徐　韻會十三元　一本从一从兀

一本从一兀聲　六書故第一　始也　玉篇　類篇不言从某聲後倣此不列異文

小徐云俗本有聲字人妄加之也文田案九經字樣亦云

從一兀聲兀讀若敻故髡从兀聲転从元聲有聲字者是

天顛也至高無上从一大 大小徐 玉篇一部 文 韻會一先 釋天釋
从一大也 廣韻一先 釋天疏 天顛也至高無上 古唐類範卷百四十九 類篇 天顛也至高無上 上諭一 天顛
也 月令正義 郊特牲正義 又
丕大也从一不聲 大小徐 韻會四支 丕 五經文字
吏治人者也从一从史史亦聲 大小徐 韻會四寘 吏治人者也 玉篇一部 廣韻七志
丄高也此古文上指事也凡丄之屬皆从丄 大小徐 丄高也此古
文上也指事 韻會二十二養 𠄞高也指事 韻會二十三漾 高也 玉篇上部 丄古文 玉篇
𠄞篆文丄 大小徐 篆作𠄞 韻會二十二養 或作
帝諦也王天下之號也从丄朿聲 大徐 無下也字 小徐 帝諦也王天下
之號也从二朿二古文上字 韻會八霽 帝諦也王天下之號也 玉篇上部 廣韻

十二
霽

𠄞古文帝古文諸丄字皆从一篆文皆从二二古文上字辛言示

辰龍童音章皆从古文上 大徐　帝古文 玉篇

旁溥也从二闕方聲 大徐　旁溥也從二方聲闕 小徐　旁溥也從二

方 韻會七陽　旁溥也 玉篇二部 類篇 廣韻十一唐　旁丂厂旁達之形 李陽冰本　旁 五經文字

文田案說解冂部央从大人也央旁同意

知旁从冂乃人字嚴可均說

𠻞古文旁 大小徐　古作𠻞𠊍籀作雱 韻會七陽　𠻞古文 玉篇

𠊍亦古文旁 大小徐　古作𠊍 韻會七陽　㫄古文 玉篇

𩂣籀文 大小徐　籀作雱 韻會七陽　雱籀文 玉篇

丁底也指事 大徐　丅底也從反上為丁 小徐　丅底也從反上今作

下 韻會二十二馬 底也 玉篇上部

丅 篆文下 大徐小徐

示 天垂象見吉凶所以示人也从二三垂日月星也觀乎天文以察時變示神事也凡示之屬皆从示 大徐小徐 一

天垂象見吉凶所以示人从三垂日月星也蓋觀乎天文以察時變示神事也 類篇

匡謬正俗卷八 天垂象見吉凶所以示人也从二三垂日月星也 韻會四寘

𥘅 古文示 大徐小徐 天垂象見吉凶所以示人也 玉篇示部 古作𥘅 韻會四寘 𥘅 古文 玉篇 類篇

祜 上諱 大徐小徐 祜 韻會七麌 福也 類篇此大徐說

禮 履也所以事神致福也从示从豊豊亦聲 大徐小徐 履也所以事神致福从示从豊 韻會八薺 履也所以事神致福也 廣韻十一薺 從 類篇

示從豊九經字樣

𥘯古文禮大小徐　礼古文廣韻十一齊　古作礼韻會八齊　𥙊古文玉篇

禧禮吉也从示喜聲大小徐　禧禮吉也類篇韻會四支

廟諱以眞受福也从示眞聲大小徐　以眞受福類篇

類篇

祿福也从示彔聲大小徐韻會一屋

褫福也从示虒聲大小徐韻會四支　褫福也類篇匡謬正俗卷七

禎祥也从示貞聲大小徐韻會八庚　禎祥也文選思玄賦注華嚴音義經序　類篇

祥福也从示羊聲一云善大小徐　祥福也從示羊聲小徐　祥福也一

曰善也韻會七陽　類篇

祉福也从示止聲大小徐韻會四紙

類篇

類篇

福祜也从示畐聲 大○徐 福備也從示畐聲 小徐 韻會一屋 韻 祐也 類篇 玉篇示部

祐助也从示右聲 大○小徐 韻會二十六宥

祺吉也从示其聲 大○小徐 韻會四支 吉也 類篇

禥籀文从基 大○小徐 禥籀文 廣韻七之 籀作禥 韻會四支 禥籀文 玉篇

祇敬也从示氏聲 大○小徐 韻會四支 祇敬也 類篇

禔安福也从示是聲易曰禔既平 大○小徐 安福也從示是聲 韻會四支

又見無曰字 安福也易禔既平 韻會又四支 安也 易禔既平 易坎釋文 司馬相如傳索隱 文選卷四十四司馬長卿難蜀父老注 又卷六十陸士衡弔魏武帝文注 安福也 類篇

神天神引出萬物者也从示申聲 大○小徐 天神引出萬物从示申 韻會十一真 天神引出萬物者也 六書故 玉篇 類篇

䰠籀作䰠 韻會十一真 䰠篆文 弟十二

祇地祇提出萬物者也从示氏聲 大小徐 韻會四支 地祇提出萬物者也 類篇

類篇

祕神也从示必聲 大小徐 韻會四寘 神也 玉篇示部

䘚戒潔也从示齊省聲 大徐 戒潔也從示齊聲 小徐 戒潔也從示

齊聲䆚古齊字也 韻會九佳 戒潔也 類篇 安福也易禔既平 韻會四支

䙴古書作䙴 宗𥜝作𥜝

䙴籀文齋从𩏂省 大小徐 籀作䙴 韻會九佳 䙴籀文 玉篇

類篇

禋潔祀也一曰精意以享為禋从示垔聲 大小徐 會十一真 絜意以

絜祀也一曰精意以享為禋 玉篇示部 韻

享曰禋 藝文類聚卷三十八 潔意以享為禋 初學記卷十三 絜祀也 釋詁疏

䰟籀文从宀 大小徐 𥜝籀文 廣韻十七真 𥜝 韻會十一真 𥜝同上 玉篇

類篇以作从

祭祭祀也从示以手持肉 大小徐 從示從又從肉又手也以手持

肉示神所以祭也 釋詁疏 祭祀也從示右手持肉 韻會八霽

類篇 祀 祭無已也从示已聲 大小徐 韻會四紙 祭無已時也 釋詁疏

禩 祀或从異 大小徐 亦作禩 韻會四紙 禩同上 玉篇

類篇 柴 燒柴燓燎以祭天神从示此聲虞書曰至于岱宗柴 大徐小徐無燓字

類篇無从示此聲及曰字 韻會九佳無燓字曰字 燒柴燓燎以祭天神 玉篇示部列子釋文 燒柴燎祭天也 釋天

釋文 柴作柴 詩時邁釋文

祰 古文柴从隋省 大小徐 古作祰 韻會九佳 祰古文 玉篇

類篇 禷 以事類祭天神从示類聲 大小徐 韻會四寘 以事類神曰禷 藝文類聚卷三

十八 以類祭神為禷 初學記卷十三 類作禷 詩皇矣釋文

類篇 祪 祔祪祖也从示危聲 大小徐 祔祪祖也 韻會四紙 祔鬼祖也 類篇

類篇 祔 後死者合食於先祖从示付聲 大小徐 韻會七遇 後死者合食於先

祖也釋詁疏

類篇

祖始廟也从示且聲大小徐 韻會七麌 祊請道神謂之祖初學記卷十三 門以徬徨也玉篇示部 門內祭

類篇無日字

鬃門內祭先祖所以徬徨从示彭聲詩曰祝祭于鬃大徐 徬誤作傍 小徐

門內祭先祖所以彷徨也從示彭聲令文作祊詩祝祭于祊

韻會八庚

祊作鬃門內祭先祖所彷徨也詩楚茨釋文 （或作祊）門內祭先祖所以徬徨也玉篇 釋宮釋文無以字徬作彷 先祖所彷徨也釋宮釋文

祊鬃、、方大小徐 或作祊釋宮釋文 祊同上玉篇示部

類篇

祰告祭也从示告聲大小徐 告祭也廣韻三十二皓又二沃

祏宗廟主也周禮有郊宗石室一曰大夫以石為主从示从石石亦聲大小徐 韻會十一陌 宗廟主也禮郊宗石室一曰大夫以石為

主从示石石亦聲也御覽卷五百三十一　宗廟主一曰大夫以祏為主廣韻二十二昔　宗廟之木主名曰祏藝文類聚卷三十八初學記卷十三　宗廟主類篇

祉　以豚祠司命从示比聲漢律曰祠祉司命大小徐　以豚祀司命類篇無曰字　漢律祉司命从示比聲韻會四紙　祭司命曰祉藝文類聚卷三十八初學記卷十三曰作為　以豚祠司命也玉篇示部

祠　春祭曰祠品物少多文詞也[illegible]祠[illegible]用犧牲用圭璧及皮幣大小徐韻會四支　類篇

礿　夏祭也从示勺聲大小徐韻會十藥　類篇

禘　諦祭也从示帝聲周禮曰五歲一禘大小徐韻會八霽無曰字　類篇

祫　大合祭先祖親疏遠近也从示合周禮曰三歲一祫大徐　大合　類篇

祖也 釋詁疏　門以傍徨也 玉篇示部　門內祭

類篇　祖始廟也从示且聲 大○小徐 韻會七麌　祁請道神謂之祖 初學記卷十三

類篇無曰字　鬃門內祭先祖所以傍徨从示彭聲詩曰祝祭于鬃 大○小徐 徬誤作傍

門內祭先祖所以彷徨也從示彭聲今文作祊詩祝祭于祊

韻會八庚　祊作鬃門內祭先祖所彷徨也 詩楚茨釋文　或作祊門內

祭先祖所以徬徨也 玉篇釋宮釋文無以字徬作彷　先祖所彷徨也 釋宮釋文

祊鬃或从方 大○小徐　或作祊 釋宮釋文　祊同上 玉篇示部

類篇　祰告祭也从示告聲 大○小徐　告祭也 廣韻三十二晧又二沃

祏宗廟主也周禮有郊宗石室一曰大夫以石為主从示从石石

亦聲 大○小徐 韻會十一陌無下字　宗廟主也禮郊宗石室一曰大夫以石為

主從示石石亦聲也御覽卷五百三十一宗廟主一曰大夫以祏為主廣韻二十二昔宗廟之木主名曰祏藝文類聚卷三十八初學記卷十三宗廟主類篇

類篇無曰字　祉以豚祠司命从示比聲漢律曰祠祉司命大小徐以豚祀司命漢律祉司命從示比聲韻會四紙祭司命曰祉藝文類聚卷三十八初學記卷十三曰作為以豚祠司命也玉篇示部

類篇　祠春祭曰祠品物少多文詞也[illegible]祠[illegible]用犧牲用圭璧及皮幣大小徐韻會四支

類篇　礿夏祭也从示勺聲大小徐韻會十藥

類篇　禘諦祭也从示帝聲周禮曰五歲一禘大小徐韻會八霽無曰字

類篇　祫大合祭先祖親疏遠近也从示合周禮曰三歲一祫大徐大合

祭先祖親疏遠近也從示合聲周禮曰三歲一祫 小徐 十七洽 韻會 無曰

字

類篇

祼 灌祭也从示果聲 大○小徐 會十五翰 韻

灌祭也 廣韻二十九換

類篇

毳 數祭也从示毳聲讀若舂麥爲毳之毳 大○小徐

祝 祭主贊詞者从示从人口一曰从兑省易曰兑爲口爲巫 大○小徐

祭主贊詞者從示從人口一曰從兑省 韻會二十六宥

祭主贊詞者 禮曾子問釋文

從人口從示一曰從兑省 又一屋

祭主贊詞者 御覽卷七百

三十六 類篇

祭主贊詞 廣韻四十九宥

䄏 祝䄏也从示畱聲 大○小徐

類篇

祓 除惡祭也从示犮聲 大○小徐 韻會五勿

除惡之祭曰禬祓 藝文類聚卷三十八祓禊

除惡之祭也僖六年釋文　除惡之祭為祓初學記卷十三

作禬

祈求福也从示斤聲大小徐　韻會五微　（類篇求福也）

類篇

禱告事求福也从示壽聲大小徐　韻會十九晧　告事求福為禱從示壽

聲也古唐類範卷九　十示譌作六　告事求福曰禱初學記卷十三　後漢明紀注　一切經音義

卷二十五福譌作神　又卷二十五二　告事示福曰禱藝文類聚卷三十八　告事求請為

禱一切經音義卷十二　告事求福為禱也一切經音義又卷十四

禂禱或省大小徐　籒文作𩙣或作禂韻會十九晧　禂古文玉篇

𩙣籒文禱大小徐　籒文作𩙣韻會十九晧　𩙣籒文玉篇

禜設緜蕝為營以禳風雨雪霜水旱癘疫於日月星辰山川也从

示禜省聲一曰禜衛使灾不生禮記曰雩禜祭水旱大小徐　設緜

類篇無曰字

文田案春麥為䵚之䵚字當為𥳑攴部𥳑小舂也鍇曰舂去小麥皮也集韻𥳑充芮切音毳又周禮春官注鄭大夫讀𥳑為穿𪇂䵚皆從毳毳聲𥳑從算聲知毳算古音同類或以𥳑字當之非是

祝　祭主贊詞者从示从人口一曰从兌省易曰兌為口為巫 大徐小徐

祭主贊詞者從示從人口一曰從兌省 韻會二十六宥　祭主贊詞者 禮曾子問釋文

從人口從示一曰從兌省 又一屋　祭主贊詞者 御覽卷七百

三十六 類篇　祭主贊詞 廣韻四十九宥

䆓　祝䆓也从示畱聲 大徐小徐

祓　除惡祭也从示犮聲 大徐小徐韻會五勿　除惡之祭曰祓禬 藝文類聚卷三十八祓禊

類篇

除惡之祭也 僖六年釋文 除惡之祭為祓 初學記卷十三

作禬

祈求福也从示斤聲 大小徐 韻會五微 類篇 求福也

類篇

禱告事求福也从示壽聲 大小徐 韻會十九晧 告事求福為禱從示壽聲也 古唐類範卷九十示譌作六 告事求福曰禱 初學記卷十三 後漢明紀注 一切經音義卷二十五福譌作神 又卷二十二 告事示福曰禱 藝文類聚卷三十八 告事求請為禱 一切經音義卷十二 告事求福為禱也 一切經音義又卷十四

禂禱或省 大小徐 籀文作䛼或作禂 韻會十九晧 禂古文 玉篇

䛼籀文禱 大小徐 籀文作䛼 韻會十九晧 䛼籀文 玉篇

禜設緜蕝為營以禳風雨雪霜水旱癘疫於日月星辰山川也从示榮省聲一曰禜衛使灾不生禮記曰雩禜祭水旱 大小徐 設緜

類篇無曰字

蕝為營以禳風雨霜雪水旱癘疫於日月星辰山川從示從營省聲一曰禜衛使災不生 小徐引禮記曰作鑙 韻會二十四敬 設綿蕞為營以祈水旱 後漢順紀注

禳 磔禳祀除癘殃也古者燧人禜子所造 類篇 从示襄聲 大小徐 磔禳祀除癘殃也 韻會七陽 類篇

禬 會福祭也从示从會會亦聲周禮曰禬之祝號 大徐 會福祭也从示會聲周禮禬之祝號 小徐 會福之祭曰禬 初學記卷十三 類篇

禪 祭天也从示單聲 大小徐 韻會十七霰 祭天也 類篇

禦 祀也从示御聲 大小徐 韻會六語 祠也 廣韻八語 卷二十五 告事求神曰禱 一切經音 卷二十一 類篇

祏 祀也从示旮聲 大徐 祀也 玉篇示部 類篇

禖祭也从示某聲（大小徐 韻會十灰）祭也（類篇）

類篇 禑祭具也从示胥聲（大小徐）

類篇 祳社肉盛以蜃故謂之祳天子所以親遺同姓从示辰聲春秋傳曰石尚來歸祳（大小徐 韻會十一軫）社肉盛之以蜃故謂之祳天子所以親遺同姓（廣韻十六軫）

祴宗廟奏祴樂从示戒聲（大小徐 韻會十灰）宗廟奏祴樂（類篇）

類篇 禡師行所止恐有慢其神下而祀之曰禡从示馬聲周禮曰禡於所征之地（大徐 韻會二十二禡 小徐無次曰字又禡禮下無次曰字）

禂禱牲馬祭也从示周聲詩曰既禡既禂（大徐引詩作 小徐鍇曰）禱牲馬祭也從示周聲（韻會十九晧）禱作禂（詩吉日釋文 釋天釋文）

禜字条小篆查原書　雪霜二字例　䌌改綿于段於

山川下加也字

注　韵會廿四敬下加無也韵三字

類篇　類篇　類篇　類篇

禳　磔禳祀除癘殃也古者燧人禜子所造从示襄聲

祀除癘殃也　韻會七陽

禬　會福祭也从示从會會亦聲周禮曰禬之祝號

會福祭也

禖祭也从示某聲 大○小徐 韻會十灰 祭也 類篇

類篇

禬祭具也从示胥聲 大○小徐

類篇

祳社肉盛以蜃故謂之祳天子所以親遺同姓从示辰聲春秋傳

曰石尚来歸祳 大○小徐 韻會十一軫 社肉盛之以蜃故謂之祳天子

所以親遺同姓 廣韻十六軫

祴宗廟奏祴樂从示戒聲 大○小徐 韻會十灰 宗廟奏祴樂 類篇

類篇

禡師行所止恐有慢其神下而祀之曰禡从示馬聲周禮曰禡於

所征之地 大○徐 韻會二十二禡 小徐無次曰字又 禡無(禮下)次曰字

禂禱牲馬祭也从示周聲詩曰既禡既禂 大○徐引詩作 小徐鍇曰 禱牲馬

祭也從示周聲 韻會十九皓 禱作禂 詩吉日釋文 釋天釋文

類篇周禮上有一曰字

驕或从馬壽省聲 大小徐

社地主也从示土春秋傳曰共工之子句龍為社神周禮二十五家為社各樹其土所宜之木 大小徐 地主也從示土左傳共工之子句龍為社神一曰周禮二十五家為社各樹其土所宜之木 韻會二十一馬

䄢古文社 大徐 古文社同 小徐 䄢古文 玉篇

禓道上祭从示昜聲 大小徐 道上之祭曰禓 藝文類聚卷三十八 道上之祭為禓 初學記卷十三 强鬼也 韻會七陽 道上祭 類篇

類篇無曰字

祲精氣感祥从示侵省聲春秋傳曰見赤黑之祲 大徐 小徐作赤黑之祲是 精氣感祥從示侵省聲左傳見赤黑之祲 韻會十二侵 精气感祥

也從示侵聲左傳吾見赤黑之祲 韻會七沁又二十

類篇 禍害也神不福也从示咼聲 大小徐十哿 無害也二字 韻會二 從咼聲 韻會二十哿

類篇 祟神禍也从示从出 大徐小徐 神禍也從示出 韻會四寘 韻 神禍也 切一

經音義卷四 神祠也 十九 一切經音義又卷

䰡籀文祟从䰡省 大小徐 籀作䰡 韻會四寘 䰡籀文 玉篇

類篇 祅地反物為祅也从示芺聲 大小徐 地反物為祅 類篇 韻會二蕭 祅 玉篇示部

類篇 祘明視以筭之从二示逸周書曰士分民之祘均分以祘之也讀

若筭 大徐 小徐 筭之作算字

類篇 禁吉凶之忌也从示林聲 大小徐 十七沁 無也字 韻會二

類篇 禫除服祭也从示覃聲 大小徐 十八感 也作名 韻會二 除服祭也 玉篇示部

禱或从馬壽省聲大徐小

類篇周禮上有一曰字　社地主也从示土春秋傳曰共工之子句龍為社神周禮二十五家為社各樹其土所宜之木大徐小　地主也從示土左傳共工之子句龍為社神一曰周禮二十五家為社各樹其土所宜之木韻會二十一馬大徐

䄯古文社大徐小　古文社同徐小　䄯古文玉篇

禓道上祭从示昜聲大徐小　道上之祭曰禓藝文類聚卷三十八　道上之祭為禓初學記卷十三　强鬼也韻會七陽　道上祭類篇

類篇無曰字　祲精氣感祥从示侵省聲春秋傳曰見赤黑之祲大徐　赤黑之祲是小徐作

精氣感祥從示侵省聲左傳見赤黑之祲韻會十二侵　精气感祥

也從示爰聲左傳吾見赤黑之祲 韻會 七沁 二十

類篇

禍害也神不福也从示咼聲 大小徐 韻會二 從咼聲 韻會二 十哿

類篇

祟神禍也从示从出 大小徐 神禍也從示出 韻會四寘 類篇 神禍也 切一

經音義卷四 神禍也 十九

䰟籒文祟从䨻省 大小徐 籒作䰟 韻會四寘 䰟籒文 類篇

祅地反物為祅也从示芺聲 大小徐 地反物為祅 類篇 韻會二蕭 祅

祘條 小徐筭之字作算字 考小徐作筭不錯可知

禁吉凶之忌也从示林聲 大小徐 韻會二 十七沁

類篇

類篇

…祭也 篇 示部

[示焦]類

禮祭豕先也（廣韻六豪）　祭豕先曰禮（藝文類聚卷三十八）　祭豕先為禮（初學記卷三十）

祽月祭曰祽（藝文類聚卷三十八）　月祭為祽（初學記卷十三）

三天地人之道也从三數凡三之屬皆从三（大°小徐）　數名天地人之道也（韻會十三覃）　天地人之道也（玉篇三部）

弎古文三从弋（大徐）　弎古文三（小徐）　古作弎（韻會十三覃）　弎古文（玉篇）

王天下所歸往也董仲舒曰古之造文者三畫而連其中謂之王三者天地人也而參通之者王也孔子曰一貫三為王凡王之屬皆从王（大°小徐　韻會七陽）　玉篇王部參作貫無末句　玉篇無末句

𤣪古文王（大°小徐）　玉篇

閏餘分之月五歲再閏告朔之禮天子居宗廟閏月居門中从王在門中周禮曰王居門中終月也大小徐餘分之月五歲再閏也告朔之禮天子居宗廟門中故其字從王在門中御覽卷十七餘分月五歲再閏告朔之禮天子居宗廟閏月居門中從王在門中周禮閏月王居門中無終月也韻會十二震終譌作無餘分之月五歲再閏白帖卷一餘分之月五歲再閏告朔之禮天子居宗廟閏月居門中周禮云閏月詔王居門終月玉篇王部

皇大也从自自始也始皇者三皇大君也自讀若鼻今俗以始生子為鼻子大徐小徐鼻子下多是字大也从自王自始也韻會七陽大也廣韻十一唐

王石之美有五德潤澤以溫仁之方也䚡理自外可以知中義之

禚類

禮祭豕先也廣韻六豪　祭豕先曰禮藝文類聚卷三十八　祭豕先為禮初學記卷十三

禡月祭曰禡藝文類聚卷三十八　月祭為禡初學記卷十三

三天地人之道也从三數凡三之屬皆从三大小徐　數名天地人之道也韻會十三覃　天地人之道也玉篇三部

弎古文三从弋大徐　弎古文三小徐　古作弎韻會十三覃　弎古文玉篇

王天下所歸往也董仲舒曰古之造文者三畫而連其中謂之王三者天地人也而參通之者王也孔子曰一貫三為王凡王之屬皆从王大小徐　韻會七陽　玉篇王部參作貫無末句　玉篇無末句

𤣩古文王大小徐　玉篇

周禮曰下落閏月二字

歲再閏 白帖 卷一 餘分之月五歲再閏告朔之禮天子居宗廟閏月居門中周禮云閏月詔王居門終月 玉篇王部

皇大也从自自始也始皇者三皇大君也自讀若鼻今俗以始生子為鼻子 大徐子下多是字 小徐鼻 大也从自王自始也 韻會七陽 大也

廣韻十一唐

王石之美有五德潤澤以溫仁之方也䚡理自外可以知中義之

方也其聲舒揚專以遠聞智之方也不撓而折勇之方也鋭廉而不忮絜之方也象三玉之連丨其貫也凡玉之屬皆从玉大小徐

徐遠聞作聞遠　石之美者有五德潤澤以溫仁之方也䚡理自外可以知中義之方也其聲舒揚搏以遠聞智之方也不撓而折勇之方也鋭廉而不劌絜之方也事類賦注　玉　石之美有五德象三玉之連丨其貫也韻會二沃　玉作王廣韻三燭

丙古文玉大小徐玉篇　古作丙韻會二沃

瑻玉也从玉㚍聲大小徐　玉也瞻彼洛矣釋文

瓘玉也从玉雚聲春秋傳曰瓘斝大小徐

璥玉也从玉敬聲大小徐

琠玉也从玉典聲 大小徐韻會十六銑也作名

瓇玉也从玉憂聲讀若柔 大小徐

瑴玉也从玉瑴聲讀若鬲 大小徐

璠璵璠魯之寶玉从玉番聲孔子曰美哉璵璠遠而望之奐若也

近而視之瑟若也一則理勝二則孚勝 大徐小徐奐若作奐如 璵璠魯之寶

玉逸論語孔子曰美哉璵璠遠而望之奐若也近而視之瑟若

也一則理勝一則孚勝 事類玉賦注 璵璠魯之寶玉從玉番聲孔

子曰美哉璵璠遠而望之奐若也 韻會十三元 璵璠魯之寶玉 定五

年正

義

璵璵璠也从玉與聲 大小徐韻會六魚無也字

王字条小徐下注加智作知

琠玉也从玉典聲大小徐韻會十六銑也作名

瓔玉也从玉夒聲讀若柔大小徐

瑴玉也从玉㱿聲讀若鬲大小徐

璠璵璠魯之寶玉从玉番聲孔子曰美哉璵璠遠而望之奐若也

近而視之瑟若也一則理勝二則孚勝大徐奐若作奐如小徐璵璠魯之寶

玉逸論語孔子曰美哉璵璠遠而望之奐若也近而視之瑟若

也一則理勝一則孚勝事類賦注玉璵璠魯之寶玉從玉番聲孔

子曰美哉璵璠遠而望之奐若也韻會十三元璵璠魯之寶玉定五

年正義

璵璵璠也从玉與聲大小徐韻會六魚無也字

瑾瑾瑜美玉也从玉堇聲 大徐 韻會十二吻 小徐無也字又 玉名 文選琴賦注 卷十八

瑜瑾瑜美玉也从玉俞聲 大小徐 韻會七虞 美玉 定五年正義

玒玉也从玉工聲 大小徐

瑧瑧瓄玉也从玉來聲 大小徐 瑧瓄玉也 廣韻十六咍 玉篇

瓊赤玉也从玉夐聲 大小徐 韻會八庚 赤玉也 詩鄁木瓜釋文 赤玉 僖二十五年正

義

璚瓊或从矞 大小徐 亦作璚 韻會八庚 璚同上 玉篇

瓗瓊或从巂 大小徐 亦作瓗 韻會八庚 瓗同上 玉篇

琁瓊或从旋省 大小徐 或作琁亦作璚瓗 韻會八庚 亦璿字 文選顏延年陶徵士誄注 卷五十七

赤玉 荀子賦篇注 音瓊 荀子賦

珣玉也从玉向聲大◦小徐韻會二十三漾也作名

琍玉也从玉剌聲大◦小徐

珣醫無閭之珣玗琪周書所謂夷玉也从玉旬聲一曰玉器讀若
宣大◦小徐　醫無閭之珣玗琪周書所謂夷玉也從玉旬聲一曰
玉器韻會十一眞　夷玉即珣玗琪顧命釋文　周書所謂美玉也釋地疏
周書所謂夷玉讀若宣釋地釋文

璐玉也从玉路聲大◦小徐韻會七遇

瓚三玉二石也从玉贊聲禮天子用全純玉也上公用駹四玉一
石侯用瓚伯用埒玉石半相埒也大◦小徐　三石一石也天子用
全純玉也上公用駹四玉一石侯用瓚伯用將玉石相將也御覽

瑾　瑾瑜美玉也从玉堇聲 大徐 韻會十二吻 小徐無也字 又玉名 文選琴賦注 卷十八

瑜　瑾瑜美玉也从玉俞聲 大徐 小徐 韻會七虞 美玉 定五年正義

玒　玉也从玉工聲 大徐 小徐

琜　琜瓄玉也从玉來聲 大徐 小徐 琜瓄玉也 廣韻十六咍

瓊　赤玉也从玉敻聲 大徐 小徐 韻會八庚 赤玉也 玉篇玉部 詩木瓜釋文 赤玉 僖二十五年正義

璚　瓊或从矞 大徐 小徐 亦作璚 韻會八庚 璚同上 玉篇

瓗　瓊或从巂 大徐 小徐 亦作瓗 韻會八庚 瓗同上 玉篇

琁　瓊或从旋省 大徐 小徐 或作琁亦作璚瓗 韻會八庚 亦璿字 文選顏延年陶徵士誄注 卷五十七 赤玉 荀子賦篇注 音瓊 荀子賦

珣字条查小徐　琪作瑧

瓚一條御覽三石估三玉

卷八百七　三玉二石禮天子用全純玉上公用駹四玉一石侯用瓚伯用埒玉石半相埒也韻會十五翰

瑛玉光也从玉英聲大小徐　玉光也韻會八庚

璑三采玉也从玉無聲大小徐夏官弁師瑉無也字韻會七虞○

珛朽玉也从玉有聲讀若畜牧之畜大小徐　玉音畜牧之畜褚補武紀索隱　朽玉也玉篇玉部

璿美玉也从玉睿聲春秋傳曰璿弁玉纓大小徐徐弁作冠　璿美玉也從玉睿聲韻會一先　美玉也舜典正義　赤玉也五帝紀正義

璿古文璿大小徐玉篇

叡籒文璿大小徐廣韻一仙　籒作叡韻會一先　叡籒文玉篇

文田案籒文𤪌二徐本皆脱从玉，

球玉磬也从玉求聲 大徐小徐無磬字 玉也一曰玉磬 韻會十一尤 玉磬
也 廣韻十八尤 釋地疏

璆球或从翏 大小徐 璆同 廣韻十八尤 或作璆 韻會十一尤 玉磬也 釋地
疏

琳美玉也从玉林聲 大小徐 韻會十二侵 美玉名 釋地疏

璧瑞玉圜也从玉辟聲 大小徐 韻會十一陌 瑞玉環也 御覽卷八百六

瑗大孔璧人君上除陛以相引从玉爰聲爾雅曰好倍肉謂之瑗
肉倍好謂之璧 大小徐

大孔璧人君上除陛以相引从玉爰聲 大孔璧也爾雅好倍肉謂之瑗肉倍好謂之璧 荀子大略篇注

爾雅好倍肉謂之瑗肉倍好謂之璧 韻會十七霰無字又十四願瑗譌作環 大孔

璧也荀子大略篇注。御覽卷八百六　好倍肉謂之瑗御覽卷六百九十二　璧也肉好若一

環璧也肉好若一謂之環从玉睘聲大徐。韻會十五刪

從玉睘聲小徐　肉好若謂之環御覽卷六百九十二

璜半璧也从玉黄聲大小徐。　半璧也廣韻十一唐　御覽卷八百六　又卷八百七　韻會七陽　女曰雞鳴正義

琮瑞玉大八寸似車釭从玉宗聲大小徐。韻會二冬　瑞玉也八寸似車

釭御覽卷八百七　瑞玉大八寸似車釭玉篇玉部　廣韻二冬

琥發兵瑞玉為虎文从玉从虎虎亦聲春秋傳曰賜子家雙琥大徐。

發兵瑞玉為虎文從玉虎聲春秋傳曰賜子家子雙琥是小徐　發

兵瑞玉為虎文從玉虎聲左傳賜子家雙琥韻會七麌　發兵瑞玉

為虎文 御覽卷八百八 虎譌琥 玉篇玉部

瓏禱旱玉龍文从玉从龍龍亦聲 大徐 禱旱玉龍文從玉龍聲 小徐

韻會一東 文譌作也 禱旱玉也為龍文 昭二十九年正義

琬圭有琬者从玉宛聲 大小徐 韻會十三阮 韻

璋剡上為圭半圭為璋从玉章聲禮六幣圭以馬璋以皮璧以帛

琮以錦琥以繡璜以黼 大小徐 剡上曰圭半圭曰璋從玉章聲

韻會七陽 半圭也 御覽卷八百七

敬避 璧上起美色也从玉炎聲 大小徐 韻會二十九豔 韻

神不福也從示 大小徐

玠大圭也从玉介聲周書曰稱奉介圭 大小徐 大圭也周書稱奉

玠圭從玉介聲 韻會十卦 大圭也 藝文類聚卷八十三

瑒圭尺二寸有瓚以祠宗廟者也从玉昜聲 大徐 小徐 有譌作日 珪尺

有二寸有瓚以祀宗廟從玉昜聲 韻會二十三梗 又二十三漾

瓛桓圭公所執从玉獻聲 大徐 韻會十四寒 桓圭三公所執從玉獻聲

小徐 桓圭公所執 廣韻二十六桓

珽大圭長三尺抒上終葵首从王廷聲 大徐 小徐 韻會二十四迥 韻 大圭也長

三尺抒上終葵首 廣韻四十一迥 藝文類聚卷八十三 玉篇玉部 珽也字 圭下多也字

瑁諸侯執圭朝天子天子執玉以冒之似犂冠周禮曰天子執瑁

四寸从玉冒冒亦聲 大徐 小徐 諸侯執圭朝天子天子執玉以冒之似

犂冠周禮天子執瑁四寸從玉冒冒亦聲 韻會二十號

玥古文省 大徐 古文瑁從目 小徐 玥古文 玉篇

璬玉佩从玉敫聲 大小徐 玉佩也從玉敫聲 韻會十七篠

珩佩上玉也所以節行止也从玉行聲 大小徐 佩上玉也從玉行所以節行止也 韻會八庚 珮上玉也 女曰雞鳴正義 聽行也從玉行土聲

文選思玄賦注卷十五 佩玉所以節行步也 玉篇玉部

玉行謌作行上

文田按玉篇所以節行步也二徐本皆脫步下少字

玦玉佩也从玉夬聲 大小徐 韻會九屑 玉佩 御覽卷六百九十

瑞以玉為信也从玉耑 大小徐 韻會四寘 以玉為信 廣韻五寘

文田案瑞惴古音皆耑聲小徐以或有聲字為誤其說非是

珥瑱也从玉耳耳亦聲 大小徐 韻會四寘 瑱也 後漢皇后紀上注 文選卷十九李斯上書注 御覽卷七百十八

瑱以玉充耳也从玉眞聲詩曰玉之瑱兮徐大小以玉充耳也詩

曰玉之瑱也廣韻三十二霰以玉充耳從玉眞聲詩玉之瑱也韻會十七霰

珥也以玉充耳也古唐類範卷百三十五以玉充耳也御覽卷七百十八

以玉充耳曰瑱後漢皇后紀上注

䪨瑱或从耳徐大小或作䪨韻會十七霰

琫佩刀上飾天子以玉諸侯以金从玉奉聲徐大小佩刀上飾从

玉奉聲韻會一董

珌佩刀下飾天子以玉从玉必聲徐大小佩刀上飾天子以玉韻會

四頁

瑑劒鼻玉也从玉彘聲徐大小

瑵車蓋玉瑵从玉蚤聲 大小徐 韻會十八巧 車蓋玉瑵 廣韻三十一巧 玉篇玉部有也字

瑑圭璧上起兆瑑也从玉篆省聲周禮曰瑑圭璧 大小徐 瑑圭璧

上起兆瑑也從玉彖聲 韻會十七霰 雕刻圭璧上起兆瑑也從玉

篆省聲 韻會又十六銑

珇琮玉之瑑从玉且聲 大小徐 韻會七麌 琮玉之瑑 玉篇玉部

璂弁飾往往冒玉也从玉綦聲 大小徐 支往往作行行 韻會四支 弁飾往往冒

玉也 詩鳲鳩釋文 弁飾行行冒玉也從玉綦聲 韻會四支

璂璂或从基 大小徐 或亦作璂 詩鳲鳩釋文 或作璂 韻會四支 璂同上 玉篇玉部

璪玉飾如水藻之文从玉喿聲虞書曰璪火黺米 大小徐 玉飾如水

藻之文從玉喿聲虞書璪火粉米 小徐 玉飾如水藻之文從玉

喿聲韻會十九晧　玉飾如水藻也玉篇玉部

璗　垂玉也冕飾从玉流聲徐大小　垂玉也冕飾玉篇玉部廣韻十八尤　垂玉也

從玉流聲韻會十一尤　旒作璗老子德經釋文　玉器也從玉壽聲韻會一屋　玉器也玉篇玉部

璹　玉器也从玉𠷎聲讀若淑徐大小

瓃　玉器也从玉畾聲大小徐韻會十灰

瑳　玉色鮮白从玉差聲徐大小　玉色鮮白詩君子偕老釋文韻會五歌　玉色鮮絜也從玉

玼　玉色鮮也从玉此聲詩曰新臺有玼徐大小

此聲韻會四紙　新色鮮也詩新臺釋文　鮮色也後漢黃憲傳注

瑟　玉英華相帶如瑟弦从玉瑟聲詩曰瑟彼玉瓚大小徐韻會四質無曰字　韻會

玉英華相帶如瑟弦從玉瑟聲詩旱麓瑟彼玉瓚韻會四質

瑟者玉英華相帶如瑟弦正義　玉英華相帶如瑟弦也玉篇玉部

璪玉英華羅列秩秩从玉㬻聲逸論語曰玉粲之璱兮其瑮猛也（大徐　小徐無曰字）　玉英華羅列秩秩逸論語曰玉粲之璱兮其瑮猛也（玉篇玉部）

瑩玉色从玉熒省聲一曰石之次玉者逸論語曰如玉之瑩（大徐　小徐）

玉色一曰石之次玉者（廣韻四十六徑）　玉色論語如玉之瑩（韻會二十五徑）

玉色也（文選神女賦注卷十九）　切韻稱瑩飾也又按說文字統瑩又作

𤈦訓與瑩同別有余傾反訓為光飾之義近代以碩學絕嗣聲

義混襍濫以營音之詩安瑩聲之下也（華嚴音義卷五）

璊玉䞓色也从玉㒼聲禾之赤苗謂之虋言璊玉色如之（大徐　小徐　韻會十三元無也字）

玉穨色也禾之赤苗謂之虋璊玉色如之（玉篇玉部）　玉䞓色從（詩大車釋文　經作赬無言字）

玉㒼聲禾之赤苗謂之虋言璊玉色如之（韻會十三元）　玉赤色（大車）

正義

琉璃或从允大○小徐或作玧韻會十三元琉同上玉篇

瑕玉小赤也从玉叚聲大○小徐韻會六麻玉之小赤色司馬相如傳索隱玉

之小赤色者也文選卷十二海賦注

琢治玉也从玉豖聲大○小徐韻會三覺

琱治玉也一曰石似玉从玉周聲大○小徐治玉也從玉周聲韻會二蕭

理治玉也从玉里聲大○小徐韻會四紙治玉也廣韻五旨

珍寶也从玉㐱聲大○小徐韻會十一眞韻

玩弄也从玉元聲大○小徐韻會十五翰

貦玩或从貝大○小徐貦同玩廣韻二十九換或作貦韻會十五翰

玲玉聲从玉令聲大小徐　玉聲也玉篇玉部　詩曰鞗革有瑲玉篇玉部

瑲玉聲也从玉倉聲詩曰鞗革有瑲大小徐　韻會七陽

玎玉聲也从玉丁聲齊太公子伋謚曰玎公大小徐　玉聲也從玉

丁聲韻會九青　齊太公子伋謚玎公廣韻十三耕　玉聲也齊太子謚曰玎玉篇玉部

琤玉聲也从玉爭聲大小徐　玉聲玉篇玉部

瑣玉聲也从玉貟聲大徐　玉聲從玉貟聲小徐又韻會二十哿無也字

瑝玉聲也从玉皇聲大徐無也字小徐　玉聲韻會七陽　瑝廣韻十二庚

瑀石之似玉者从玉禹聲大小徐　石之似玉者玉篇玉部韻會七麌　石次玉也

女曰雞鳴正義

玤石之次玉者以為系璧从玉丰聲讀若詩曰瓜瓞菶菶一曰若

金蚌大°小徐石之次玉者以為系璧從玉丰聲讀若蚌韻會三講
石之次玉以為系璧一曰若蛤蚌玉篇玉部
玲　玲塾石之次玉者从玉今聲大°小徐　玲塾石之次玉者韻會十五咸
塾　玲塾也从玉勒聲大°小徐韻會十三職
琚　瓊琚从玉居聲詩曰報之以瓊琚大°小徐六魚無曰字韻會　佩玉名也詩女曰雞鳴正義
璓　石之次玉者从玉莠聲詩曰充耳璓瑩大°小徐　琇作璓　石之次玉者詩淇澳釋文　美石次玉也詩都人士正義　璓玉篇玉部
玖　石之次玉黑色者从玉久聲詩曰貽我佩玖讀若芑或曰若人句脊之句大°小徐　石之次玉黑者詩貽我佩玖韻會二十六厚　石之次玉黑色者詩邱中有麻釋文　石次玉也詩女曰雞鳴正義

⿰王𦣞石之似玉者从玉𦣞聲讀若貽 大○小徐

珢石之似玉者从玉艮聲 大○小徐韻會十一真 石之似玉者 廣韻十七真

玴石之似玉者从玉曳聲 大○小徐 石之似玉者也 玉篇玉部

璅石之似玉者从玉巢聲 大○小徐 石之似玉者 韻會十九皓

璡石之似玉者从玉進聲讀若津 大○小徐 石之似玉者從玉進聲 韻會十一真

⿰王朁石之似玉者从玉朁聲 大○小徐

璁石之似玉者从玉悤聲讀若蔥 大○小徐

⿰王號石之似玉者从玉號聲讀若鎬 大○小徐

⿰王𡴘石之似玉者从玉𡴘聲讀若曷 大○小徐

莠字条小條琇塋作琇塋

⿰王𦣞石之似玉者从玉𦣞聲讀若貽 大○小徐

珢石之似玉者从玉艮聲 大小徐 韻會十一眞 石之似玉者 廣韻十七眞

玴石之似玉者从玉曳聲 大○小徐 石之似玉者也 玉篇玉部

璅石之似玉者从玉巢聲 大小徐 石之似玉者 韻會十九晧

璡石之似玉者从玉進聲讀若津 大○小徐 石之似玉者從玉進聲 韻會十一眞

⿰王朁石之似玉者从玉朁聲 大○小徐

璁石之似玉者从玉悤聲讀若蔥 大○小徐

⿰王號石之似玉者从玉號聲讀若鎬 大○小徐

⿰王⿱去韋石之似玉者从玉⿱去韋聲讀若曷 大○小徐

瑿石之似玉者从玉殹聲 大○小徐

瓊石之次玉者从玉夐聲 大○小徐

玽石之似玉者从玉句聲讀若苟 大○小徐 石之次玉者從玉句聲

韻會二十六厚

琂石之似玉者从玉言聲 大○小徐

璶石之似玉者从玉盡聲 大○小徐

琟石之似玉者从玉隹聲讀若維 大○小徐

瑦石之似玉者从玉烏聲 大○小徐 石之似玉者從玉烏聲 韻會七麌

瑂石之似玉者从玉眉聲讀若眉 大○小徐

璒石之似玉者从玉登聲 大○小徐

玜石之似玉者从玉厶聲讀與私同大小徐

玗石之似玉者从玉于聲大小徐　石之似玉者釋地疏　石之似玉者也御覽卷八百八　似玉者韻會七虞

⿰王㚆玉屬从玉㚆聲讀若沒大小徐

瑎黑石似玉者从玉皆聲讀若諧大小徐

碧石之青美者从玉石白聲大小徐韻會十一陌　石之青美者玉篇玉部廣韻二十二昔　石之美者也一切經音義卷十一　石之美者御覽卷八百九

琨石之美者从玉昆聲虞書曰揚州貢瑤琨大小徐　石之美者韻會十三元

瓆琨或从貫大小徐　或作瓆韻會十三元　瓆同上玉篇玉部

珉石之美者从玉民聲 切小徐 韻會十一眞 夏官弁師 石之美者 文選潘正叔贈 卷二十四

陸機詩注

瑤玉之美者从玉䍃聲詩曰報之以瓊瑤 切大徐小 玉之美者從玉 石之次玉也 御覽卷八百九

䍃聲 韻會二蕭 美玉也 荀子賦篇注 美石 詩木瓜釋

文 玉美者 文選潘正叔 卷二十四 贈陸機詩注 石之美者 御覽卷八百九 玉之美者也 玉篇玉部

珠蚌之陰精从玉朱聲春秋國語曰珠以禦火災是也 切大徐小 徐無也字

蚌之陰精 春秋國語曰珠足以禦火災是也 玉篇玉部

蜯之陰精從玉朱聲 韻會七虞 蜯之陰精也 御覽卷八百二

玓玓瓅明珠色从玉勺聲 切大徐小 玓瓅明珠光也 文選上林賦注 卷八 的皪

珠光也 文選卷十七 舞賦注 又 玓 廣韻二十三錫

瓅玓瓅从玉樂聲 切大徐小 玓瓅 韻會十二錫

玭珠也从玉比聲宋弘宏云淮水中出玭珠玭珠珠之有聲者大小徐
韻會十一眞無玭珠二字　珠也文選景福殿賦注卷十一
蠙夏書玭从虫賓大小徐　今文作蠙韻會十一眞
玏蜃屬从玉劦聲禮佩刀士玏琫而珧珌大小徐韻會八霽有禮記字　蜃屬
瞻彼洛矣釋文　文選注卷十一賦注　公玏蜃瞻彼洛矣正義
珧蜃甲也所以飾物也从玉兆聲禮云佩刀天子玉琫而珧珌大小徐　蜃甲
所以飾物也瞻彼洛矣正義
玟火齊玟瑰也一曰石之美者从玉文聲大小徐　火齊玟瑰也從
玉文聲韻會十灰　火齊玟瑰也御覽卷八百九　火齊珠也一曰石之美
好曰玟一切經音義卷六　石之美好曰玟一切經音義又卷三

珉石之美者从玉民聲大小徐延韻會十一眞 夏官弁師 石之美者 文選卷二十四潘正叔贈陸機詩注 石之次玉也 御覽卷八百九

瑤玉之美者从玉䍃聲詩曰報之以瓊瑤 大小徐 玉之美者從玉䍃聲 韻會二蕭 美玉也 荀子賦篇注 美石 詩木瓜釋文 玉美者 文選卷二十四潘正叔贈陸機詩注 石之美者 御覽卷八百九 玉之美者也 玉篇玉部

珠蚌之陰精从玉朱聲春秋國語曰珠以禦火災是也 大徐 小徐無也字 蜯之陰精從玉朱聲 韻會七虞 蚌之陰精春秋國語曰珠足以禦火災是也 玉篇玉部 蜯之陰精也 御覽卷八百二

玓玓瓅明珠色从玉勺聲 大小徐 玓瓅明珠光也 文選卷八上林賦注 的皪珠光也 文選卷十七舞賦注 又 玓 廣韻二十三錫

瓅玓瓅从玉樂聲 大小徐 玓瓅 韻會十二錫

玭字条查大小徐末無者字此应去　宏
小徐韵會皆有（小徐）或另立韵會下注明　手
大徐 小徐末有者字　韵會十一眞
無下玭珠字末有者字

璸夏書……

文田案瞻彼洛矣詩傳天子玉琫而珧珌諸侯璗琫而璆珌
大夫鐐琫而鐐珌士珕琫而珕珌疏云天子諸侯琫珌異物
大夫士則同此珧珌當為珕珌傳寫誤耳

所以飾物也　瞻彼洛矣正義
玟火齊玫瑰也一曰石之美者从玉文聲　大小徐　火齊玫瑰也從
玉文聲　韻會十灰　火齊玫瑰也　御覽卷八百九　火齊珠也一曰石之美
好曰玟　一切經音義卷六　石之美好曰玟　一切經音義卷三

瑰玫瑰从玉鬼聲一曰圜好大徐小徐韻會十灰　圓好曰瑰一切經音義卷三　又卷

六　玫瑰一曰珠圜好玉篇玉部

璣珠不圜也从玉幾聲大徐小徐五微也作者　韻會　珠不圜也禹貢釋文禹貢正義也

作者　珠不圜者也玉篇玉部　珠之不圓者後漢賈琮傳注　珠之不圓者也一切經義卷三又卷九　又卷十

二六又卷十六無之字

琅琅玕似珠者从玉良聲大徐小徐　琅玕似珠者玉篇玉部韻會七陽　琅玕石之

似玉者御覽卷八百九

玕琅玕也从玉干聲禹貢雝州球琳琅玕大徐小徐球作璆　琅玕從玉

干聲韻會十四寒

玗古文玕大徐　古文玕從玉旱小徐

珊珊瑚色赤生於海或生於山从玉删省聲 大徐 小徐無下生字 珊瑚
生於海或生於山從玉删省聲 韻會十四寒 珊瑚色赤生於海中
或生於山也 御覽卷八百七 珊瑚色赤生之於海或出山中也 華嚴音義
卷二十五 珊瑚生海中而色赤也 廣韻二十五寒 珊瑚色赤生於海亦生於山 玉篇玉部
瑚珊瑚也从玉胡聲 大小徐 珊瑚 韻會七虞
珋石之有光璧珋也出西胡中从玉丣聲 大小徐 珋石之有光者
文選卷十二江賦注 珋 廣韻四十四有 石之有光璧珋也出西湖中 玉篇玉部
琀送死口中玉也从玉从含含亦聲 大徐 送死口中玉也從玉含
含亦聲 小徐 韻會十八勘 樂下學 送終口中玉 文五年釋文 送終口中玉也 御覽
卷五百四十九 含作琀 禮襍記釋文

瑰玫瑰从玉鬼聲一曰圜好大徐小徐韻會十灰 圓好曰瑰一切經音義卷三又卷

六 玫瑰一曰珠圜好玉篇玉部

璣珠不圜也从玉幾聲大徐小徐韻會五微也作者 珠不圜也禹貢釋文禹貢正義也

作者 珠之不圓者後漢賈琮傳注 珠之不圓者也一切經義卷三又卷九又卷十

珠不圜者也玉篇玉部

二六又卷十無之字

琅琅玕似珠者从玉良聲大徐小徐 琅玕似珠者玉篇玉部韻會七陽 琅玕石之

似玉者御覽卷八百九

玕琅玕也从玉干聲禹貢雝州球琳琅玕大徐小徐球作璆 琅玕從玉

干聲韻會十四寒

𤨗古文玕大徐小徐 古文玕從玉旱

珋字条小徐璧作壁

⿱歔玉　遺玉也从玉歔聲 大徐小徐　遺玉也 玉篇玉部

璗　金之美者與玉同色从玉湯聲禮佩刀諸侯璗琫而璆珌 大徐小徐

徐無禮字　金之美者與玉同色從玉湯聲禮記玉藻諸侯璗琫

而璆珌 韻會二十二養　金之美與玉同色者也 廣韻三十七蕩　金與玉同

色也 釋器釋文

靈　巫以玉事神从玉霝聲 大小徐 韻會九青　靈巫以玉事神也 廣韻十五

青　以玉事神 也與靈同 玉篇玉部

靈　靈或从巫 大徐小徐　或从巫作靈 韻會九青　與靈同 廣韻十五青

琛　寶也从玉深省聲 大徐新附　琛寶也 御覽卷八百二

琖　玉爵也夏曰琖殷曰斝周曰爵从玉戔聲 大徐新附　玉爵也夏曰琖殷曰斝周曰爵 玉篇玉部

玨　二玉相合為一玨凡玨之屬皆从玨 大徐小徐　二玉相合為一玨

玉篇琖引說文當是宋人據徐本增入

韻會三覺　二玉相合為珏 釋文釋器　二玉為一珏 玉篇珏部

瑴　珏或从㱿 大小徐　或作瑴 玉篇 韻會三覺　

班　分瑞玉从珏从刀 大小徐 無下从字　分瑞玉也從珏刀 韻會十五刪

分瑞玉 廣韻二十七刪　分瑞也 玉篇珏部

𨏒　車笭閒皮篋古者使奉玉以藏之从車珏讀與服同 大小徐　車笭閒皮篋古者使奉玉以藏之從車珏聲 韻會一屋　車蘭閒皮筐以安其弩也 文選東京賦注 卷三　車笭閒皮篋古者使奉玉所以盛之 玉篇珏部

气　雲气也象形凡气之屬皆从气 大小徐　雲气也象形 韻會五未　雲气也 廣韻八未　音氣 廣韻又九迄　取也 韻會五勿　以為雲氣字 玉篇

氛　祥气也从气分聲 大小徐 韻會十二文　韻祥气也 一切經音義卷十三 又卷十九

雰氛或从雨（大小徐）　亦氛字也（文選卷十二江賦注　又卷二十七顔延年始安郡詩注——又卷五十五劉孝標廣絶交論注皆無也字）

士事也數始於一終於十从一从十孔子曰推十合一為士凡士之屬皆从士（大小徐）　事也數始於一終於十從十孔子曰推十合一為士（廣韻五旨）　事也數始於一終於十孔子曰推一合十為士（韻會四紙）

壻夫也从士胥聲詩曰女也不爽士貳其行士者夫也讀與細同（大小徐　小徐無聲字）　女之夫也從士從胥（親釋疏）　夫也從士胥（韻會八霽）

婿壻或从女（大小徐）　或作婿（韻會八霽）

壯大也从士爿聲（大小徐）（韻會二十三漾）

墫舞也从士尊聲詩曰墫墫舞我 大徐 小徐無曰字 舞也從士尊聲詩

墫墫舞也 韻會十三阮 士舞也從士尊 詩伐木釋文 士舞也宜從士

尊也 釋訓釋文

丨上下通也引而上行讀若囟引而下行讀若退凡丨之屬皆从丨 大徐小徐 玉篇無末句另列一條

中和也从口丨上下通 二 大小徐 六書故弟三十 韻會一東末有也字 用衛宏說中

从十中聲 六書故

𠁩古文中 大徐小徐 古文 六書故弟三十二

𠁶籀文中 大徐小徐 籀文 六書故弟三十二

於旌旗杠皃从丨从㫃㫃亦聲 大徐·小徐無下㫃字 旌旗杠皃 廣韻四江又十六蒸

雰氛或从雨［大小徐］亦氛字也［文選卷十二江賦注　又卷二十七顏延年始安郡詩注——又卷五］十五劉孝標廣絕交論注［皆無也字］

士事也數始於一終於十从一从十孔子曰推十合一為士凡士之屬皆从士［大小徐］事也數始於一終於十從十孔子曰推十合一為士［廣韻五旨］事也數始於一終於十孔子曰推一合十為士［韻會四紙］

壻夫也从士胥聲詩曰女也不爽士貳其行士者夫也讀與細同［大徐小徐無聲字］女之夫也從士從胥［釋親疏］夫也從士胥［韻會八霽］

婿壻或从女［大小徐］或作婿［韻會八霽］

壯大也从士爿聲［大小徐韻會二十三漾］

於字條小徐本不從
於誤

說文解字攷異

一下

乙丑十二月初六日秋農校訖

說文解字攷異一下　歸安姚文田輯

中屮木初生也象丨出形有枝莖也古文或以為屮字讀若徹凡屮之屬皆从屮尹形說 大徐無上屮字 小徐 象屮出形有枝莖也 韻會十九皓 讀若徹象屮木初生 釋草釋文 草木初生也古文或為屮字 玉篇

屯難也象屮木之初生屯然而難从屮貫一一地也尾曲易曰屯剛柔始交而難生 大徐無下一字 小徐 難也屯象屮木之初生屯然而難从屮貫一一地也尾曲也 韻會十一眞 難也 一切經音義卷十二

𡴀屮盛上出也从屮母聲 大小徐韻會十賄又十灰無也字 屮盛上出也 廣韻十四賄

毒厚也害人之艸往往而生从中从毒 大徐 厚也害人之艸往往而生 廣韻二沃

而生从中毒聲 小徐 韻會二沃生作有

𡹅从中毒聲 李陽冰所見本

李陽冰曰𡹅从中母出地之盛从土土可制毒非取毒聲毒

烏代反文田案毒古文从䈞聲爾雅極德直力服急息德毒

㦰食諧漢書毒冒之毒音代李陽冰以為非聲者誤

𠫬古文毒从刀䈞 大徐小徐 古作𠫬 韻會二沃 古文毒 玉篇

𡵂艸初生其香分布从中从分分亦聲 大徐無下从字小徐 艸初生分

布也 韻會十二文 芳也 一切經音義卷七又卷十二又卷十九

芬𡵂或从艸 大徐小徐 或從艸作芬 韻會十二文

屮菌屮地蕈叢生田中从屮六聲 大○小徐

𦼮籀文屮从三屮 大○小徐 𦼮籀文 玉篇

熏火煙上出也从屮从黑屮黑熏象也 大○徐小徐無下也字 火煙上出

也從屮從㷉熏象也 韻會十二文 㷉象火烟上出也 九經字樣 火烟

上出也 文選七啟注

屮百卉也从二屮凡屮之屬皆从屮 大○小徐 百卉也從二屮 釋草釋文 玉篇

韻會十九皓 百卉也象莖屮莽蒼之形 釋草疏 百卉也 廣韻三十二皓

莊上諱 大○小徐 莊 韻會七陽

𦽏古文莊 大○小徐 𦽏古文 玉篇

菰在木曰果在地曰菰从屮从𠂢 大○徐小徐作從屮𠂢聲 在木曰果在地

曰蓏 説卦釋文 玉篇 韻會二十哿 在木曰果在艸曰蓏 御覽卷九百六十四 木上曰
果地上曰蓏 廣韻三十四果
芝神草也从艸从之 大徐 神艸也從艸之聲 小徐 韻會四支無也字 神草
也 藝文類聚卷九十八
蓂蓂莢瑞艸也堯時生於庖廚扇暑而涼从艸冥聲 大小徐
莆蓂莆也从艸甫聲 大徐 蒲 小徐莆作 韻會七麌
虋赤苗嘉穀也从艸釁聲 大徐 赤苗嘉穀從艸釁聲 小徐 韻會十三元
荅小尗也从艸合聲 大小徐 韻會十五合 荅 五經文字卷中
萁豆莖也从艸其聲 大小徐 韻會四支 豆莖 釋草釋文 初學記卷二十七 御覽卷八百四十
一

藿尗之少也从艸靃聲大○小徐韻會十藥　尗之少也釋草釋文　玉篇菽之少也

御覽卷八百四十一　藿豆之葉也文選卷二十三阮嗣宗詠懷詩注

䕲鹿藿之實名也从艸狃聲大○小徐　䕲鹿藿之實也御覽卷九百九十四　禾粟之穗

蓈禾粟之采生而不成者謂之董蓈从艸郎聲大○小徐

生而不成者謂之董蓈廣韻十一唐韻會七陽　玉篇無粟者字　禾粟之莠生而不成者

謂之童蓈也大田釋文　禾粟之莠生而不成者釋草釋文

稂蓈或从禾大○小徐　稂作蓈稂或字也大田釋文　稂同上廣韻十一唐

今文作稂韻會七陽

莠禾粟下生莠从艸秀聲讀若酉大○小徐生上有揚字　禾粟下揚生从艸

艸秀聲韻會二十六厚

萉枲實也从艸肥聲大小徐 韻會十二文 枲實也韻會五未

蘈萉或从麻賁大小徐 或作黂亦書作蘈韻會十二文 今作蘈韻會五未

芓麻母也从艸子聲一曰芓即枲也大徐無下也字 小徐 芓作芋即枲

也釋草釋文 一曰芓即枲也玉篇

萁芓也从艸異聲大小徐

蘇桂荏也从艸穌聲大小徐 韻會七虞

荏桂荏蘇从艸任聲大小徐 韻會二十七寑

苵菜也从艸失聲大小徐

䓘菜之美者雲夢之䓘从艸豈聲大小徐 菜名呂氏春秋菜之美

者有雲夢之䓘從艸豈聲韻會五尾 菜之美者有雲夢之䓘玉篇

葵菜也从艸癸聲 大○小徐 韻會四支 菜也 廣韻六脂 藝文 類聚卷八十二

薑禦溼之菜也从艸彊聲 大○徐 韻會七陽 小徐禦作御 薑御溼之菜 廣韻 十陽

蓼辛菜薔虞也从艸翏聲 大○小徐 韻會十七篠 辛菜也 文選卷四 南都賦注

蒩菜也从艸祖聲 大○小徐 菜也 廣韻 十姥

蘮菜也似蘇者从艸豦聲 大○小徐

薇菜也似藿从艸微聲 大○小徐 菜也似藿菜之微者也從艸微聲

韻會五微 似藿也 後漢黃憲傳注

䔲籀文薇省 大○小徐 籀省作䔲 韻會五微

蓶菜也从艸唯聲 大○小徐

菦菜類蒿从艸近聲周禮有菦菹 大○徐 末有是字 小徐 芹作菦菜類蒿

也天官醢人釋文

蘘菜也从艸蘘聲○大徐小徐無也字　蘘玉篇

莧莧菜也从艸見聲大小徐

芌大葉實根駭人故謂之芌也从艸亏聲○大小徐韻會七遇無也字　大葉實根驚人者故謂之芌一切經音義卷十五

莒齊謂芌為莒从艸呂聲大小徐　艸名齊謂芌為莒從艸呂聲韻會六語　齊人謂芋為莒御覽卷九百七十五

蘧蘧麥也从艸遽聲○大小徐韻會六魚

菊大菊蘧麥从艸匊聲○大小徐　大菊蘧麥也廣韻一屋　玉篇無也字

葷臭菜也从艸軍聲○大小徐韻會十二文

蘘蘘荷也一名蒚蒩从艸襄聲大小徐 蘘荷蒚蒩也文選卷四南都賦注

蘘荷也一名菡苴御覽卷九百八十

菁韭華也从艸青聲大小徐 韭華也韻會八庚 韭葉御覽卷九百七十六

蘆蘆菔也一曰薺根从艸盧聲大小徐 蘆菔也韻會七虞

菔蘆菔似蕪菁實如小尗者从艸服聲大小徐 蘆菔似蕪菁从艸服聲韻會十三職

苹蓱也無根浮水而生者从艸平聲大小徐 蓱也无根浮水而生初學記卷二十七 御覽卷一千 韻會八庚无作無 苹苹草皃文選卷十九高唐賦注

茞艸也从艸臣聲大小徐

薲大蓱也从艸賓聲大小徐 韻會十一眞韻 蘋作薲釋草釋文

藍染青艸也从艸監聲 大○小徐 韻會十三覃

藼令人忘憂艸也从艸憲聲詩曰安得藼艸 大○小徐 令人忘憂之艸從艸憲聲 韻會十三元 令人忘憂也 詩伯兮釋文 萱忘憂艸也 初學記卷二十七 御覽卷九百九十六艸作草

萱又作藼蕿 廣韻二十二元

蕿或从煖 大○小徐 或作蕿 詩伯兮釋文

萱或从宣 大○小徐 或作萱 韻會十三元

营营藭香艸也从艸宮聲 大○小徐 韻會一東 营藭者香草也 御覽卷九百九十

芎司馬相如說营或从弓 大○小徐 凡將篇营茯弓 韻會一東

藭营藭也从艸窮聲 大○小徐 韻會一東

蘭香草也从艸闌聲 大○小徐 香艸從艸闌 韻會十四寒 香草也 藝文類聚

卷八十一　初學記卷二十七　御覽卷九百八十三

荾艸出吳林山从艸姦聲　大小徐　香草也　一切經音義卷二　又卷十二　香草也　荾蘭草也　一切經音義卷八

葰薑屬可以香口从草俊聲　大小徐　韻會四支　薑屬可以香口　廣韻六脂　玉篇

芄芄蘭莞也从艸丸聲詩曰芄蘭之枝　大小徐　韻會　十四寒　無曰字莞作萑

虈楚謂之蘺晉謂之虈齊謂之茝从艸嚻聲　大小徐　韻會二蕭　楚謂之蘺晉謂之虈齊謂之茝　御覽卷九百八十三　韻會四紙　齊人謂之茝　內則釋文

蘺江蘺蘼蕪从艸離聲　大小徐　徐蘼作䕷　江蘺蘼蕪　韻會四支　江蘺蘪蕪也　御覽卷九百八十三

茝虈也从艸𦣞聲　大小徐　韻會十賄　虈也　內則釋文

蘪蘪蕪也从艸麋聲 大○小徐

薰香艸也从艸熏聲 大○小徐 韻會十二文

薚水萹茿从艸从水毒聲讀若督 大○徐無下从字 小徐

萹萹茿也从艸扁聲 大○小徐 御覽卷九百九十八

茿萹茿也从艸筑省聲 大○小徐 韻會一屋 小徐無也字

藒芞輿也从艸楬聲 大○小徐 藒車芞輿也從艸楬聲 韻會九屑 藒車

芞輿也 御覽卷九百八十三

芞芞輿也从艸气聲 大○小徐

苺馬苺也从艸母聲 大○小徐 馬苺 玉篇

茖艸也从艸各聲 大○小徐

苷甘艸也从艸从甘（大小徐）甘艸也從艸甘聲（小徐韻會十三覃）

芧艸也从艸予聲可以為繩（大小徐）艸也可以為繩（韻會六語）苧可

以為索（文選卷三南都賦注）

藎艸也从艸盡聲（大小徐韻會十二震）

蒁艸也从艸述聲（大小徐）

蒠蒠冬艸从艸忽聲（大小徐）蒠冬艸也（廣韻十六軫）

萇萇楚銚弋一名羊桃从艸長聲（大小徐）萇楚姚弋一曰羊桃從

艸長聲（韻會七陽）萇楚銚弋一名羊桃（御覽卷九百九十五）

薊芺也从艸魝聲（大小徐）

葷艸也从艸里聲讀若釐（大小徐）

藋釐艸也一曰拜商藋从艸翟聲 大〇小徐 堇艸一曰拜商藋從艸
翟聲 韻會十八嘯 堇也 釋草釋文
芨堇艸也从艸及聲讀若急 大〇徐 堇艸也從艸及聲 小徐
萮山莓也从艸肎聲 大〇小徐
蓩毒艸也从艸務聲 大〇徐 小徐務作蓩 毒艸也 玉篇
蓩卷耳也从艸務聲 大〇小徐 卷耳 韻會十九晧 卷耳也 玉篇
薓人薓藥艸出上黨从艸浸聲 大〇小徐 韻會十二侵 人薓出上黨 御覽卷九
百九十一 苦草也 一切經音義卷十一
虊鳧葵也从艸攣聲 大〇小徐
䓞艸也可以染留黃从艸戾聲 大〇小徐 草可以染黃 御覽卷九百九十七

荍蚍虾也从艸收聲大小徐 艸名蚍虾也從艸收聲韻會二蕭

蓖蒿也从艸毗聲大小徐 蒿也韻會四支

萬艸也从艸禹聲大小徐韻會七麌 艸也廣韻九麌

荑艸也从艸夷聲大小徐韻會八齊 稊作荑一切經音義卷十四 苐草也玉篇

文田案玉篇引許書有苐無荑當因篆文相似而誤

薛艸也从艸辥聲大小徐韻會九屑 艸也廣韻十七薛 薛五經文字卷中 玉篇

苦大苦苓也从艸古聲大小徐 大苦苓也從艸古聲一曰急也韻會七麌 大苦苓也玉篇廣韻十姥 猶急也文選卷五十五廣絶交論注

菩艸也从艸咅聲大小徐 艸也廣韻十五海

蓄薏苢从艸啻聲一曰蓄英大小徐韻會十三職韻

茅菅也从艸矛聲 大小徐 韻會三肴 菅也 一切經音義卷九 御覽卷九百九十六

菅茅也从艸官聲 大小徐 韻會十五删 茅也 藝文類聚 卷八十二

蘄艸也从艸斬聲江夏有蘄春亭 大小徐 草也 釋草 疏

文田案漢書地理志江夏有蘄春縣此注亭名字或誤鋌等以為蘄字重出非也

莞艸也可以作席从艸完聲 大小徐 艸可以為席從艸完聲 御覽卷一

千 艸可以為席 釋草疏

藺莞屬从艸閵聲 大小徐 屬下有也字 小徐 莞屬可為席 韻會十二震

蒢黃蒢職也从艸除聲 大徐 小徐職作蘵

蒲水艸也可以作席从艸浦聲 大徐 小徐可作或 水艸或以作席 韻會七虞

艸也以作席 御覽卷九百九十九

蒻蒲子可以為平席从艸弱聲 大小徐 韻會十藥子下有也字 蒲子以為華席也 文選卷十三秋興賦注 蒲子也以為平席世謂蒲蒻 御覽卷九百九十九

蒲蔫也可以為蔫 御覽卷七百九 蒲子也可為蔫 藝文類聚卷六十九

蒤蒲蒻之類也从艸涂聲 大小徐 韻會十二侵無也字

蓷萑也从艸推聲詩曰中谷有蓷 大小徐無曰字推譌作隹 韻會十灰

萑艸多皃从艸隹聲 大小徐 韻會四支

茥缺盆也从艸圭聲 大小徐

莙牛藻也从艸君聲讀若威 大小徐 牛藻也讀若威 顏氏家訓書證第十七 御覽卷九百九十九

[艹睆]夫蘺也从艸睆聲 徐 大小

蒚夫蘺上也从艸鬲聲 徐 大小

莒芣苢一名馬舄其實如李令人宜子从艸吕聲周書所說 徐 大小

芣苢一曰馬舄其實如麥從艸吕聲 韻會四紙 芣苡木也實似李食之宜子出於西戎 芣苢釋文 芣苢馬舄也 釋草釋文舄譌作舃

蕁芫藩也从艸尋聲 徐 大小

[艹爻尋]蕁或从爻 徐 大小 [艹爻尋]或作蕁 釋草釋文

[艹穀]艸也从艸穀聲 徐 大小

蓲艸也从艸區聲 徐 大小 烏蓲艸也 釋草釋文

[艹固]艸也从艸固聲 徐 大小

蘇艸也从艸穌聲大小徐

藷藷蔗也从艸諸聲大小徐　藷蔗也藝文類聚卷八十七御覽卷九百七十四

蔗藷蔗也从艸庶聲大小徐韻會二十二禡無也字

蘋䑲蘋可以作縻綆从艸毄聲大小徐　䑲蘋可以作縻綆廣韻十一唐

蕮艸也从艸賜聲大小徐

苄艸也从艸中聲大小徐

蕢王蕢也从艸貝聲大小徐韻會二十六厚

芺艸也味苦江南食以下气从艸夭聲大小徐　味苦江南食以下

气釋草疏　釋草釋文南作東玉篇南下有之字

蒚艸也从艸弦聲大小徐　草名玉篇

蘸艸也从艸䕅聲䕅籒文囿〔大徐小徐䕅古囿字作鍇曰〕

莩艸也从艸孚聲〔大小徐〕艸也一曰葭中白皮〔六書故第二十四韻會七虞皮作〕灰

蔩兔瓜也从艸寅聲〔大小徐〕

䓝馬帚也从艸幷聲〔大小徐〕

䔏水邊艸也从艸猶聲〔大小徐韻會十一尤〕

荌艸也从艸安聲〔大小徐〕

藄綦月爾也从艸綦聲〔大小徐〕土夫也〔釋草釋文〕

文田案爾雅土夫王綦月爾許氏與郭異讀故以土夫為王綦後人依郭注妄改耳

莃兔葵也从艸稀省聲大○小徐　莃兔葵也從艸希聲小徐

蘛灌渝从艸夢聲讀若萌大○小徐

蕧盜庚也从艸復聲大○小徐

苓卷耳也从艸令聲大○小徐　卷耳草从艸令韻會九青

蘻艸也从艸贛聲一曰薏苢大○小徐

藑茅葍也一名蕣从艸夐聲大○小徐　葍藑茅也一名蕣從艸夐聲

御覽卷九百九十九　茅葍也一曰蕣也韻會八庚　亦名蕣釋草釋文

𦸈葍也从艸富聲大○小徐　葍也𦸈從艸富聲御覽卷九百九十九

葍𦸈也从艸畐聲大○小徐韻會一屋　從艸畐聲御覽卷九百九十九

蓨苗也从艸脩聲大○小徐

苗蓨也从艸由聲 大小徐 從由聲 釋草釋文

蕩艸枝枝相值葉葉相當从艸昜聲 大小徐 枝枝相值葉葉相當 玉篇

蘡薁也从艸嬰聲 大徐 小徐無也字 艸名蘡薁也从艸嬰聲 韻會一屋

葴馬藍也从艸咸聲 大小徐 馬藍也 韻會十二侵

蕫艸也可以束从艸魯聲 大小徐 蕫草也可以束 釋草疏 蕫 玉篇

䕡蕫或从鹵 大小徐

蔽艸也从艸敝聲 大小徐 韻會十卦

蔞艸也可以亨魚从艸婁聲 大小徐 韻會七虞

藟艸也从艸畾聲詩曰莫莫葛藟一曰秬鬯也 大徐 小徐無下也字 艸也從艸畾聲詩曰莫莫葛藟一曰秬鬯 韻會四紙

⿱艹富 ⿱艹富也从艸富聲 大小徐 御覽卷九百九十八

葍 葍也从艸畐聲 大小徐訛含一屋 葍也從艸畐聲 御覽卷九百九十九

苗蓨也从艸由聲 大小徐 從由聲 釋草釋文

募艸枝枝相值葉葉相當从艸昜聲 大小徐 枝枝相值葉葉相當 玉篇

蒖嬰蒖也从艸奥聲 大小徐無也字 艸名蘡蒖也从艸奥聲 韻會一屋

蒧馬藍也从艸咸聲 大小徐 馬藍也 韻會十二侵

蓸艸也可以束从艸曹聲 大小徐 蓸草也可以束 釋草疏 蓸 玉篇

蓾蔖或从鹵 大小徐

蔽艸也从艸敝聲 大小徐 韻會十卦

蔞艸也可以烹魚从艸婁聲 大小徐 韻會七虞

藟艸也从艸畾聲詩曰莫莫葛藟一曰秬鬯也 大小徐無也字 艸

也從艸畾聲詩曰莫莫葛藟一曰秬鬯 韻會四紙

萈棘萈也从艸冤聲 大小徐

茈茈艸也从艸此聲 大小徐 紫草 御覽卷九百九十九

藐茈艸也从艸貌聲 大小徐頟皆譌作貌 茈艸 韻會三覺 紫艸 御覽卷九百九十九

蔚烏喙也从艸則聲 大小徐 烏頭也 御覽卷九百九十

蒐茅蒐茹藘人血所生可以染絳从艸从鬼 大小徐 茅蒐茹藘人血所生可以染絳從艸鬼 小徐韻會十一尤 茅蒐茹藘人血所生可以染絳 御覽卷九百九十六 人血所生故從艸從鬼 韻會六魚 人血所生可以染絳 一切經音義卷十五又卷十四人作地

茜茅蒐也从艸西聲 大小徐韻會十七霰 茅蒐也從西聲 一切經音義卷十五 茅蒐 一切經音義卷十四 茅蒐可以染緋 玉篇

蒜赤蒜也从艸隸聲大○小徐　蕼赤蕼也廣韻六至

薜牂贊也从艸辟聲大○小徐韻會八霽

蒠杜榮也从艸忘聲大○小徐韻會七陽

苞艸也南陽以為麤履从艸包聲大○小徐韻會三肴　小徐麤作粗也作名

艾冰臺也从艸乂聲大○小徐韻會九泰　艾老也長也孟子疏

文田案孟子疏竄舛駁以行世已久故姑摘入

蓴艸也从艸章聲大○小徐

芹楚葵也从艸斤聲大○小徐韻會十二文

蘱豕首也从艸甄聲大○小徐

蔦寄生也从艸鳥聲詩曰蔦與女蘿大○小徐　寄生艸從艸鳥聲詩

蕼赤蕼也从艸隸聲大○小徐　蕼赤蕼也廣韻六至

薜牡贊也从艸辟聲大○小徐韻會八霽

莣杜榮也从艸忘聲大○小徐韻會七陽

苞艸也南陽以為麤履从艸包聲大○徐韻會三肴小徐麤作粗也作名

艾冰臺也从艸乂聲大○小徐韻會九泰　艾老也長也孟子疏

文田案孟子疏宧舛駁以行世已久故姑摘入

蔁艸也从艸章聲大○小徐

芹楚葵也从艸斤聲大○小徐韻會十二文

蘔豕首也从艸甄聲大○小徐

蔦寄生也从艸鳥聲詩曰蔦與女蘿大○小徐　寄生艸從艸鳥聲詩

蔦與女蘿韻會十七篠 寄生艸也桑扈釋文

樢蔦或从木大小徐 蔦或作樢釋木釋文 或作樢韻會十七篠

芸艸也似目宿从艸云聲淮南子說芸艸可以死復生大徐小徐無子字

艸也似苜蓿從艸云聲淮南說芸艸可以死復生韻會十二文

艸也似苜蓿淮南子說芸艸可以死復生釋草疏 似目宿淮南

王說芸草可以死復生廣韻二十文 艸似苜蓿又 淮南子曰芸可

以死而復生御覽卷九百八十二 似苜蓿後漢馬融傳注 似目蓿玉篇

蓛艸也从艸敹聲大小徐

葎艸也从艸律聲大小徐

茦莿也从艸朿聲大小徐 莿也玉篇

𦻏苦婁果蓏也从艸𩑋聲大小徐　苦蔞果蓏也廣韻十三末

葑須從也从艸封聲大小徐

薺蒺棃也从艸齊聲詩曰牆有薺大小徐　蒺蔾從艸齊聲韻會四支

草可食也藝文類聚卷八十二　草可食御覽卷九百八十　蕢作薺廣韻六脂

莿茦也从艸刺聲大小徐

董鼎董也从艸童聲杜林曰藕根大小徐　徐藕作藕

蘻狗毒也从艸繫聲大小徐

蘐艸也从艸嫈聲大小徐

芐地黃也从艸下聲禮曰鈃毛牛藿羊芐豕薇是大小徐　地黃也

從艸下聲禮記鉶毛牛藿羊芐豕薇韻會七麌

薟白蘞也从艸僉聲大如小徐韻會二十九敬避　白薟也一切經音義卷十七

蘞薟或从斂大如小徐　今文作蘞韻會二十九敬避　蘞同廣韻二十四鹽

蓳黃蓳也从艸金聲大如小徐　黃芩也御覽卷九百九十二

芩艸也从艸今聲詩曰食野之芩大如小徐　艸也詩食野之芩韻會十二侵

蒿也鹿鳴釋文

藨鹿藿也从艸麃聲讀若剽一曰蔽屬大如小徐徐藿作蘿　艸名鹿蘿也

從艸麃聲韻會十七篠　蒯之屬文選卷四南都賦注

虉綬也从艸鶪聲詩曰卭有旨虉是大如小徐　虉綬艸也韻會十二錫

蔆芰也从艸淩聲楚謂之芰秦謂之薢茩大如小徐徐作秦曰　芰也楚謂

之芰秦謂之薢茩韻會十蒸　蔆楚曰芰秦曰薢茩釋草疏

蓫司馬相如說蔆从遴 大小徐 玉篇 司馬相如凡將篇云蔆从遴 韻會十蒸

芰蔆也从艸支聲 大小徐 韻會四寘 蔆也 一切經音義卷十四 芰也 藝文類聚卷八十二

茤杜林說芰从多 大小徐 玉篇 杜林說茤从多 一切經音義卷十四 或作茤 韻會四寘

薢薢茩也从艸解聲 大小徐

茩薢茩也从艸后聲 大小徐

芡雞頭也从艸欠聲 大小徐 韻會二十九敬避韻 雞頭也 御覽卷九百七十五 廣韻五十敬避

蘜日精也似秋華从艸籟省聲 大徐 日精也似秋華從艸𥶷聲 小徐 韻會一屋似作以 蘜日精也似秋華 玉篇 日精也似秋華 廣韻一屋 日精也 釋草釋文

文田案玉篇作蘜據或體作𦽚坴部籟字或作𥳑當以玉篇

為是從䕲省聲

蘜蘜或省大小徐　或作蘜韻會一屋　蘜同上玉篇

蘥爵麥也从艸龠聲大小徐

藗牡茅也从艸遬聲遬籒文速大小徐　藗牡茅也從艸遬聲小徐韻會一屋

⿱艹私茅秀也从艸私聲大小徐　⿱艹私茅莠也廣韻六脂

蒹雈之未秀者从艸兼聲大小徐　雈之未秀者韻會十四鹽

薍𦵹也从艸亂聲八月薍為葦也大小徐　𦵹也從艸亂聲韻會十六諫

𦵹雈之初生一曰薍一曰騅从艸剡聲大小徐感　韻會二十八感小徐雈作萑　萑

之初生一名薍一名騅廣韻四十九感　菼作𦵹釋草釋文

菼𦵹或从炎大小徐　或𦵹字釋草釋文　菼上同廣韻四十九感　今作菼韻會

二十八感

薕蒹也从艸廉聲 大小徐 蒹也 廣韻二十四鹽

薠青薠似莎者从艸煩聲 大小徐 青薠似莎而大者 韻會十三元

茚昌蒲也从艸卬聲益州生 大小徐

䓞茚䓞也从艸邪聲 大小徐

芀葦華也从艸刀聲 大小徐 韻會二蕭

茢芀也从艸列聲 大小徐 韻會九屑 芀也 廣韻十七薛

菡菡藺也从艸圅聲 大小徐 韻會二十八感 無也字 菡萏作莟萏 華嚴音義卷五十九

藺菡藺芙蓉華未發為菡藺已發為芙蓉从艸閵聲 大徐 韻會二十八感

小徐芙蓉作夫容 扶渠花未發者為菡藺花已發開者為扶蓉 一切經音義卷

三又卷八無開字下扶作芙 芙蓉花未發者為菡萏華嚴音義卷五十九 菡萏華未發

也已發名芙蓉釋草釋文 萏作藺五經文字卷中 其實曰蓮一切經音義卷

蓮芙蕖之實也从艸連聲大徐 小徐芙作夫 韻會一先

三

茄芙蕖莖从艸加聲大徐 小徐芙作夫 芙蕖其莖茄從艸加聲韻會六麻

芙蕖莖也御覽卷九百九十九 茄一切經音義卷十四

荷芙蕖葉从艸何聲大徐 夫容葉從艸何聲小徐韻會五歌作芙蓉 芙蕖

實也御覽卷九百九十九

蔤芙蕖本从艸密聲大徐 小徐芙作夫 芙蕖本也御覽卷九百九十九

藕芙蕖根从艸水禺聲大徐 小徐芙作夫 韻會二十六厚

蘢天蘥也从艸龍聲 大小徐 天蘥也 韻會二冬

蓍蒿屬生千歲三百莖易以為數天子蓍九尺諸侯七尺大夫五尺士三尺从艸耆聲 大小徐 蒿屬也生千歲三百莖易以為數天子蓍九尺諸侯七尺大夫五尺士三尺 御覽卷九百九十七 曲禮正義無蓍字 生千歲三百莖易以為數天子蓍九尺諸侯七尺大夫五尺士三尺 廣韻六脂 蓍無蓍字 蒿屬生千歲三百莖易以為數天子九尺諸侯七尺大夫三尺 說卦釋文 蒿屬也生千歲三百莖 釋草釋文 釋草疏 蒿屬 韻會四支

䕭香蒿也从艸臤聲 大小徐 韻會十二震

𦸈䕭或从堅 大小徐 或作𦸈 韻會十二震

莪蘿莪蒿屬从艸我聲 大小徐 小徐屬下有也字 韻會五歌 蒿也從艸我聲 御覽卷九

百九十七

蘿莪也从艸羅聲 大小徐韻會五歌

菻蒿屬从艸林聲 大徐小徐屬下有也字

蔚牡蒿也从艸尉聲 大小徐韻會五未

蕭艾蒿也从艸肅聲 大小徐韻會二蕭無也字 艾蒿也 御覽卷九百九十七 艾蒿

詩采葛正義

萩蕭也从艸秋聲 大小徐蕭也韻會十一尤

芍鳧茈也从艸勺聲 大小徐

蕍王彗也从艸湔聲 大小徐 前作蕍 釋草釋文

蔿艸也从艸爲聲 大小徐韻會四紙

䒞艸也从艸冘聲 大°小徐

蘜治蘠也从艸鞠聲 大°小徐 治蘠也 釋草釋文 韻會一屋 治蘠 韻會四支

蘠蘠靡虋冬也从艸牆聲 大°徐 小徐虋作虋

芪芪母也从艸氏聲 大°小徐 芪母也 廣韻五支

菀茈菀出漢中房陵从艸宛聲 大°小徐 韻會十三阮

莔貝母也从艸朙省聲 大°小徐 貝母草療蛇毒從艸囧省聲 韻會八庚

苿山薊也从艸术聲 大°小徐 韻會四質

蓂析蓂大薺也从艸冥聲 大°小徐

菋荎藸也从艸味聲 大°小徐

荎荎藸艸也从艸至聲 大°徐 無上艸字 小徐

藸苴藸也从艸豬聲大徐　艸也從艸豬聲小徐

葛絺綌艸也从艸曷聲大小徐　韻會七曷無也字　絺綌草也御覽卷九百九十五

蔓葛屬从艸曼聲大徐　小徐韻會十四願屬下有也字

萆葛屬白華从艸畁聲大徐　小徐屬下有也字

莕菨餘也从艸杏聲大小徐　韻會二十三梗

荇莕或从行同大小徐　著作荇釋草釋文　或作荇韻會二十三梗

菨菨餘也从艸妾聲大小徐　菨餘也韻會十六葉　接作菨釋草釋文

䔽艸也从艸䍡聲大小徐

芫魚毒也从艸元聲大小徐

蘦大苦也从艸霝聲大小徐　大苦也韻會九青

蕛蕛英也从艸稊聲大小徐 韻會八齊

英蕛英也从艸英聲大小徐 韻會九屑

艼熒朐也从艸丁聲大小徐

蔣苽蔣也从艸將聲大小徐 苽蔣也從艸將聲韻會二十二養 苽蔣也韻會七陽 菰蔣也文選卷四南都賦注 菰也藝文類聚卷八十二 御覽卷九百九十九 雕苽一名蔣也廣韻十一模

苽雕苽一名蔣从艸瓜聲大小徐 韻會七虞 雕胡一名蔣御覽卷九百九十九 菰蔣也釋草疏

⿱艹育艸也从艸育聲大小徐

⿱艹罷艸也从艸罷聲大小徐

⿱艹難艸也从艸難聲大小徐

莨艸也从艸良聲大小徐

葽艸也从艸要聲詩曰四月秀葽劉向説此味苦苦葽也大徐小徐無下也字 艸也詩四月秀葽劉向説此味苦苦葽也韻會二蕭

薖艸也从艸過聲大小徐韻會五歌

菌地蕈也从艸囷聲大徐 地蕈從艸囷聲小徐韻會十一軫

蕈桑萸从艸覃聲大小徐 桑萸也釋草釋文

萸木耳也从艸耎聲一曰萮茈大小徐

葚桑實也从艸甚聲大小徐韻會二十七寑無也字 桑實也泮水釋文釋木釋文釋木

疏 廣韻四十七寑

蒟果也从艸竘聲大小徐韻會七麌

芘艸也一曰芘茮木从艸比聲 大徐 小

蕣木堇朝華暮落者从艸䑞聲詩曰顏如蕣華 大徐 小 木槿朝華暮

落者从艸舜聲詩顏如舜華 韻會十二震 木槿也朝華暮落 藝文類聚

卷八十九 木堇朝華莫落 文選卷六魏都賦注 又卷二十五陸士龍代贈婦詩注 又卷二十七石季

倫昭君詞注 木槿也 御覽卷九百九十九

萸茱萸也从艸臾聲 大徐 小

茱茱萸茮屬从艸朱聲 大徐 茱萸也從艸朱聲 小徐

茮茮菉从艸尗聲 大徐 茮作茱 小 茮菉也從艸尗聲 韻會二蕭

菉茮樧實裹如表者从艸求聲 大徐 茮椒實煮如表者從艸求聲

小徐 椒樧實裹如表者 韻會十一尤 樧椒實裹如裘也 釋木釋文

荊楚木也从艸刑聲大小徐韻會八庚

葝古文荊大小徐 葝古文玉篇

菭水衣从艸治聲大小徐韻會十灰衣下有也字 水衣廣韻十六咍韻會四支未有也字

水青衣也釋草釋文 菭水衣也藝文類聚卷八十二初學記卷二十七見御覽卷一千

芽萌芽也从艸牙聲大小徐韻會六麻

萌艸芽也从艸明聲大小徐韻會八庚 艸木芽也玉篇

茁艸初生出地皃从艸出聲詩曰彼茁者葭大小徐無上出字小徐 艸初

生地貌從艸出詩彼茁者葭韻會八黠

莖枝柱从艸巠聲大小徐韻會八庚 艸木榦也玉篇

莛莖也从艸廷聲大小徐韻會九青 莛也玉篇

葉艸木之葉也从艸枼聲大小徐韻會十六葉

蒚艸之小者从艸𠟭聲𠟭古文銳字讀若芮大小徐

芣華盛从艸不聲一曰芣苢大小徐

葩華也从艸皅聲大小徐韻會六麻　華也文選卷二西京賦注　蘤古花字文選卷十五思玄賦注葩譌作蘤　華也一切經音義卷三又卷七又卷十二又卷十九

𦯬艸之皇榮也从艸尹聲大小徐韻會四紙也上有者字

蘳黃華从艸黊聲讀若壞大徐壞上有墮字小徐　黃花也後漢馬融傳注　黃華廣韻二十五馬

蔈苕之黃華也从艸㶾聲一曰末也大徐無下也字小徐

英艸榮而不實者一曰黃英从艸央聲大小徐　艸榮而不實者從

艸央聲一曰黄英 韻會八庚

薾華盛从艸爾聲詩曰彼薾惟何 大小徐 爾作薾 采薇釋文

萋艸盛从艸妻聲詩曰菶菶萋萋 大小徐 艸盛貌從艸妻聲詩菶萋萋 韻會八齊

菶艸盛从艸奉聲 大小徐

薿茂也从艸疑聲詩曰黍稷薿薿 大小徐 韻會四紙無曰字

蕤艸木華垂皃从艸甤聲 大小徐 韻會四支 草木華垂貌 文選卷五吴都賦注 又卷十七文賦注 又卷十八琴賦注無垂字 草木華盛皃也 文選卷二十九陸士衡園葵詩注 又卷三十一江文通雜體詩注無也字

葼青齊沇冀謂木細枝曰葼、从艸㚇聲 大徐 青齊兖冀謂木細枝

曰葼從艸嵏聲 小徐韻會一東

䔟艸萎䔟从艸移聲 大小徐

蒝艸木形从艸原聲 大小徐

莢艸實从艸夾聲 大小徐韻會十六葉

芒艸耑从艸亡聲 大小徐韻會七陽

蓨藍蓼秀从艸隨省聲 大徐　藍蓼秀從艸隋聲 小徐　蓨蓼秀也 韻會四紙

藍蓼秀也 玉篇

蔕瓜當也从艸帶聲 大小徐韻會八霽

荄艸根也从艸亥聲 大小徐韻會十灰　草根也 釋草釋文義卷十一　一切經音又卷十三

又同　十三

又卷二十

有小點者皆作草根餘作艸

筠茇也茅根也从艸均聲大小徐　茇也謂茅根韻會十一軫　茅根也玉篇

茇艸根也从艸犮聲春艸根枯引之而發土為撥故謂之茇一曰

艸之白華為茇大小徐　草根也一切經音義卷十一　草之白華為茇釋草

釋文

芃艸盛也从艸凡聲詩曰芃芃黍苗大小徐　艸盛貌從艸凡聲韻會

一東　草盛韻會一東

蒪華葉布从艸傅聲讀若傅大小徐　華葉布也從艸傅聲韻會七遇

蓻艸木不生也一曰茅芽从艸執聲大小徐

菥艸多貌从艸折聲江夏平春有菥亭大小徐　亭名在江夏廣韻十七

眞

茂艸豐盛从艸戊聲大小徐　艸木盛皃從艸戊聲韻會二十六宥

蕩艸茂也从艸暘聲大小徐

蔭艸陰地从艸陰聲大小徐　艸陰地從艸陰韻會二十七沁　草陰地也廣韻五十二沁　草蔭地也玉篇

䓆艸皃从艸造聲大小徐韻會二十六宥　䓆從艸昭十一年正義　䓆倅字如此文選卷十八長笛賦注又卷三十一江文通雜體詩注倅作雜　䓆倅一曰齊也　䓆上同廣韻四十九宥

茲艸木多益从艸絲省聲大小徐　茲艸木多益從艸丝聲韻會四支

𦺇艸旱盡也从艸俶聲詩曰𦺇𦺇山川大小徐

䔲艸皃从艸歆聲周禮曰轂雖獘不䔲大小徐

蔇艸多皃从艸旣聲大小徐　艸多皃廣韻八未　蔇五經文字卷中

薋艸多皃从艸資聲大小徐韻會四支

蓁艸盛皃从艸秦聲大小徐韻會十一眞　韻

萷惡艸皃从艸肖聲大小徐　惡草皃廣韻四肴

芮芮芮艸生皃从艸内聲讀若汭大小徐　芮芮艸生貌從艸内聲
韻會八霽　小皃文選卷十西征賦注

茬艸皃从艸在聲濟北有茬平縣大小徐　艸貌又濟北有茬平縣
韻會四支

薈艸多皃从艸會聲詩曰薈兮蔚兮大小徐九泰無曰字　韻會

蓩細艸叢生也从艸敄聲大小徐

芼艸覆蔓从艸毛聲詩曰左右芼之 大小徐 艸覆蔓也從艸毛聲 韻會四豪 艸覆蔓詩左右芼之從艸毛聲 韻會二十號

蒼艸色也从艸倉聲 大小徐 韻會七陽

颪艸得風皃从艸風讀若婪 大徐 艸得風皃從艸風風亦聲讀若婪 小徐

萃艸皃从艸卒聲讀若瘁 大小徐 艸貌從艸卒聲 韻會四寘

蒔更別種从艸時聲 大小徐 更別種也從艸時聲 韻會四寘

苗艸生於田者从艸从田 大徐 艸生於田者從艸田 小徐 韻會二蕭 艸生於田者也 一切經音義卷六

苛小艸也从艸可聲 大小徐 韻會五歌 小草也 後漢光武紀注 廣韻七歌草作艸 細草

也後漢宣秉傳注　尤劇也一切經音義卷一　又卷十二

蕪薉也从艸無聲大小徐韻會七虞　薉也廣韻二十廢

薉蕪也从艸歲聲大小徐韻會十一隊　蕪也韻會七陽

荒蕪也从艸㠩聲一曰艸掩地也大小徐　艸亂也杜林說䓬

薴艸亂也从艸寍聲杜林說艸䓬薴皃大小徐

薴皃韻會八庚　鬡鬡作䓬薴一切經音義卷二十一

䓬䓬薴皃从艸爭聲大小徐

落凡艸曰零木曰落从艸洛聲大小徐韻會十藥　艸曰苓木曰落王制釋文

釋釋詁文艸作草　艸曰蘦木曰落釋詁疏

蔽蔽蔽小艸也从艸敝聲大小徐韻會八霽

蘀艸木凡皮葉落陊地為蘀从艸擇聲詩曰十月隕蘀大徐 小徐無凡字
草木皮葉落墮地為蘀從艸擇聲詩十月殞蘀韻會十藥

蘊積也从艸溫聲春秋傳曰蘊利生孽大小徐 積也春秋傳曰蘊利生孽廣韻十八吻 積也從艸溫聲韻會十二吻 從艸溫聲一切經音義卷二十一 蘊為蘊一切經音義卷二十三

蔫菸也从艸焉聲大小徐 韻會一先 菸也一切經音義卷十二

菸鬱也从艸於聲一曰殘也大小徐 鬱也中谷有蓷釋文 萎也中谷有蓷正義

蘩艸旋皃也从艸榮聲詩曰葛藟蘩之大小徐 艸旋貌詩葛藟蘩之韻會八庚 帶作蘩樛木釋文

蔡艸也从艸祭聲大小徐 韻會九泰

茷艸葉多从艸伐聲春秋傳曰晉糴茷大小徐

菜艸之可食者从艸采聲大小徐韻會十一隊

芾艸多葉皃从艸而聲沛城父有楊芾亭大小徐

芝艸浮水中皃从艸乏聲大小徐

薄林薄也一曰蠶薄从艸溥聲大小徐　林薄也從艸溥聲韻會十藥

林薄也廣韻十九鐸　林薄也一曰蠶薄玉篇

苑所以養禽獸也从艸夗聲大小徐　所以養禽獸從艸夗聲小徐韻會十三阮

苑囿字五經文字卷中

藪大澤也从艸數聲九州之藪楊州具區荆州雲夢豫州圃田青州孟諸沇州大野雝州弦蒲幽州奚養冀州楊紆并州昭餘祁

是也大徐　大澤從艸數聲九州之藪揚州具區荊州雲夢豫州
圃田青州孟豬兖州大野雍州弦蒲幽州奚養華州揚紆幷州
昭余祁是也小徐　大澤也從艸數聲九州之藪揚州具區荊州
雲夢豫州圃田青州孟諸兖州大野雍州弦蒲幽州奚養冀州
揚紆并州昭餘祁韻會二十六厚　大澤也釋地釋文御覽卷七十二釋地疏
菑不耕田也从艸甾易曰不菑畬大徐甾下有聲字小徐　不耕田也廣韻七之
韻會四支　徐本曰不耕也二歲田也从艸从甾或省艸从田从
巛巛亦聲唐本曰古文作甾六書故弟二十四
甾菑或省艸大徐小
蘨艸盛皃从艸繇聲夏書曰厥艸惟蘨大小徐二蕭無夏曰字韻會

薙除艸也明堂月令曰季夏燒薙从艸雉聲大徐　小徐無也字

䒳耕多艸从艸耒耒亦聲大徐　耕名從艸耒耒亦聲小徐

䔧艸大也从艸致聲大小徐

蔪艸相蔪苞也从艸斬聲書曰艸木蔪苞大徐　小徐無也字苞皆作包　艸相

蔪苞從艸斬聲書草木蔪苞韻會二十九〔敬避〕　艸相蔪苞也廣韻五十〔敬避〕

䕭蔪或从槧大小徐

茀道多艸不可行从艸弗聲大小徐韻會五勿

苾馨香也从艸必聲大小徐韻會四質　馨香也廣韻五質又十六屑

蔎香艸也从艸設聲大小徐韻會九屑

芳香艸也从艸方聲大小徐韻會七陽

蕡雜香艸从艸賁聲大〇小徐韻會十二文

藥治病艸从艸樂聲大〇小徐韻會十藥　治病艸廣韻十八藥　治疾之草總名玉篇

蘼艸木相附蘼土而生从艸麗聲易曰百穀艸木蘼於土大〇小徐

艸木相附蘼土而生從艸麗聲韻會四支　艸木生著土從艸麗聲

韻會八霽　麗作蘼易離釋文

蓆廣多也从艸席聲大〇小徐韻會十一陌　廣多緇衣釋文

芟刈艸也从艸从殳大〇徐　刈艸也從艸殳聲小徐韻會十五咸

文田案木部楈讀若芟刈之芟殳昏古音相近殳非刈艸之

器有聲字者為是

荐薦蓆也从艸存聲大〇小徐韻會十七霰

藉祭藉也一曰艸不編狼藉从艸耤聲 大小徐韻會二十二禡

蒩茅藉也从艸租聲禮曰封諸侯以土蒩以白茅 大小徐韻會六魚 茅

藉也 封禪書索隱韻會七虞

蕝朝會束茅表位曰蕝从艸絕聲春秋國語曰致茅蕝表坐 大小徐韻會九屑無下曰字

茨以茅葦蓋屋从艸次聲 大小徐 茨茅蓋屋從艸次聲 韻會四支 茅

茨蓋屋也 文選卷三東京賦注 蓋也 文選卷五十九王簡栖頭陀寺碑文注 屋以草蓋

曰茨 文選卷四十二應休璉與從弟書注

葺茨也从艸咠聲 大小徐韻會十四緝 茨也 一切經音義卷十三又卷十九

蓋苫也从艸盇聲 大小徐韻會九泰 苫也 五經文字卷中廣韻十九泰 蓋 九經字樣

苫蓋也从艸占聲 大○小徐韻會十四鹽

藹蓋也从艸渴聲 大○小徐 蓋也 廣韻十四泰

䓛剧也从艸屈聲 大○小徐

藩屏也从艸潘聲 大○小徐韻會十三元

菹酢菜也从艸沮聲 大○小徐 酢菜也 廣韻九魚 韻會六魚

𦼩或从皿 大○小徐 或作蒀 韻會六魚

𧂒或从缶 大○小徐 或作𧂒 韻會六魚

荃芥脃也从艸全聲 大○小徐韻會一先

䕩韭鬱也从艸酤聲 大○小徐

藍瓜菹也从艸監聲 大○小徐 藍瓜菹也 廣韻五十四闞

文田案藍大小徐本皆脫從水與染青艸重出從廣韻為是

菧蒩也从艸派聲大小徐

薀菧或从皿皿器也大小徐無也字

藔乾梅之屬从艸橑聲周禮曰饋食之籩其實乾藔後漢長沙王

始煮艸為藔大小徐韻會十九皓無上之字曰字

䕩藔或从潦大小徐或作䕩韻會十九皓

藾煎茱萸从艸顡聲漢律會稽獻藾一斗大小徐韻會五未　藾煎茱萸

從艸類聲韻會四寘　煎茱萸也廣韻八未

䓴羹菜也从艸宰聲大小徐　羹菜也廣韻五旨　玉篇

若擇菜也从艸右右手也一曰杜若香艸大小徐韻會十藥

蓴蒲叢也从艸專聲 大徐小徐無聲字 蒲叢也 韻會十一眞

茜以艸補缺从艸西聲讀若囗或以為綴一曰約空也 大徐小徐作讀若

俠

⿱艹尊叢艸也从艸尊聲 大小徐韻會十三阮 韻

莜艸田器从艸條省聲論語曰以杖荷莜 大小徐 芸田器從艸條

省聲論語以杖荷蓧 韻會十八嘯 芸田器也 論語延

萆雨衣一曰衰衣从艸卑聲一曰萆藨似烏韭 大徐小徐藨作歷

蒫艸也从艸是聲 大小徐

苴履中艸从艸且聲 大小徐韻會六魚

⿱艹麤艸履也从艸麤聲 大小徐 草履也 廣韻十一模

蕢艸器也从艸貴聲大小徐韻會四寘　艸器論語延

臾古文蕢象形論語曰有荷臾而過孔氏之門大小徐　古作臾韻會

四寘

蔓霞也从艸優省聲大小徐　艸霞地從艸優省聲小徐　霞也玉篇

茵車重席从艸因聲大小徐韻會十一眞席下有也字　車中重席也一切經音義卷三

又卷二十一廣韻十七眞　車重席也廣韻十七眞

鞇司馬相如説茵从革大小徐韻會十一眞　茵又作鞇一切經音義卷三又卷二十

一　鞇上同廣韻十七眞

芻刈艸也象包束艸之形大小徐繩繆釋文詩　刈艸也為包束艸之形

韻會七虞　刈艸也昭十三年釋文一切經音義卷十七廣韻十虞玉篇

茭乾芻从艸交聲一曰牛蘄艸大小徐　乾芻也從艸交聲韻會三肴

乾芻也廣韻四肴

𦾬亂艸从艸步聲大小徐　亂稾也廣韻十一暮　亂艸韻會七遇

茹飤馬也从艸如聲大小徐韻會六遇

莝斬芻从艸坐聲大小徐十篇芻下有也字　韻會二

萎食牛也从艸委聲大小徐韻會四寘　食牛也一切經音義卷二十玉篇餧作萎一切

經音義卷二

蔌以穀萎馬置莝中从艸敕聲大徐小徐萎作餧

苗蠶薄也从艸曲聲大小徐韻會二沃　葦薄為曲也漢周勃傳注

蔟行蠶蓐从艸族聲大小徐韻會一屋

苣束葦燒从艸巨聲大小徐韻會六語燒下有也字　束葦燒之後漢皇甫嵩傳注

炬謂束薪而灼之華嚴音義卷三

蕘薪也从艸堯聲大小徐　薪也從艸昭十三年正義　薪也韻會二蕭　即薪也詩板正義　艸薪也詩板釋文　文選卷九長楊賦注艸作草

薪蕘也从艸新聲大小徐韻會十一真　蕘也詩板正義

蒸折麻中幹也从艸烝聲大小徐　廣韻十六蒸折作析　韻會十蒸無聲字

⿱艹丞蒸或省火大小徐　⿱艹丞同上廣韻十六蒸　或作⿱艹丞韻會十蒸

蕉生枲也从艸焦聲大小徐

𦳊糞也从艸胃省大小徐韻會四紙　糞也一切經音義卷十三　又卷十七　廣韻四紙

薶瘞也从艸貍聲大小徐韻會九佳

蔆喪藉也从艸㥯聲 大小徐

斯斷也从斤斷艸譚長說 大小徐 斷也從斤斷艸 韻會九屑 折斷也

廣韻十七薛 斯譚長說本從斤斷艸 九經字樣 蚚蚚各異斯自斯折

人手折之 李陽冰本

斳 籀文折从艸在仌中仌寒故折 大小徐 又作斳 廣韻十七薛 籀文

作斳從艸在仌寒中故折 韻會九屑 斳 玉篇

折 篆文折从手 大小徐从艸 篆文從手 韻會九屑

艽 艹艸之總名也 艽遠荒也从艸九聲詩曰至於艽野 大小徐 韻會五尾無也字 遠荒也詩至於艽野

韻會十一尤

蒜葷菜从艸祘聲 大小徐 韻會十五翰 葷菜也 文選養生論注 葷菜也一本

云菜之美者雲夢之葷菜釋草釋文　釋草疏無本字　菜之美者雲夢之

葷菜御覽卷九百七十七

文〕田棨蒜字下大徐有左文五十三重二大篆从茻一行

芥菜也从艸介聲大小徐韻會十卦

蒠菜也从艸息聲大小徐韻會一東　葸菜名釋草疏

蘿艸也从艸寉聲詩曰食鬱及蘿大徐　艸從艸寉聲小徐

蕈亭歷也从艸單聲大小徐

苟艸也从艸句聲大小徐韻會二十二厚

蕨鼈也从艸厥聲大小徐韻會六月

莎鎬侯也从艸沙聲大小徐韻會五歌

蓱苹也从艸洴聲大〇小徐　苹同萍玉篇

堇艸也根如薺葉如細柳蒸食之甘从艸堇聲大〇小徐韻會十二吻無也字

菲芴也从艸非聲大〇小徐韻會五微　芴也韻會五尾

芴菲也从艸勿聲大〇小徐韻會五勿

䕡艸也从艸鷏聲大〇小徐

䕨亂也从艸雚聲大〇小徐韻會十四寒　韻

葦大葭也从艸韋聲（改作「从艸叚聲」）大〇小徐韻會五尾　大葭也文選卷四十四陳孔璋檄吴將曲部注

葭葦之未秀者从艸叚聲大〇小徐韻會六麻　葦之未秀者廣韻九麻　笳作

葭文選李少卿書注

萊蔓華也从艸來聲大〇小徐韻會十灰華作艸

荔艸也似蒲而小根可作㕞从艸劦聲 大小徐 艸名似蒲而小根

可為刷從艸劦聲 韻會八霽 草似蒲而小根可作刷 御覽卷七百十四

似蒲而小根可為刷 顏氏家訓書證第十七 玉篇刷作㕞 似蒲而小根可為刷葭灰

候以律管 御覽卷一千 草似蒲 文選西京賦注

蒙王女也从艸冡聲 大小徐 韻會一東

藻水艸也从艸从水巢聲詩曰于以采藻 大徐無下从字 小徐 水草也

從艸從水巢聲 隱三年正義 水艸也從艸水巢聲 韻會十九皓

藻藻或从澡 大小徐 或作藻從澡 隱三年正義 或從澡作藻詩于以

采藻 韻會十九皓 藻同藻 廣韻三十二晧

菉王芻也从艸彔聲詩曰菉竹猗猗 大徐 小徐無也字 王芻從艸彔聲

韻會二沃 王譌作玉

蘀艸也从艸蘀聲大小徐

蓾艸也从艸鹵聲大小徐 艸也廣韻十一尤 蓾玉篇

蕅艸也从艸沼聲大小徐

莕艸也从艸吾聲楚詞有莕蕭艸大小徐

范艸也从艸氾聲大徐𧌎小徐 韻會三十小徐無也字

艿艸也从艸乃聲大小徐韻會十蒸 舊草不生新草又生曰艿玉篇

葂艸也从艸血聲大小徐

萄艸也从艸匋聲大小徐 艸也韻會四豪

芭白苗嘉穀从艸巳聲大小徐 白苗嘉穀從艸巳聲詩維糜維芑

茢艸也似蒲而小根可作㕞从艸劦聲大小徐　艸名似蒲而小根

可為㕞從艸劦聲韻會八霽　草似蒲而小根可作刷御覽卷七百十四

似蒲而小根可為刷顏氏家訓書證第十七書篇刷作㕞似蒲而小根可為刷葭灰

候以律管御覽卷一千　草似蒲文選西京賦注

蒙王女也从艸冡聲大小徐韻會一東

藻水艸也从艸从水巢聲詩曰于以采藻大徐無下从字小徐　水草也

從艸從水巢聲隱三年正義　水艸也從艸水巢聲韻會十九皓

藻藻或从澡大小徐　或作藻從澡隱三年正義　或從澡作藻詩于以

采藻韻會十九皓　藻同藻廣韻三十二皓

菉王芻也从艸彔聲詩曰菉竹猗猗大徐小徐無也字　王芻從艸彔聲

舊草不芟新草又生曰芳

芑白苗嘉穀从艸己聲

徐

韻會四紙

藚水舄也从艸賣聲詩曰言采其藚大小徐韻會二沃無曰字　藚詩汾沮洳釋文

苳艸也从艸冬聲大小徐

蕎蕎虞蓼从艸喬聲大小徐　蕎虞蓼也釋草釋文

苕艸也从艸召聲大小徐韻會二蕭

⿱艹𣡕艸也从艸𣡕聲大小徐

萺艸也从艸冒聲大徐小徐無也字

茆鳧葵也从艸丣聲詩曰言采其茆大小徐　鳧葵也從艸丣聲詩

薄采其茆韻會二十六厚　鳧葵也御覽卷九百九十九　茆廣韻三十一巧　玉篇

荼苦荼也从艸余聲大小徐韻會七虞作苦菜　苦荼也事類茶賦注　荼釋草釋文

蘩蘇白蒿也从艸緐聲 大○徐韻會十三元小徐緐作緐

蒿菣也从艸高聲 大○小徐韻會四豪

蓬蒿也从艸逢聲 大○小徐韻會一東 蒿也釋草疏

莑籀文蓬省 大○小徐 籀作莑韻會一東 莑籀文玉篇

藜艸也从艸黎聲 大○小徐韻會八齊

蘬薺實也从艸歸聲 大○小徐

文田案爾雅紅蘢古其大者蘬蓋薺實許郭異讀故以蘬為

薺實也

葆艸盛皃从艸保聲 大○小徐韻會十九皓 韻、

蕃艸茂也从艸番聲 大○小徐韻會十三元 韻 艸茂也文選西征賦注

茸艸茸茸皃从艸聰省聲（大小徐） 草茸茸皃（一切經音義卷十 又卷十六皃作也）

草茸也（一切經音義卷二）

葎艸皃从艸津聲（大小徐）

叢艸叢生皃从艸叢聲（大小徐） 草叢生貌（韻會一東） 草衆生也（釋魚釋文）

草草斗櫟實也一曰象斗子从艸早聲（大徐 小徐 無也子字） 草斗櫟實

也一曰象斗子（釋草疏） 草斗櫟實一曰様斗（玉篇）

菆麻蒸也从艸取聲一曰蓐也（大徐無下也字 小徐） 麻蒸也一曰蓐也

（廣韻十八尤） 麻蒸也（文選西征賦注）

蓄積也从艸畜聲（大小徐 韻會一屋）

萅推也从艸从日艸春時生也屯聲（大小徐） 推也從日艸屯亦聲（韻會）

十一 尤真

菰艸多皃从艸狐聲江夏平春有菰亭（大徐小徐）
文田案此注與菰字全同廣韻真部欣部菰字兩見注云亭
名在江夏而無菰字此因篆文相似重出者

葤艸木倒从艸到聲（大徐小徐倒作到）艸大也（廣韻四覺）葤艸大也（釋詁釋文）

又

疏

文田案倬彼甫田之倬韓詩作葤卓到古音同類爾雅傳寫
誤從竹許書無倒字徐本此注後人妄加

蓐陳艸復生也从艸辱聲一曰蔟也凡蓐之屬皆从蓐（大徐小徐無上也
字）陳艸復生从艸辱聲一曰蔟也（韻會二沃）陳草復生也一曰

蔟也（廣韻三燭 玉篇）

蓐籀文蓐从茻（大徐小徐末有同字）籀作茻（韻會二沃）

薅拔去田艸也从蓐好省聲（大徐小徐無去字）拔去田艸也從蓐好省聲詩以薅荼蓼（韻會四豪）拔田艸也（詩良耜釋文）耨禾也（一切經音義卷二十）

一 嫐（玉篇）

蘋籀文薅省（大徐小徐）籀作蘋（韻會四豪）（籀文蘋譌薅）蘋籀文（玉篇）

茠薅或从休詩曰既茠荼蓼（大徐小徐）或作茠引此以茠荼蓼（詩良耜釋文）

茠或作薅字（釋草釋文）亦作茠（韻會四豪）除田草曰茠（一切經音義卷十一）

茻眾艸也从四中凡茻之屬皆从茻讀與冈同（大徐小徐與上有若字）眾艸也（玉篇 廣韻三十七蕩）眾艸曰莽也（一切經音義卷十一）

莫日且冥也从日在茻中大徐 廣韻十九鐸 韻會七遇 日且冥也從日在茻中茻亦聲小徐 從日在茻中為莫臣工正義 日且冥也文選卷三十四七發注 莽九經字樣 玉篇

莽南昌謂犬善逐菟艸中為莽从犬从茻茻亦聲大徐 南昌謂犬善逐兔艸中為莽從犬從茻茻亦聲小徐 韻會二十二養莽作茻 犬善逐兔於艸中為莽玉篇 廣韻三十七蕩

葬藏也从死在茻中一其中所以薦之易曰古之葬者厚衣之以薪大徐 藏也從死在茻中一其中所以薦之易曰古之葬者厚衣之以薪茻亦聲小徐 葬藏也從死在茻中一其中所以薦之易古者葬厚衣之以薪韻會二十三漾

説文解字攷異

二上

乙丑十二月廿八日秋農手校記

說文解字攷異二上

歸安姚文田輯

小物之微也从八丨見而八分之凡小之屬皆从小 大小徐 物之微也从八丨見而分之唐本从八見而八分之 六書故弟三十二 物之微也從八丨見而八分之也 韻會十七篠

少不多也从小丿聲 大小徐 韻會十七篠

𡭽少也从小乀聲讀若輟 大小徐 少也 廣韻十七薛

八別也象分別相背之形凡八之屬皆从八 大小徐 別也象分別相背之形 韻會八黠

分別也从八从刀刀以分別物也 大徐 小徐無下也字 韻會十二文無下从字 別也

廣韻二十文

介詞之必然也从入丨八八象气之分散大小徐 詞之必然也從丨八象气之分散入聲韻會四紙 詞之必然也廣韻四紙

曾詞之舒也从八从曰四聲大徐韻會十蒸 辭之舒也從八從曰四聲小徐 詞之舒也文選卷九長楊賦注韻會十蒸 辭之舒也文選卷二十三嵇叔夜幽憤詩注 謂詞之舒也文選卷十一登樓賦注 曾九經字樣

尚曾也庶幾也从八向聲大小徐韻會二十三漾 曾也文選卷三十七陸士衡謝內史表注 一切經音義卷二十三 庶幾也文選卷二十三嵇叔夜幽憤詩注 尚從八九經字樣

家从意也从八豕聲大小徐

詹多言也从言从八从产大小徐韻會十四鹽韻

介畫也从八从人人各有介 大小徐 畫也從人從八 韻會十卦 畫也 廣韻十六怪 玉篇

𠔁分也从重八八別也亦聲孝經說曰故上下有別 大小徐 平分也

公平分也从八从厶八猶背也韓非曰背厶為公 大小徐 韻會一東

從八從厶八猶背也厶音私韓非曰自營為厶背厶為公

必分極也从八弋弋亦聲 大徐 分極也從八弋聲 小徐 韻會四質 廣韻五質

無聲字

余語之舒也从八舍省聲 大小徐 韻會六魚 詞之舒也 匡謬正俗卷三 韻會六魚

𠎤二余也讀與余同 大小徐

釆辨別也象獸指爪分別也凡釆之屬皆从釆讀若辨 大小徐 辨

别也象獸指爪分别也廣韻三十一襉

𠬝古文釆大徐　古文釆同小徐

番獸足謂之番从釆田象其掌大徐小徐韻會十三元　獸足謂之番御覽卷八百八十九廣韻二十二元　蹯掌也釋獸疏　蹯作番釋獸釋文　番五經文字卷中

蹞番或从足从煩大徐小徐　或作蹞韻會十三元　蹞同上廣韻二十二元

𢍏古文番大徐小徐　古文作𢍏釋獸釋文

宷悉也知宷諦也从宀从釆大徐無下从字小徐　悉也知宷諟也廣韻四十七寑　悉也從宀釆韻會二十七寑

審篆文宷从番大徐　篆文審從田小徐　篆作審韻會二十七寑　審同上廣韻四十七寑

介畫也从八从人人各有介 大小徐 畫也從人從八 韻會十卦 畫也 廣韻十六怪 玉篇

八分也从重八八別也亦聲孝經說曰故上下有別 大小徐

公平分也从八从厶八猶背也韓非曰背厶為公 大小徐 平分也 從八從厶八猶背也厶音私韓非曰自營為厶背厶為公 韻會一東

𠔁分極也从八弋弋亦聲 大小徐 分極也從八弋聲 小徐 韻會四質 廣韻五質 無聲字

余語之舒也从八舍省聲 大小徐 韻會六魚 詞之舒也 匡謬正俗卷三 韻會六魚

𠫑二余也讀與余同 大小徐

釆辨別也象獸指爪分別也凡釆之屬皆从釆讀若辨 大小徐 辨

番 五經文字卷中 查原書在卷上

寢……悉也從宀釆……十七寢

審篆文宷从番 大徐 篆文審從田 小徐 篆作審 韻會二十七寢 審同上

廣韻四十七寑

悉詳盡也从心从釆大徐　詳盡也從心釆小徐韻會四質　詳盡也釋詁疏　廣韻五質

𢛃古文悉大徐小徐　古作𢛃韻會四質

釋解也从釆釆取其分别物也从睪聲大徐作從睪　小徐睪聲　解也從釆釆取其分别從睪聲韻會十一陌

半物中分也从八从牛牛為物大可以分也凡半之屬皆从半大徐次小徐無从字　物中分也從八從牛牛為物大可以分也韻會十五翰

㸬九經字樣

胖半體肉也一曰廣肉从半从肉半亦聲大徐字作從肉從半小徐無也　半體肉從肉從半半亦聲一曰廣肉韻會十五翰　半體也一切經音義卷二

㹇半也从牛反聲大〇小徐韻會十五翰

半大牲也牛件也件事理也象角頭三封尾之形凡牛之屬皆从牛大〇徐人牲也牛件也件事理也象角頭三封尾之形也凡牛之屬皆從牛小徐大牲也象頭角三封及尾之形一曰牛件也韻會十一尤

牡畜父也从牛土聲大〇小徐初學記卷二十九御覽卷八百九十八畜父也一切經音義卷九又卷十六

犅特牛也从牛岡聲大〇小徐韻會七陽特牛初學記卷二十九特也詩閟宮正義

特朴特牛父也从牛寺聲大〇徐特牛也從牛寺聲小徐韻會十三職犅特牛父也御覽卷八百九十八

(特)(甲)摸牛當作樸初學記卷二十九

牝畜母也从牛匕聲易曰畜牝牛吉大小徐十一軫無曰字韻會畜母也從牛匕聲初學記卷二十九御覧卷八百九十八畜母也一切經音義卷九又卷十六又卷十九又卷二十二又卷二十四

犢牛子也从牛瀆省聲大小徐牛子也從牛賣聲韻會一屋牛子也初學記卷二十九御覧卷八百九十八

犙二歲牛从牛市聲大小徐二歲牛也初學記卷二十九御覧卷八百九十八

犙三歲牛从牛參聲大小徐三歲牛也初學記卷二十九御覧卷八百九十八

牭四歲牛从牛从四四亦聲大徐無下从字小徐四歲牛也初學記卷二十九御覧卷八百九十八

樲籒文牭从貳大小徐

犗騬牛也从牛害聲大小徐　騬牛也文選吴都賦注又藉田賦注御覽卷八百九十八
韻會十卦　乘牛也後漢陳忠傳注　騬也莊子外物釋文　騰騬牛也初學記卷二十九

牻白黑雜毛牛从牛尨聲大小徐　白黑襍毛牛也一切經音義卷十四又卷十
六初學記卷二十九御覽卷八百九十八　白黑雜毛牛曰牻一切經音義卷十一

㹁牻牛也从牛京聲春秋傳曰牻㹁大小徐　牻牛也初學記卷二十九御覽
卷八百九十八

犡牛白膂也从牛厲聲大小徐　牛白脊也初學記卷二十九御覽卷八百九十八
牛白脊廣韻十四泰

𤝞黃牛虎文从牛余聲讀若塗大小徐　黃牛虎文也初學記卷二十九御覽
卷八百九十八

𤙖駁牛也从牛勞省聲大小徐韻會三覺　駁牛也御覽卷八百九十八　駁也初學記卷二十九

将牛白脊也从牛寽聲大小徐　牛白脊也初學記卷二十九　牛白黑脊也御覽卷八百九十八　将牛白脊出字林廣韻十七薛

抨牛駁如星从牛平聲大徐小徐駁作駮　牛駁如星也初學記卷二十九　牛文駁如星也御覽卷八百九十八

犥牛黄白色从牛麃聲大小徐　牛黄白色也初學記卷二十九御覽卷八百九十八

犉黄牛黑脣也从牛𩫖聲詩曰九十其犉大小徐十一眞無曰字韻會　黄牛黑脣也初學記卷二十九御覽卷八百九十八

𤛓白牛也从牛隺聲大小徐　白牛也初學記卷二十九御覽卷八百九十八廣韻四覺

犅牛長脊也从牛畺聲 大徐小徐無也字 牛長脊也 初學記卷二十九御覽卷八百九十八

牧牛徐行也从牛攴聲讀若滔 大徐小徐 牛徐行也 初學記卷二十九御覽卷八百九十八

犕牛息聲从牛雔聲一曰牛名 大徐小徐 牛息聲也一曰牛名 御覽卷八百九十八初學記卷二十九名作鳴 牛息聲也 廣韻十八尤

牟牛鳴也从牛象其聲气从口出 大徐小徐 牛鳴象其聲气從口出也 韻會十一尤 牛鳴 廣韻十八尤 牛聲也 一切經音義卷二

犍畜牲也从牛產聲 大徐小徐

牲牛完全从牛生聲 大小徐韻會八庚全下有也字

牷牛純色从牛全聲大○小徐牛純色禮祭祀牷牲從牛全聲韻會一先

牛純色也初學記卷二十九御覽卷八百九十八

牽引前也从牛象引牛之縻也玄聲大○徐引前也冖象引牛之縻也從牛玄聲小徐引而前也從牛冂冂象引牛之縻也玄聲韻會一先

引也一切經音義卷八

牿牛馬牢也从牛告聲周書曰今惟淫舍牿牛馬大○小徐牛馬牢也周書今唯牿牛馬韻會二沃

牛馬牢也初學記卷二十九

牢閑養牛馬圈也从牛冬省取其四周帀也大○徐閑養牛馬圈也從牛冬省聲取其四周帀小徐閑養牛馬圈也御覽卷百九十七從牛冬省取其四周匝也韻會四豪

㸷以芻莖養牛也从牛芻芻亦聲春秋國語曰㸷豢幾何大小徐
以芻莖養國牛也國語曰㸷豢幾何文選七發注　以芻莖養牛也初學記卷二十九

㹙牛柔謹也从牛憂聲大小徐韻會十七篠　牛柔謹也初學記卷二十九御覽卷八百九十八廣韻三十小　牛柔謹曰㹙一切經音義卷七

犕易曰犕牛乘馬从牛𤰈聲大小徐　犕牛乘馬犕古服字後漢皇甫嵩傳注　易犕牛乘馬韻會四質

犂耕也从牛黎聲大小徐

辈兩壁耕也从牛非聲一曰覆耕種也讀若匪大小徐

𤛓牛羊無子也从牛𠷎聲讀若糗糧之糗大小徐

牴觸也从牛氐聲大小徐韻會八薺觸也文選風賦注

衛牛踶衛也从牛衛聲大小徐

堅牛很不從引也从牛从臤臤亦聲一曰大皃讀若賢大徐小徐無下从字

牼牛厀下骨也从牛巠聲春秋傳曰宋司馬牼字牛大小徐牛膝下骨左傳宋司馬牼字牛韻會八庚

㸱牛舌病也从牛今聲大小徐

犀南徼外牛一角在鼻一角在頂似豕从牛尾聲大徐小徐頂譌作項徼外獸一角在鼻一角在頂從牛尾聲韻會八齊

牣牣滿也从牛刃聲詩曰於牣魚躍大小徐韻會十二震無曰字

物萬物也牛為大物天地之數起於牽牛故从牛勿聲大徐小徐韻會五勿

牛為大物天地之數起於牽牛故从牛勿廣韻八物

犧宗廟之牲也从牛羲聲賈侍中說此非古字大徐小徐　宗廟之牲

從牛羲聲韻會四支　宗廟之牲也昭二十二年正義　宗廟牲也微子正義

賈侍中說此犧非古字書序釋文

犍牿牛也从牛建聲亦郡名大徐新附　犍豎也文選思玄賦注

犛西南夷長髦牛也从牛𠩺聲凡犛之屬皆从犛大徐小徐

長髦牛從牛𠩺聲韻會四支　西南夷長髦牛也一切經音義卷六又卷十四又　西南夷

卷十六　西南夷長旄牛也禹貢正義

氂犛牛尾也从犛省从毛大徐　犛牛尾從犛省從毛小徐　犛牛尾

强曲毛也可以

也 韻會四支

𦃇彊曲毛可以箸起衣从𦍋省來聲 大徐 小徐重衣字

著起衣 廣韻七之　强屈毛也 一切經音義卷二

㾏古文𦃇省 大小徐　㾏古文 廣韻七之

告牛觸人角箸橫木所以告人也从口从牛易曰僮牛之告凡告

之屬皆从告 大小徐　牛觸角著橫木所以告人 易大畜釋文　告 九經

字樣三十七號 廣韻　牛觸人角著橫木所以告人也 玉篇

嚳急告之甚也从告學省聲 大小徐 韻會二沃　急告之甚也 廣韻二沃　急 玉篇

也酷之甚也 一切經音義卷十五　急也甚也 一切經音義卷三 又卷二十二 又卷二十三

又卷二十五　酷急也 一切經音義卷四 又卷十 又卷十一 又卷十二

口人所以言食也象形凡口之屬皆从口 大徐小徐人下有之字 人所以言食也 廣韻四十五厚韻會二十六厚 口者人之所以言食 御覽卷三百六十七

人所以言食也象形 玉篇口部

噭吼也从口敫聲一曰噭呼也 大小徐 吼也從口敫聲 韻會十八嘯

吼也一曰噭呼也 玉篇口部

噣喙也从口蜀聲 大小徐 喙也從口蜀 韻會二十六宥 喙也 玉篇口部

喙口也从口彖聲 大小徐一切經音義卷十一韻會十一隊 口也 釋天釋文文選洞簫賦注

吻口邊也从口勿聲 大小徐韻會十二吻

脗吻或从肉从昏 大徐小徐無下从字 亦作脗 韻會十二吻

嚨喉也从口龍聲 大小徐韻會一東

喉咽也从口侯聲 大小徐 咽也 孟子疏韻會十一尤 嚨也 御覽卷三百六十八

噲咽也从口會聲讀若快一曰嚵噲也 大徐小徐聲下有或字 咽也從口

會聲一曰嚵噲也韻會十卦

呑咽也从口天聲大○小徐韻會十三元　咽也一切經音義卷二十二　又卷十三　又卷

二十三　又卷二十四

咽嗌也从口因聲大○小徐韻會一先　嗌也釋鳥釋文　御覽卷三百六十八

嗌咽也从口益聲大○小徐韻會十一陌　咽也玉篇口部

𦌾籀文嗌上象口下象頸脈理也大○徐嗌下有字　小徐字　籀文作𦌾上象

口下象頸脈理韻會十一陌

暉大口也从口軍聲大○小徐

哆張口也从口多聲大○小徐　張口也詩巷伯釋文　文選劉孝標辨命論注　一切經音義卷

九　哆一切經音義卷三

呱小兒嗁聲从口瓜聲詩曰后稷呱矣 大小徐 嗁作啼無曰字 韻會七虞 從口瓜聲詩曰后稷呱矣 小徐 小兒啼聲也 一切經音義卷十九

啾小兒聲也从口秋聲 大小徐 韻會十一尤 小兒聲也 一切經音義卷十一 又卷十八

喤小兒聲从口皇聲詩曰其泣喤喤 大小徐 小兒聲詩其泣喤喤 韻會七陽

咺朝鮮謂兒泣不止曰咺从口宣省聲 大小徐 朝鮮謂兒泣不止曰咺從口亘聲 韻會十三阮 朝鮮謂兒泣不止曰咺 玉篇口部

咣秦晉謂兒泣不止曰咣从口羌聲 大徐 不上有下字 小徐 秦晉謂小兒泣不止曰咣 玉篇口部

咷楚謂兒泣不止曰噭咷从口兆聲 大小徐 韻會四豪

喑宋齊謂兒泣不止曰喑从口音聲 大小徐 宋齊謂兒泣不止曰

喑 韻會十二侵

嶷小兒有知也从口疑聲詩曰克岐克嶷 大小徐 韻會十三職無曰字 小兒

有知也詩云克岐克嶷 廣韻二十四職 嶷作嶷 小兒有知 生民釋文 小兒有知也 玉篇口部

咳小兒笑也从口亥聲 大小徐 小兒笑聲也從口亥聲 韻會十灰 小

兒笑也 角弓正義 一切經音義卷九● 又卷十二 玉篇口部 孩小兒笑也 文選郭景純游仙詩注

咳說文字 老子道經釋文 孩笑也 莊子天運釋文

孩古文咳从子 大小徐 小兒笑也 詩角弓釋文 咳本或作孩 老子道經釋文

古文作孩 韻會十灰

嗛口有所銜也从口兼聲 大小徐 韻會十五咸 又二十九豏 口有所銜也 玉篇口部

咀含味也从口且聲大小徐　含味也一切經音義卷六　韻會六語

啜嘗味也从口叕聲一曰喙也大徐無味字小徐　嘗也釋言釋文文選七發注　一切經音義卷十九又卷二十　廣韻十七薛　釋言疏

㗱噍也从口集聲讀若集大小徐

嚌嘗也从口齊聲周書曰大保受同祭嚌大徐小徐大作太韻會八霽無周曰字

噍齧也从口焦聲大小徐韻會十八嘯　嚼也一切經音義卷一

嚼噍或从爵大小徐　嚼以為噍字釋獸釋文　或作嚼韻會十八嘯

吮欶也从口允聲大小徐　嗽也從口允聲小徐韻會十六銑　嗽也文選洞簫賦注

一切經音義卷十八又卷十九又卷二十又卷二十一又卷二十二

啐小㱃也从口率聲讀若㕞大徐小徐㕞作刷

嚵小啐也从口毚聲一曰喙也 大小徐 小啐也一曰喙也 廣韻二十九銜
噬啗也喙也从口筮聲 大小徐韻會八霽
啗食也从口臽聲讀與含同 大小徐 食也從口臽聲 韻會二十八勘 食
也 文選風賦注 玉篇口部 噍也 釋草釋文
嘰小食也从口幾聲 大小徐韻會五微 小食也 廣韻八微
⿰口尃噍皃从口尃聲 大小徐 ⿰口尃⿰口集噍皃也 一切經音義卷十五又卷十六 ⿰口尃⿰口集
噍聲也 一切經音義卷十六 ⿰口尃⿰口集噍嚼聲皃也 一切經音義卷十九 ⿰口尃⿰口集一專
也 一切經音義卷四
含嗛也从口今聲 大小徐 銜也從口今聲 小徐韻會十三覃 銜也 廣韻二十二覃
哺哺咀也从口甫聲 大小徐韻會七遇 口中嚼食也 釋鳥釋文

味滋味也从口未聲大小徐韻會五未
𠻜食辛𠻜也从口樂聲大小徐食辛也一切經音義卷十二
䆞口滿食从口竅聲大小徐口滿食廣韻十四黠
噫飽食息也从口意聲大小徐飽出息也一切經音義卷十四又卷十五飽
者出息也一切經音義卷二十出息也一切經音義卷十一又卷十八
嘽喘息也一曰喜也从口單聲詩曰嘽嘽駱馬大小徐喘息也從
口單聲一曰喜也詩嘽嘽駱馬韻會十四寒
唾口液也从口𡍮聲大小徐韻會二十一箇口液也御覽卷三百八十七廣韻三十九過
涶唾或从水大小徐或作涶韻會二十一箇涶同上廣韻三十九過
咦南陽謂大呼曰咦从口夷聲大小徐

嚵字条　廣韵二十七銜　七[illegible]九

味滋味也从口未聲大小徐韻會五未
嚛食辛嚛也从口樂聲大小徐　食辛也一切經音義卷十二
㝅口滿食从口竅聲大小徐　口滿食廣韻十四點
噫飽食息也从口意聲大小徐　飽出息也一切經音義卷十四又卷十五　飽
者出息也一切經音義卷二十　出息也一切經音義卷十一又卷十八
嘽喘息也一曰喜也从口單聲詩曰嘽嘽駱馬大小徐　喘息也從
口單聲一曰喜也詩嘽嘽駱馬韻會十四寒
唾口液也从口垂聲大小徐韻會二十一箇　口液也御覽卷三百八十七廣韻三十九過
涶唾或从水大小徐　或作涶韻會二十一箇　涶同上廣韻三十九過
咦南陽謂大呼曰咦从口夷聲大小徐

呬東夷謂息為呬从口四聲詩曰犬夷呬矣大○小徐　東夷謂息曰呬韻會四寘

喘疾息也从口耑聲大○小徐　疾息也文選洞簫賦注　廣韻二十八獮　韻會十六銑　玉篇口部

呼外息也从口乎聲大○小徐韻會七虞　外息也一切經音義卷十　廣韻十一模　玉篇口部

吸內息也从口及聲大○小徐韻會十四緝　內息引也一切經音義卷五　噏內息也一切經音義卷九　喘息也文選羽獵賦注　內息也玉篇口部

噓吹也从口虛聲大○小徐韻會六魚　吹噓文選七命注

吹噓也从口从欠大○小徐韻會四支

喟大息也从口胃聲大○徐韻會四寘　小徐無也字　大息也一切經音義卷七　又卷十三　又卷十五　又卷二十　太息也玉篇口部　文選舞賦注　一切經音義卷十三　玉篇　大息禮運釋文

嘳喟或从貴 大○小徐 或作嘳 韻會四寘 又作嘳 一切經音義卷十三 與喟同 文選舞賦注 玉篇

啍口气也从口臺聲詩曰大車啍啍 大○小徐 口气也從口享聲 韻會十三元

嚏悟解气也从口疐聲詩曰願言則嚏 大○小徐 韻會八霽無曰字

文田案悟當作寤

嗔野人之言从口質聲 大○小徐

唫口急也从口金聲 大○小徐 口急也 玉篇口部 廣韻四十七寑 韻會十二侵 唫 廣韻二十一侵

噤口閉也从口禁聲 大○小徐 韻會二十七沁無上口字 口閉也 一切經音義卷十八 廣韻五十二沁 閉 玉篇口部 作閉

名自命也从口从夕夕者冥也冥不相見故以口自名（大徐） 自命也從夕口夕者冥也冥不相見故以口自名（小徐） 自命也從口夕夕者冥也冥不相見故从口自名（韻會八庚） 自命也從夕口夕者冥不相見故以口自名也（廣韻十四清）

吾我自稱也从口五聲（大徐　小徐）（韻會七虞）（小徐無也字）

哲知也从口折聲（大小徐）（韻會九屑） 哲智也（廣韻十七薛）

悊悊或从心（大小徐） 或作悊（韻會九屑） 悊喆並上同（廣韻十七薛）

嚞古文哲从三吉（大小徐） 嚞古文（廣韻十七薛） 古作嚞哲從三吉（韻會九屑）

君尊也从尹發號故从口（大徐　小徐尹下有口字） 尊也從尹從口以發號

韻會十二文

㕯古文象君坐形大小徐古作㕯　韻會十二文

命使也从口从令大小徐韻會二十四敬無下从字

咨謀事曰咨从口次聲大小徐韻會四支　謀事也一切經音義卷二十一

召評也从口刀聲大徐小徐評作嘑韻會十八嘯評作呼

問訊也从口門聲大小徐韻會十三問

唯諾也从口隹聲大小徐韻會四支又四紙　諾也一切經音義卷三又卷六

唱導也从口昌聲大小徐韻會二十三漾　導也一切經音義卷十四　昌首也陳涉系家索隱

文田案索隱一條乃傳刻脫落

和相譍也从口禾聲大徐小徐又韻會五歌譍作應

咥大笑也从口至聲詩曰咥其笑矣大小徐韻會四寘無曰字　大笑也詩氓釋文　大笑御覽卷三百九十一

啞笑也从口亞聲易曰笑言啞啞大小徐韻會十一陌無曰字　笑也御覽卷三百九十一

噱大笑也从口豦聲大小徐韻會十藥　大笑也文選陳孔璋為曹洪與魏文書注玉篇口部

唏笑也从口稀省聲一曰哀痛不泣曰唏大徐　笑也從口希聲一曰哀痛不泣曰唏小徐韻會五尾　不泣曰唏文選思玄賦注　笑也一曰哀病不泣曰唏玉篇口部

听笑皃从口斤聲大小徐　笑貌司馬相如傳索隱玉篇口部　笑皃也御覽卷三百九十一

笑貌也文選上林賦注　笑皃玉篇口部

呭多言也从口世聲詩曰無然呭呭 大小徐 韻會八霽無曰字 多言也 詩民勞釋文 廣韻十三祭

嘄聲嘄嘄也从口梟聲 大小徐

咄相謂也从口出聲 大小徐 相謂也從口出聲一曰呵也 韻會六月 詩 相謂也 文選張景陽詠史詩注又卷六一切經音義卷二 吒也 文選曹子建贈白馬王彪詩注

唉膺也从口矣聲讀若埃 大徐 應也從口矣聲讀若塵埃 小徐 膺也從口矣聲 韻會十灰 膺聲也 一切經音義卷十二

哉言之閒也从口𢦏聲 大小徐 韻會十灰 哉 五經文字卷上 玉篇口部

噂聚語也从口尊聲詩曰噂沓背憎 大徐 小徐沓作嗒 韻會十三阮無曰字

咠聶語也从口从耳詩曰咠咠幡幡 大小徐 韻會十四緝無曰字 聶語也 廣韻

二十六緝　緝作咠詩巷伯釋文

呷吸呷也从口甲聲大徐韻會十七洽小徐也作貌無也字　吸呷也廣韻三十二狎玉篇口部呷

吸一切經音義卷二十　吸也一切經音義卷十七文選吳都賦注

嘒小聲也从口彗聲詩曰嘒彼小星大徐小徐無曰字　小聲也從口彗

聲韻會八霽　小聲也廣韻十二霽

嚖或从慧大小徐　或作嚖韻會八霽　亦作嚖廣韻十二霽

嘫語聲也从口然聲大小徐

唪大笑也从口奉聲讀若詩曰瓜瓞菶菶大小徐　大笑也韻會一董

嗔盛气也从口眞聲詩曰振旅嗔嗔大小徐　盛气也從口眞聲韻會

一先　盛氣也廣韻一先

嘌疾也从口嘌聲詩曰匪車嘌兮大小徐 疾也從口票聲又詩

匪車嘌兮韻會二蕭

噑嗁也从口臯聲大小徐

喅音聲喅喅然从口昱聲大小徐

嘯吹聲也从口肅聲大小徐韻會十八嘯 吹聲也廣韻三十四嘯 吟也御覽卷三

百九十二

歗籀文嘯从欠大小徐 籀文嘯字中谷有蓷釋文 歗籀文廣韻三十四嘯 籀文

為歗在吹部文選嘯賦注 或作歗韻會十八嘯

吕說也从口吕聲大小徐 台說韻會四支 徐本說也類篇引說文悅

也疑即怡字然說文又自有悅字六書故第十一

嗂喜也从口䍃聲大小徐韻會二蕭　喜也廣韻三蕭六書故弟十一玉篇口部

启開也从戶从口大小徐韻會八蕭無下從字　開也一切經音義卷十二又卷二十二　又廣韻十

一薺　启開一切經音義卷三　啟開也華嚴音義卷二卷五又卷二十一　啟古作

启華嚴音義卷五十四

嗿聲也从口貪聲詩曰有嗿其饁大小徐韻會二十八感無曰字

咸皆也悉也从口从戌戌悉也大徐韻會十五咸　皆也悉也從口戌聲

小徐

呈平也从口壬聲大小徐韻會八庚　平也一切經音義卷二十三

右助也从口从又大徐六厚無下從字韻會二十　助也從口又聲小徐

啻語時不啻也从口帝聲一曰啻諟也讀若鞮大小徐　語時不啻

也從口帝聲一曰諟也 韻會四眞 語時也 一切經音義卷十三

吉善也从士口 大小徐 韻會四眞 善也 玉篇口部

周密也从用口 大小徐 韻會十一尤 密也 玉篇口部

𠁣古文周字从古文及 大小徐 古作𠁣 韻會十一尤

唐大言也从口庚聲 大小徐 韻會七陽 大言也 廣韻十一唐

啺古文唐从口昜 大小徐 古作啺 韻會七陽 啺古文 廣韻十一唐

𠷎誰也从口𢏚又聲 𢏚古文疇 大徐 誰也從口𢏚又聲 小徐 𠷎誰

也又作𠷎 廣韻十八尤

文田案今本皆脫𠷎字

嘾含深也从口覃聲 大小徐 含深也 廣韻四十八感

噎飯窒也从口壹聲大小徐　飯窒也從食壹聲韻會九屑　飯窒也一切經音義卷二又卷十七玉篇口部

嗢咽也从口𥁑聲大小徐　咽也文選卷十八笙賦注

哯不歐而吐也从口見聲大小徐　不嘔而吐也一切經音義卷十四

吐寫也从口土聲大徐韻會七麌小徐寫作瀉

噦气啎也从口歲聲大小徐韻會六月啎譌悟　气啎也一切經音義卷二又卷二十文選笙賦注啎譌悟

咈違也从口弗聲周書曰咈其耇長大小徐韻會五物無曰字

嚘語未定皃从口憂聲大小徐　語未定貌韻會十一尤

吃言蹇難也从口气聲大小徐韻會五勿　吃言難也一切經音義卷十五　言語

難也 御覽卷七百四十

嗜嗜欲喜之也从口耆聲 大小徐 喜欲之也從口耆聲 韻會四寘 欲

意也 一切經音義卷二十二

啖嗻啖也从口炎聲一曰噉 大小徐 嗻啖也從口炎聲或作噉 韻會

二十八感 嗻也 釋草釋文 一切經音義卷二十

哽語為舌所介也从口更聲讀若井級綆 大徐介下有礙字小徐 語為舌

所介也從口更聲 韻會二十三梗

嘐誇語也从口翏聲 大小徐韻會三肴 誇語也 玉篇口部

啁啁嘐也从口周聲 大小徐韻會三肴 啁嘐也 廣韻四肴 玉篇口部

哇諂聲也从口圭聲讀若醫 大小徐 諂聲也從口圭聲 韻會六麻又九佳

無字也　迭謟聲也於佳切迭當為哇文選舞賦注　謟聲也文選笙賦注玉篇口部

啇語相訶岠也从口岠辛辛惡聲也讀若櫱大徐　語相訶相岠也

從口辛辛惡聲也讀若櫱小徐　語相訶距也廣韻十二曷

吺讘吺多言也从口投省聲大徐　讘吺多言也從口殳聲小徐

呧苛也从口氐聲大小徐　呵也一切經音義卷十二

呰苛也从口此聲大小徐韻會四紙　呵也一切經音義卷二又卷六又卷十四又卷二十三

又卷二十四廣韻四紙　訶也華嚴音義卷十五

嗻遮也从口庶聲大小徐

唊妄語也从口夾聲讀若莢大小徐　妄語也韻會十六葉

嗑多言也从口盍聲讀若甲大小徐　多言也從口盍聲韻會十五合

嗙謌聲嗙喻也从口旁聲司馬相如說淮南宋蔡謌舞嗙喻也 大○徐 小徐無下也字

嘒高气多言也从口蠆省聲春秋傳曰嘒言 大○徐 小徐蠆作蠆

㕦高气也从口九聲臨淮有㕦猶縣 大○小徐 韻會十一尤 氣高也 廣韻十八尤

嘮嘮呶讙也从口勞聲 大○小徐 嘮呶讙也 玉篇口部

呶讙聲也从口奴聲詩曰載號載呶 大○小徐 韻會三肴無曰字

叱訶也从口七聲 大○小徐 韻會四質

噴吒也从口賁聲一曰鼓鼻 大○徐 小徐吒作叱 韻會十三元 吒也 文選江賦注

鼓鼻也 一切經音義卷十三 又卷十六 又卷十九

吒噴也叱怒也从口乇聲大°小徐韻會二十二禡　噴也叱怒也廣韻四十禡

噴也一切經音義卷十六

嚙危也从口喬聲大°小徐

啐驚也从口卒聲大°小徐韻會十一隊　驚也文選孫子荊征西詩注又左太沖詠史詩注

唇驚也从口辰聲大°小徐

吁驚也从口于聲大°小徐韻會七虞　驚語也一切經音義卷三

嘵懼也从口堯聲詩曰唯予音之嘵嘵大°小徐　懼聲也詩唯予音

嘵嘵韻會二蕭

嘖大呼也从口責聲大°小徐　呼也釋鳥釋文

讀嘖或从言大°小徐　讀同嘖廣韻二十一麥

嗷衆口愁也从口敖聲詩曰哀鳴嗷嗷 大○徐小徐作嗸嗸韻會四豪無曰字 衆口愁也 一切經音義卷十二又卷十三又卷二十又

唸吚也从口念聲詩曰民之方唸吚 大○小徐 殿作唸 詩板釋文 殿屎作唸吚 釋訓釋文

吚唸吚呻也从口尸聲 大○小徐 屎作吚 詩板釋文 殿屎作唸吚 釋訓釋文 唸吚呻也 韻會四支 屎作吚呻吟也 五經文字卷上

囓呻也从口嚴聲 大○小徐 呻也 廣韻二十陌

呻吟也从口申聲 大○小徐韻會十一真

吟呻也从口今聲 大○小徐韻會十二侵 呻吟也 廣韻二十一侵 嘆也 藝文類聚卷十九御覽卷三百九十二

齡吟或从音（大小徐）或作齡（韻會十二侵）齡古文（廣韻二十一侵）

訡或从言（大小徐）或作訡（韻會十二侵）訡上同（廣韻二十一侵）

嗞嗟也从口茲聲（大小徐）嗟也（一切經音義卷三）

哤哤異之言从口尨聲一曰雜語讀若尨（大小徐）哤異之言從口尨聲一曰雜語（韻會三江）

叫嘑也从口丩聲（大小徐）呼也從口丩聲（小徐韻會十八嘯）呼也（玉篇口部）

嘅嘆也从口既聲詩曰嘅其嘆矣（大小徐韻會九泰無曰字）

唌語唌嘆也从口延聲（大小徐）

嘆吞歎也从口歎省聲一曰太息也（大徐無下也字）（小徐）太息也（文選曹子建三良詩注又古詩十九首注）

喝潵也从口曷聲大°徐小徐潵作渴　渴也一切經音義卷十一

哨不容也从口肖聲大°小徐　口不容也从口肖聲韻會十八嘯

吪動也从口化聲詩曰尚寐無吪大°小徐五歌無曰字韻會

噆嗛也从口朁聲大°徐　嗛也從口潛省聲小徐韻會十五合　銜也一切經音

義卷十七

又卷二十

吝恨惜也从口文聲易曰以往吝大°小徐　恨惜也從口文聲韻會十二

震　𠫫亦貪惜也文選琴賦注

㖩古文吝从彣大°小徐　古作㖩韻會十二震

各異辭也从口夂夂者有行而止之不相聽也大°徐　各異辭也從

口夂夂者有行而止之不相聽意小徐韻會十藥　異詞也廣韻十九鐸　玉篇口部

否不也从口从不 大徐 不也從口不聲 小徐 不也 玉篇口部

唁弔生也从口言聲詩曰歸唁衛侯 大小徐 弔生也詩曰歸唁衛侯 廣韻三十三線 弔生也從口言詩歸唁衛侯 韻會十七霰

哀閔也从口衣聲 大小徐韻會十灰

唬號也从口虎聲 大小徐韻會八齊 號也 廣韻十二齊 唬 九經字樣

嗀歐皃从口殸聲春秋傳曰君將嗀之 大徐 小徐貌下有也字 歐貌從口殸聲 廣韻三覺 韻會三覺 嗀从口 廣韻四覺

咼口戾不正也从口冎聲 大小徐 口戾也 一切經音義卷六

啾嘆也从口叔聲 大小徐 嘆也 廣韻一屋 寂寞作啾嘆 廣韻十九鐸 寂寞 一切經音義卷十一

嗼㖃嗼也从口莫聲（大徐小徐） 㖃嗼也（韻會十藥）

𠯑塞口也从口𣎆省聲（大徐小徐） 塞口也從口氒省聲氒古文厥字（小徐）

舌作𠯑（廣韻十五鎋） 塞也（玉篇口部）

㫧古文从甘（大徐小徐）

嗾使犬聲从口族聲春秋傳曰公嗾夫獒（大徐小徐） 使犬聲春秋左傳公嗾夫獒（韻會二十六宥） 使犬也（宣二年釋文）

吠犬鳴也从口犬（大徐小徐無也字） 犬鳴從犬從口（韻會十一隊） 犬鳴（一切經音義卷六） 吠（五經文字卷下）

咆嗥也从口包聲（大徐小徐韻會三肴） 嗥也（文選蜀都賦注、又張景陽襍詩注、又江賦注、一切經音義卷二十三） 嗥咆也（一切經音義卷二十二） 喤也（一切經音義卷四） 嘷也（一切經音義卷十二）

文田案喤嘷皆嗥字之譌

嘷咆也从口皋聲　大小徐韻會四豪　咆也　一切經音義卷二　又卷六又卷十一　又卷十二

獆譚長說嘷从犬　大小徐

喈鳥鳴聲从口皆聲一曰鳳皇鳴聲喈喈　大小徐　鳥鳴聲也從口皆聲一曰鳳凰鳴聲喈喈　小徐韻會九佳無上聲字

哮豕驚（聲）也从口孝聲　大小徐　韻會三肴無也字　驚也　一切經音義卷十二

喔雞聲也从口屋聲　大小徐　雞聲也　韻會三覺

呃喔也从口危聲　大小徐

咮鳥口也从口朱聲　大小徐韻會七虞　鳥口也　文選洞簫賦注

嚶鳥鳴也从口嬰聲　大小徐　鳥鳴　韻會八庚

啄鳥食也从口豕聲　大小徐韻會三覺

唬唬聲也一曰虎聲从口从虎讀若暠大徐　唬聲也從口虎一曰虎聲讀若暠小徐

呦鹿鳴聲也从口幼聲大小徐　鹿鳴聲韻會十一尤

㰻呦或从欠大小徐　或作㰻韻會十一尤

噳麌鹿羣口相聚皃从口虞聲詩曰麀鹿噳噳大小徐　麌作噳麌鹿羣口相聚也鹿羣相聚也從口虞聲詩麀鹿噳噳韻會七麌　詩吉日釋文

喁魚口上見从口禺聲大小徐韻會二冬　象口上見也一切經音義卷十二又卷十三

局促也从口在尺下復局之一曰博所以行棊象形大小徐韻會二沃

促也廣韻三燭

㕣山間陷泥地从口从水敗皃讀若沇州之沇九州之渥地也故以沇名焉大徐小徐沇皆作兗兗州之兗九州之渥地也本作皆㕣從口從水敗貌韻會十六銑山澗陷泥地从口从水敗皃玉篇口部

㕣古文㕣大徐古文沿小徐

咬淫聲也文選舞賦注又笙賦注

嗤笑也文選阮嗣宗詠懷注又古詩十九首注

嘲謔也从口朝聲漢書通用啁大徐新附相調戲相弄也御覽卷四百六十六

調也從口朝聲韻會三看

凵張口也象形凡凵之屬皆从凵大小徐

吅驚嘑也从二口凡吅之屬皆从吅讀若讙大小徐　喧作吅驚嘑
也從二口韻會十三元
㗊亂也从爻工交吅一曰窒㗊讀若禳大徐作窒禳小徐窑作穰　亂也一
曰窒㗊廣韻十二庚　亂也一曰窒穰玉篇
㗊籀文㗊大小徐　㗊籀文玉篇
嚴教命急也从吅厰聲大徐鹽　韻會十四小徐無也字　令急也廣韻二十八嚴
𠪚古文大徐　古文嚴小徐　嚴韻會十四鹽
咢譁訟也从口屰聲大徐　譁訟也從吅屰屰亦聲小徐會十藥韻　譁訟
也廣韻十九鐸　咢玉篇
單大也从吅甲吅亦聲闕大小徐十四寒韻會無闕字

咒呼雞重言之从口州聲讀若祝 大徐小徐州上有從字

哭哀聲也从吅獄省聲凡哭之屬皆从哭 大小徐 哀聲也從吅從獄省聲 韻會一屋 哀聲也 詩雨無正正義

喪亾也从哭从亾會意亾亦聲 大徐 亡也從哭亡聲 小徐韻會七陽 從哭亡亡亦聲 奔喪釋文 喪 五經文字卷下 器 玉篇

走趨也从夭止夭止者屈也凡走之屬皆从走 大小徐 趨也從夭止夭者屈也 韻會二十六厚 從夭從止 五經文字卷上

趨走也从走芻聲 大小徐韻會七虞 走也 一切經音義卷十四

赴趨也从走仆省聲 大小徐韻會七遇 趨也 廣韻十遇

趣疾也从走取聲 大小徐韻會七遇 疾也 一切經音義卷一

超跳也从走召聲大小徐韻會二蕭　跳也廣韻三蕭

趫善緣木走之才从走喬聲讀若王子蹻大小徐　善緣木之才從走喬聲韻會二蕭　善緣木之士也文選西京賦注一切經音義卷十一

赳輕勁有才力也从走丩聲讀若鐈大徐　輕勁有材力也從走丩聲小徐十六厚韻會二走作辵

趚緣大木也一曰行皃从走支聲大徐小徐無也字　緣大木也一曰行皃廣韻五支

趮疾也从走喿聲大小徐　躁疾也從足喿聲韻會二十號

趯踊也从走翟聲大小徐

趣蹠也从走厥聲大小徐

越度也从走戉聲大小徐韻會六月　度也文選謝叔源遊西池詩注又陸士衡赴洛詩注廣韻
十月

趁䞃也从走㐱聲讀若塵大小徐　䞃也從走㐱聲韻會十二震

䞃趁也从走亶聲大徐小徐無聲字　趁也廣韻二仙

趞趬也一曰行皃从走昔聲大徐　趬趞也從走昔聲一曰行貌
小徐　趬趞也一曰行皃玉篇

趬行輕皃一曰趬舉足也从走堯聲大徐　行輕貌從走堯聲一曰
趬舉足小徐　行輕貌也一曰舉也一切經音義卷十六　行遮皃遮一作
疾衛將軍驃騎傳索隱　行輕皃後漢馬融傳注　健也一切經音義卷十三　捷健也一切
經音義卷十五又卷十九　便捷也一切經音義卷二十　趬一切經音義卷二十　行輕皃一曰趬舉足也玉篇

䞈急走也从走弦聲 大小徐

趀蒼卒也从走𠂔聲讀若資 大徐 小徐蒼作倉 蒼卒也 易夬釋文 廣韻六脂

𧼛輕行也从走票聲 大小徐 輕行也 廣韻三蕭

𧺳行皃从走臤聲讀若菣 大小徐 行皃 廣韻十八尤 韻會十一尤

趥行皃从走酋聲 大小徐

䟉行皃从走蜀聲讀若燭 大小徐

𧻔行皃从走匠聲讀若匠 大小徐

𧾍走皃从走叡聲讀若紃 大小徐 𧾍走皃也 廣韻十八諄

𧾘走意从走薊聲讀若髽結之結 大小徐

䞛走意从走困聲 大小徐

趌走意从走坐聲大徐小徐意下有也字

趀走意从走㥁聲大徐小徐意下有也字

𨘢走意从走臱聲大小徐走意廣韻一先

䞣走也从走𢦏聲讀若詩威儀秩秩大小徐

𧺆走也从走有聲讀若又大小徐

䞝走輕也从走烏聲讀若鄔大小徐

趯走顧兒从走瞿聲讀若劬大小徐

𧽊走兒从走寒省聲大小徐

𧺌疑之等𧺌而去也从走才聲大徐小徐等下重𧺌字廣韻十六咍

疑之等𧺌而去也

趀淺渡也从走此聲 大小徐

赹獨行也从走勻聲讀若煢 大小徐

𧾲安行也从走與聲 大小徐

起能立也从走巳聲 大小徐 韻會四紙

䢚古文起从辵 大小徐 古作起 韻會四紙

𧻸留意也从走里聲讀若小兒孩 大小徐

𧽊行也从走臭聲 大小徐

趛低頭疾行也从走金聲 大小徐

低頭疾行也 御覽卷三百九十四

趌趌𧽇怒走也从走吉聲 大小徐

𧽇趌𧽇也从走曷聲 大小徐 大徐無也字

趮疾也从走喿聲讀若讙大徐○小

趌直行也从走气聲大徐○小

趩趨進趩如也从走翼聲大徐○小

赽踶也从走決省聲大徐○小

趩行聲也一曰不行皃从走異聲讀若敕大徐○ 行聲也從走異聲

讀若敕一曰不行貌小徐 行聲也一曰不行皃玉篇

趆趨也从走氐聲大徐○ 小徐無也字小

趍趍趙久也从走多聲大徐○ 小徐趍趙趨小 趍趙久也廣韻五支 趍趙久也

一曰奔也韻會四支 趍趙久也玉篇

趙趍趙也从走肖聲大徐 趙趨也從走肖聲小徐 韻會十七篠 趍趙也玉篇

赾行難也从走斤聲讀若菫 大小徐

𧾣走意也从走夐聲讀若繘 大小徐

趠遠也从走卓聲 大小徐 遠也 一切經音義卷五

𧾩趠𧾩也从走龠聲 大徐 趠𧾩也從走從龠龠亦聲 小徐

𧾧大步也从走矍聲 大小徐

𧽈超特也从走契聲 大小徐

𧾂走也从走幾聲 大小徐

𧼨走也从走弟聲 大小徐

𧽸狂走也从走矞聲 大小徐

𧽙行遲也从走曼聲 大小徐

趉走也从走出聲讀若無尾之屈 大小徐

趜窮也从走匊聲 大小徐

趑趑趄行不進也从走次聲 大小徐 支行不作不行 韻會四

趄趑趄也从走且聲 大小徐

䞴蹇行䞴䞴也从走虔聲讀若愆 大小徐

𧾣行𧾣趢也一曰行曲脊皃从走雚聲 大小徐 行𧾣趢也從走雚聲 一切經音義卷二十三

一曰行曲脊 小徐 踡作𧾣謂行𨇨趢也

趢𧾣趢也从走录聲 大小徐

𧻓行趚𧻓也从走夋聲 大小徐 行趚𧻓也一眞 韻會十

趚側行也从走朿聲詩曰謂地蓋厚不敢不趚 大小徐

𧺳半步也从走圭聲讀若跬同 大小徐 半步也從走圭聲 韻會四紙

𧾱𧻓鷈輕薄也从走虒聲讀若池大小徐

䞳僵也从走音聲讀若匐大徐 小徐匐作匍 䞳廣運韻十遇

𧼤距也从走𡰪省聲漢令曰𧼤張百人大小徐

文田案𧼤當作𧾍从走厥省聲讀若蹶漢書申屠嘉傳以材官蹶張遷為隊率如淳注律有蹶張士後漢光武紀注引漢官儀曰高祖命天下郡國選能引關蹶張材力武猛者以為輕車騎士材官樓船說解𧼤張即蹶張玉篇廣韻（趨𧼤）併為一字

𧼙喪辟𧼙从走甬聲大徐 小徐辟作擗 喪躃𧼙也廣韻二腫

𧽧止行也一曰竈上祭名从走畢聲大徐 小徐名下有也字 止行人也从走畢聲韻會四質 𧽧與蹕同後漢銚期傳注

趉走也从走出聲讀若無尾之屈 徐大小

趜窮也从走匊聲 徐大小

赼赼趄行不進也从走次聲 大小徐 支行不作不行 韻會四

趄赼趄也从走且聲 徐大小

䞤䞤行䞤䞤也从走虔聲讀若愆 徐大小

趯行趯䟴也一曰行曲脊皃从走雚聲 徐大 行趯䟴也從走雚聲

一曰行曲脊 徐小 踡作趯謂行趯䟴也 一切經音義卷二十三

䟴趯䟴也从走录聲 徐大小

䞘行趚䞘也从走夋聲 徐大小 行趚䞘也 韻會十一眞

趚側行也从走朿聲詩曰謂地蓋厚不敢不趚 徐大小

趌半步也从走圭聲讀若跬同 徐大小 半步也從走圭聲 韻會四紙

知趩躑乃古今字耳至斥乃庠之隸變若篆文不當有从斥之字許書傳寫有誤當因以厥省之庠為廣庠之庠後人遂从隸變妄改趩字玉篇廣韻諸書又別出趩字實皆誤也

𧾨動也从走樂聲讀若春秋傳曰輔𧾨 大小徐 動也 韻會四紙

趡動也从走隹聲春秋傳曰盟于趡趡地名 大小徐

𧻚𧻚田易居也从走亘聲 大小徐韻會十三元

𧽠走頓也从走眞聲讀若顛 大小徐 走頓也 一切經音義卷十四又卷二十二玉篇

𧼣喪辟𧼣从走甬聲 大徐小徐辟作擗 喪躃𧼣也 廣韻二腫

趩止行也一曰竈上祭名从走畢聲 大徐小徐名下有也字 止行人也从走畢聲 韻會四質 趩與蹕同 後漢銚期傳注

趨進也从走斬聲 大小徐 鏨進也 廣韻五十敢（避）

趧趧婁四夷之舞各自有曲从走是聲 大小徐

趒雀行也从走兆聲 大小徐 雀行也 廣韻三蕭

赶舉尾走也从走干聲 大小徐

止下基也象艸木出有址故以止為足凡止之屬皆从止 大小徐

止下也象艸木出有址故以止為足 韻會四紙

歱跟也从止重聲 大小徐 足跟也 一切經音義卷十二 玉篇 跟也 廣韻二腫

堂歫也从止尚聲 大小徐 徐歫作距 堂歫也 文選長笛賦注

峙躇也从止寺聲 大小徐 韻會四支 又四紙 躇作躇 躇也 廣韻五旨 躇也 一切經音義卷九

歫止也从止巨聲一曰搶也一曰超歫 大小徐 韻會六語歫作距 止也一曰搶也一曰超歫 玉篇

歬不行而進謂之歬从止在舟上 大小徐 不行而進也從止在舟上 韻會一先

歷過也从止厤聲 大徐 過也傳也從止厤聲 小徐韻會十二錫 過也 文選潘安仁悼亡詩注

𣦼至也从止叔聲 大小徐

躄人不能行也从止辟聲 大小徐韻會十一陌 人不能行也 一切經音義卷十六

躄作躄人不能行也 廣韻二十二昔

歸女嫁也从止从婦省𠂤聲 大徐小徐又韻會五微無下從字 歸字 五經文字卷上 女嫁也 玉篇

𡚇籀文省 大徐 籀文婦從止 小徐 籀省作𡚇 韻會五微 𡚇籀文 五經文字卷上

八 廣韻 徵 玉篇

疌疾也从止从又又手也屮聲 大小徐 疾也 一切經音義卷二 廣韻二十九葉

疌機下也足所履者从止从又入聲 大徐 小徐 者下有疾字 機下足所履

也 一切經音義卷五

𣥠蹈也从反止讀若撻 大小徐 蹈也从反止 玉篇

𣦂不滑也从四止 大小徐 二十三 一切經音義卷 韻會十四緝 不滑也 廣韻二十六緝 玉篇

癶足刺癶也从止少凡癶之屬皆从癶讀若撥 大小徐 足有所刺也 玉篇

登上車也从癶豆象登車形 大小徐 上車也從登豆為登車形 韻會

十蒸 上車也 廣韻十七登

𤼷籀文登从𠬞 大小徐 籀作𤼷 韻會十蒸

癹以足蹋夷艸从癶从殳春秋傳曰癹夷蘊崇之（大徐小）以足蹋夷艸（左隱六年釋文 廣韻十五咸）癹（廣韻十三末）

韻會

步行也从止少相背凡步之屬皆从步（大徐小）行也从止少相背（韻會七遇）

歲木星也越歷二十八宿宣徧陰陽十二月一次从步戌聲律歷書名五星為五步（大徐小 韻會八霽）歲（五經文字卷上）木星也越歷二十八宿宣徧陰陽十二月一次（玉篇）

此止也从止从匕匕相比次也凡此之屬皆从此（大徐小）止也從止匕能相比次也（韻會四紙）

呰窳也闕（大徐小）窳也（韻會四紙）

柴識也从此朿聲一曰藏也（大徐小）識也一曰藏也（廣韻四紙 玉篇）

二下

丙寅二月初十日秋農手校記

說文解字攷異

說文解字攷異二下　　歸安姚文田輯

正是也从止一以止凡正之屬皆从正大徐　是也從一從止凡正之屬皆從正小徐　是也從一從止韻會二十四敬

𤴓古文正从二二古上字大徐　古文正從二止二古上字小徐

𤴔古文正从一足足者亦止也大徐　小徐無者字

乏春秋傳曰反正為乏大徐　反正為乏韻會十七洽　乏九經字樣

是直也从日正凡是之屬皆从是大徐　直也從日正韻會四紙　直也廣韻四紙　玉篇

昰籀文是从古文正大徐　籀作昰韻會四紙　昰古文玉篇

韙是也从是韋聲春秋傳曰犯五不韙大小徐

愇籀文韙从心大小徐

尟是少也尟俱存也从是少賈侍中說大小徐　少也從是少韻會十六銑

鮮古作尟華嚴音義卷十二　是少也尟俱存也玉篇

辵乍行乍止也从彳从止凡辵之屬皆从辵讀若春秋公羊傳曰

辵階而走大小徐　乍行乍止从彳止聲廣韻十八藥　從彳從止五經文字卷上

迹步處也从辵亦聲大小徐韻會十一陌

蹟或从足責大小徐　亦作蹟韻會十一陌

速籀文迹从朿大小徐　速籀文廣韻二十二昔玉篇　籀文作速韻會十一陌

違無違也从辵韋聲讀若害大小徐　無違也廣韻十四泰

達先道也从辵率聲大小徐

邁遠行也从辵蠆省聲大徐韻會十卦　遠行也從辵萬聲小徐　遠行也一切經音義卷一又卷六又卷十三又卷十四華嚴音義卷十二玉篇

邁或不省大徐　邁或從蠆小徐　或作邁韻會十卦　邁同上玉篇

迿視行也从辵川聲大徐　延行皃從辵巛聲小徐　視行貌韻會十一真

視行也廣韻十八諄玉篇

遻恭謹行也从辵㱿聲讀若九大小徐

迲步行也从辵土聲大小徐韻會七虞

邎行邎徑也从辵繇聲大小徐

延正行也从辵正聲 大小徐 韻會八庚

征延或从彳 大小徐 今文作征 韻會八庚

隨从也从辵墮省聲 大徐 從也從辵隋聲 小徐 韻會四支

述行皃从辵朮聲 大徐 皃下有也字 小徐

迋往也从辵王聲春秋傳曰子無我迋 大小徐 往也 玉篇

逝往也从辵折聲讀若誓 大小徐 往也從辵折聲 韻會八霽 行也 一切經音義卷六

退往也从辵且聲退齊語 大小徐 往也齊語曰退從辵且聲 韻會七虞

徂退或从彳 大小徐 今文作徂 韻會七虞

遣籀文从虘 大小徐 籀文遣 韻會七虞 遣籀文 玉篇

違無違也从辵韋聲讀若害 大小徐 無違也 廣韻十四泰

⿺辶率先道也从辵率聲 大小徐

邁遠行也从辵蠆省聲 大徐 韻會十卦 遠行也從辵萬聲 小徐 遠行也 一切經音義卷一 又卷六 又卷十三 又卷十四 華嚴音義卷十二 玉篇

邁或不省 大徐 邁或從蠆 小徐 或作邁 韻會十卦 邁同上 玉篇

巡視行皃从辵川聲 大徐 延行皃從辵巛聲 小徐 視行貌 韻會十一真 視行也 廣韻十八諄 玉篇

⿺辶殹恭謹行也从辵殹聲讀若九 大小徐

辻步行也从辵土聲 大小徐 韻會七虞

邎行邎徑也从辵䌛聲 大小徐

逋一條刻本大小徐分出

𨗨籀文从虘大小徐

籀文𨗨韻會七虞

𨗨籀文玉篇

述循也从辵术聲大小徐韻會四質　循也廣韻六術

䢨籀文从秫大小徐　䢨籀文玉篇

遵循也从辵尊聲大徐韻會十一眞　小徐循作盾

適之也从辵啻聲適宋魯語大小徐　之也從辵啻聲齊魯語也韻會

十一陌　之也一切經音義卷十四　適一切經音義卷九

過度也从辵咼聲大小徐韻會五歌

遦習也从辵貫聲大小徐　習也一切經音義卷十四

𨗿媟𨗿也从辵賣聲大小徐

進登也从辵閵省聲大小徐韻會十二震韻

造就也从辵告聲譚長說造上士也大小徐韻會二十號韻　就也一切經音義卷

二

艁古文造从舟大小徐　古造字从舟韻會二十號　艁古造字詩大明釋文　艁

古文造也釋水釋文　艁古文造廣韻三十二晧又三十六效

逾䞃進也从辵俞聲周書曰無敢昏逾大徐小徐䞃作越　越也進也周

書無敢昏逾从辵俞聲韻會七虞　逾鄉射禮釋文

還迨也从辵眔聲大小徐

迨還也从辵合聲大小徐韻會十五合

迮迮起也从辵作省聲大小徐韻會十一陌

遺迹遺也从辵昔聲大徐小徐譌迹道　迒遺也廣韻十九鐸

遄往來數也从辵耑聲易曰目事遄往大小徐　往來數也從辵耑

聲易已事遄往 韻會一先

速疾也从辵朿聲 大徐小徐 韻會一屋

遬籒文从欶 大徐小徐 遬籒文速字 韻會一屋 遬籒文 廣韻一屋 玉篇籒文作遬 一切經音義卷十三

警古文从欶从言 大徐無下從字 小徐 古作警 韻會一屋 警古文 廣韻一屋

古文作警 一切經音義卷十三

迅疾也从辵凡聲 大徐小徐 韻會十二震

适疾也从辵昏聲讀與括同 大徐小徐 疾也從辵昏聲 韻會七曷

逆迎也从辵屰聲關東曰逆關西曰迎 大徐小徐 迎也從辵屰聲 韻會十一陌

迎逢也从辵卬聲大小徐韻會八庚

迹會也从辵交聲徐大小會也文選沈休文和謝朓詩注廣韻四宥

遇逢也从辵禺聲大小徐韻會七遇逢也文選孔文舉薦禰衡表注

遭遇也从辵曹聲一曰邐行大小徐韻會四豪末有也字

遘遇也从辵冓聲大小徐韻會二十六宥

逢遇也从辵夆省聲大小徐二冬夆譌夅韻會

遻相遇驚也从辵从咢咢亦聲大徐相遇驚也從辵咢咢亦聲小徐

韻會十藥

迪道也从辵由聲大小徐韻會十二錫

遞更易也从辵虒聲大小徐韻會八霽

通達也从辵甬聲 大小徐 韻會一東

徙迻也从辵止聲 大小徐 移也 韻會四紙

征徙或从彳 大小徐 古作征 韻會四紙

𡲬古文徙 大小徐

迻遷徙也从辵多聲 大小徐 韻會四支 遷也 廣韻五支

遷登也从辵䙴聲 大小徐 韻會一先

拪古文遷从手西 大小徐 古作拪 韻會一先

運迻徙也从辵軍聲 大小徐 韻會十三問

遁遷也一曰逃也从辵盾聲 大小徐 遷也 一切經音義卷十三 又卷二十 文選景福殿賦注

遜遁也从辵孫聲大小徐韻會十四願

返還也从辵从反反亦聲商書曰祖甲返大徐無下從字小徐返釋言釋文

文田案甲當作伊形相似傳寫誤

彶春秋傳返从彳大小徐春秋傳作彶從彳釋言釋文

還復也从辵瞏聲大小徐韻會十五刪

選遣也从辵巽巽遣之巽亦聲一曰選擇也大小徐遣也從辵巽

巽遣之也亦聲韻會十六銑擇也一切經音義卷十二

遣也从辵㒸省大小徐遂九經字樣遣也韻會一送遣也玉篇

遂籀文不省大小徐籀作遂韻會一送遂籀文玉篇

遣縱也从辵𦣞聲大小徐韻會十六銑

邐行邐邐也从辵麗聲大徐小徐 韻會四紙 行也釋丘釋文疏

逮唐逮及也从辵隶聲大徐小徐無也字 及也從辵隶聲韻會八霽 及也字從

辶不從又華嚴音義卷四十六 及也一切經義卷二韻會十一隊

遲徐行也从辵犀聲詩曰行道遲遲大徐小徐 徐行也從辵犀聲韻會

四支 遲五經文字卷上

迟遲或从尸大徐小徐 亦作迟韻會四支

遟籀文遲从犀大徐小徐 遟籀文五經文字卷上籀或作遟詩行道遟遟韻會四支

邌徐也从辵黎聲大徐韻會八齊 徐也從辵黎省聲小徐

遰去也从辵帶聲大徐小徐 去也韻會八霽

遄行皃从辵耑聲大徐小徐

邁馬不行也从辵𢊁聲讀若住 大小徐 馬不行也從辵𢊁聲 韻會七遇

逗止也从止豆聲 大小徐 韻會二十六宥 止也 後漢光武紀注 文選舞鶴賦注 又長笛賦注

又江文通雜體詩注 一切經音義卷六

迟曲行也从辵只聲 大小徐

逶逶迆衺去之皃从辵委聲 大小徐 徐作迤邪 逶迤衺去貌 韻會四支 逶

迤邪行去也 文選廣絕交論注 逶佗行去也 一切經音義卷十九 蜲蛇邪行

去也蜲與逶同 文選舞賦注

蟡或从虫爲 大小徐 古作蟡 韻會四支 又作嬀 一切經音義卷十九

迆衺行也从辵也聲夏書曰東迆北會于匯 大徐 小徐衺作邪 韻會四紙無曰字

邪行也 釋丘釋文 又疏邪作斜

邐行邐邐也从辵麗聲大小徐　韻會四紙　小徐無也字　行也釋文釋丘又疏　及也字從

逮唐逮及也从辵隶聲大小徐　及也從辵隶聲韻會八霽　及也字從

辶不從又華嚴音義卷四十六　及也一切經義卷二韻會十一隊

遲徐行也从辵犀聲詩曰行道遲遲大小徐　徐行也從辵犀聲韻會

四支　遲五經文字卷上

迟遲或从尸大小徐　亦作迟韻會四支

遟籀文遲从屖大小徐　遟籀文五經文字卷上　[illegible]或作遟詩行道遟遟韻會四支

邌徐也从辵黎聲大小徐韻會八齊　徐也從辵黎省聲小徐

遰去也从辵帶聲大小徐　去也韻會八霽

遄行皃从辵耑聲大小徐

逗止也从辵豆聲 止辵誤寫

邗行也又 沅邗作𨏥

遹回避也从辵矞聲 大小徐 韻會

避回也从辵辟聲 大小徐 四質避作辟 韻會四寘 迴也 一切經音義卷九

違離也从辵韋聲 大小徐 五微無聲字 韻會

遴行難也从辵粦聲易曰以往遴 大小徐 行難也從辵粦聲 韻會十二

震 難行也 漢高惠功臣表注

僯或从人 大小徐 或作僯 韻會十二震

逡復也从辵夋聲 大小徐 韻會十一真

迡怒不進也从辵氐聲 大小徐 怒不進也一曰驚也從辵氐聲 小徐

達行不相遇也从辵羍聲詩曰挑兮達兮 大徐 字 韻會七曷無曰 小徐無也字挑作

挑 不相遇也 詩子衿釋文

达逢或从大或曰迭 小徐大 或作达 韻會七曷

逯行謹逯逯也从辵录聲 小徐大 行謹逯也 一切經音義卷六 謹也 一切經音義卷二

迵迵迭也从辵同聲 小徐大 迭也 廣韻一送

迭更迭也从辵失聲一曰达 小徐大 也 小徐达作迭 更迭也从辵失聲 韻會九屑

迷惑也从辵米聲 小徐大 韻會八齊 惑也 御覽卷四百九十

連負連也从辵从車 小徐大 韻會一先 小徐又韻無下從字

逑斂聚也从辵求聲虞書曰旁逑孱功又曰怨匹曰逑 小徐大 聚斂也从辵求聲 韻會十一尤

遹回避也从辵矞聲 大小徐 韻會四質避作辟
避回也从辵辟聲 大小徐 韻會四寘 迴也 一切經音義卷九
違離也从辵韋聲 大小徐 五微無聲字 韻會
遴行難也从辵粦聲易曰以往遴 大小徐 行難也從辵粦聲 韻會十二
震 難行也 漢高惠功臣表注
僯或从人 大小徐 或作僯 韻會十二震
逡復也从辵夋聲 大小徐 韻會十一真
𨒅怒不進也从辵氐聲 大徐 怒不進也一曰驚也從辵氐聲 小徐
逢行不相遇也从辵夅聲詩曰挑兮逢兮 大徐 韻會七曷無曰字 小徐無也字挑作
挑 不相遇也 詩子衿 釋文

达達或从大或曰迭 大徐小 或作达 韻會七曷

逯行謹逯逯也从辵录聲 大徐小 行謹逯也 一切經音義卷六 謹也 一切經音義卷二

迵迵迭也从辵同聲 大徐小 迭也 廣韻一送

連[illegible]从[illegible] 大徐小 [illegible]員

文田案員連類篇集韻皆引作負連管子海王篇行服連軺輂者注服連輂名攷工記牝服鄭司農曰服讀為負服負同類相借輂人挽者故从辵从車作員誤 案管子注服連人挽者軺輂駕馬者蓋即周禮鄉師之共輂輂是也

逑斂聚也从辵求聲虞書曰旁逑孱功又曰怨匹曰逑 大徐小 聚斂也从辵求聲 韻會十一尤

退數也从辵貝聲周書曰我興受其退 大小徐

逭逃也从辵官聲 大小徐 韻會十五翰

𨘲逭或从雚从兆 大小徐 或作𨘲韻會十五翰

遯逃也从辵从豚 大徐 逃也從辵豚聲 小徐 韻會十四願

逋亾也从辵甫聲 大小徐 韻會七虞

逋籀文逋从捕 大小徐 籀作逋韻會七虞 逋籀文玉篇

遺亾也从辵貴聲 大徐 小徐亾作忘 韻會四支

遂亾也从辵㒸聲 大小徐 韻會四寘

𨗁古文遂 大小徐

逃亾也从辵兆聲 大小徐 亡也避也從辵兆聲 韻會四豪

追逐也从辵𠂤聲 大小徐 韻會四支

逐追也从辵从豚省 大徐無下從字 小徐 追也從辵豕省 韻會一屋

迺迫也从辵酉聲 大小徐 韻會十一尤 迫也 釋木釋文 後漢張衡傳注 文選思玄賦注

逎迺或从酋 大小徐 或作逎 韻會十一尤

近附也从辵斤聲 大小徐 韻會十三問

𡲞古文近 大小徐 古作𡲞 韻會十三問

邋搚也从辵巤聲 大小徐 愶也 玉篇

迫近也从辵白聲 大小徐 韻會十一陌

𨘢近也从辵臸聲 大小徐 古作𨘢 韻會四紙

邇近也从辵爾聲 大小徐 韻會四紙

迹古文邇 大小徐　或作迩 韻會四紙

遏微止也从辵曷聲讀若桑蟲之蝎 大徐小徐蟲作虫　微止也 韻會七曷

遮遏也从辵庶聲 大小徐韻會六麻

𨗨遮𨗨也从辵羨聲 大小徐

迣迾也晉趙曰迣从辵世聲讀若寘 大小徐

迾遮也从辵列聲 大小徐韻會九屑　遮也 玉篇

迀進也从辵干聲讀若干 大小徐

𨗦過也从辵保聲 大小徐　𨗦過也 一切經音義卷五

遱連遱也从辵婁聲 大小徐　連遱也 一切經音義卷十 廣韻十九侯

迊前頓也从辵𠂔聲賈侍中說一讀若拾又若郅 大徐小徐一下有曰字

文田案迹迣二字大徐本篆文同今改正

迦迦互令不得行也从辵枷聲大徐韻會六麻小徐無也字 迦互令不得行也韻會五歌

越踰也从辵戉聲易曰雜而不越大小徐 踰也廣韻十月

逞通也从辵呈聲楚謂疾行為逞春秋傳曰何所不逞欲大小徐

通也從辵呈聲楚謂疾行為逞韻會二十三梗 通也一切經音義卷四又卷二十又卷二十五 通也楚謂疾行為逞春秋傳曰何所不逞玉篇

遼遠也从辵尞聲大小徐 遠也韻會二蕭

遠遼也从辵袁聲大小徐韻會十三阮

遠古文遠大小徐玉篇

逖遠也从辵狄聲大小徐韻會十二錫遠謫作逴

逿古文逖大小徐逿古逖字釋詁釋文或作逿韻會十二錫

迥遠也从辵同聲大小徐韻會二十四迥

逴遠也从辵卓聲一曰蹇也讀若棹苕之棹大徐棹皆作掉小徐遠也

從辵卓聲韻會三覺遠也韻會三覺

迂避也从辵于聲大小徐迂文選班孟堅荅賓戲詩注

逮自進極也从辵隶聲大小徐逮自進極也廣韻一先

邍高平之野人所登从辵备录闕大徐闕下有原字小徐高平曰原人所

登从辵备录闕韻會十三元邍廣韻二十二元高平之野人所登玉篇

道所行道也从辵从𡍮一達謂之道大徐無下從字小徐所行道也一

達謂之道 廣韻三十二晧 韻會十九晧 一達謂之道路 御覽卷百九十五

䢊古文道从𩠐寸 大小徐 衟䢊竝古文 廣韻三十二晧

遽傳也一曰窘也从辵豦聲 大徐 傳也從辵豦聲一曰窘也 小徐 韻會六御 窘也 文選羽獵賦注

迒獸迹也从辵亢聲 大小徐

𨃚迒或从足从更 大徐小徐 無下從字

𨑩至也从辵弔聲 大小徐 至也 韻會十二錫

邊行垂崖也从辵臱聲 大小徐韻會 一先垂譌作乖

𢓊古文徙

彳小步也象人脛三屬相連也凡彳之屬皆从彳 大徐小徐 無下也字

逖遠也从辵狄聲 大小徐 韻會十二錫遠譌作違

逷古文逖 大小徐 玉篇逷古逖字 釋詁釋文 或作逷 韻會十二錫

迥遠也从辵同聲 大小徐 韻會二十四迥

逴遠也从辵卓聲一曰蹇也讀若棹苕之棹 大徐 棹皆作掉 小徐 遠也

從辵卓聲 韻會三覺 遠也 韻會三覺

迂避也从辵于聲 大小徐 迂 文選班孟堅荅賓戲詩注

逮自進極也从辵𦘔聲 大小徐 逮自進極也 廣韻一先

邍高平之野人所登从辵备彔闕 大徐 小徐 闕下有原字 高平曰原人所

登從辵备彔闕 韻會十三元 邍 廣韻二十二元 高平之野人所登 玉篇

道所行道也从辵从𩠐一達謂之道 大徐 無下從字 小徐 所行道也一

𢔶 古文徙

彳小步也象人脛三屬相連也凡彳之屬皆从彳 大徐小徐無下也字

小步也象人脛 廣韻二十二昔 步也 文選魏都賦注 彳 繫傳疑義 彳與小篆小異

德升也从彳悳聲 大小徐 韻會十三職 韻

徑步道也从彳巠聲 大小徐 韻會二十五徑無也字

復往來也从彳复聲 大小徐 韻會一屋 往來也 一切經音義卷六 復 五經文字卷上

⿰彳柔復也从彳从柔柔亦聲 大徐 復也從彳柔亦聲 小徐 韻會二十六厚無亦字

徎徑行也从彳呈聲 大小徐

⿰彳㞷之也从彳㞷聲 大小徐 韻會二十二養 韻 ⿰彳㞷字 九經字樣

⿺辶㞷古文从辵 大小徐 古文往字 文選甘泉賦注 古作⿺辶㞷 韻會二十二養

⿰彳瞿行皃从彳瞿聲 大小徐

彼往有所加也从彳皮聲 大小徐 往有所加也 韻會四紙

徼循也从彳敫聲大小徐韻會二蕭彳譌作辵　巡也後漢董卓傳注

循行順也从彳盾聲大小徐韻會十一眞　行也泰誓正義一切經音義卷十三又卷十七又卷二十二

彶急行也从彳及聲大小徐　彶彶急行也一切經音義卷五又卷十三又卷十七彶作汲

⿰彳䟣行皃从彳䟣聲一曰此與馺同大小徐

微隱行也从彳𢼸聲春秋傳曰白公其徒微之大小徐　隱行從彳𢼸聲左傳白公其徒微之韻會五微　隱行也廣韻八微　玉篇

徥徥徥行皃从彳是聲爾雅曰徥則也大小徐　徥徥行皃也從彳是聲爾雅曰徥尾則也小徐

徐安行也从彳余聲大小徐韻會六魚　安行也廣韻九魚　玉篇

徥行平易也从彳是聲徐大小　行平易也廣韻六脂韻會四支

徦使也从彳𧦝聲徐大小

文田案許書無𧦝字當從彳從言甹聲玉篇又作俜

徎使也从彳夆聲讀若蠭徐大小

徍迹也从彳戔聲徐大小

㣞附行也从彳䒵聲徐大小　附行也韻會二十三㨾　附也文選江文通望荊山詩注

徯待也从彳奚聲大小徐韻會八薺

蹊徯或从足徐大小　亦作蹊韻會八薺

徑也詩縣正義

待竢也从彳寺聲徐大小

袖行袖袖也从彳由聲徐大小　行袖袖也廣韻二十三錫玉篇

徧帀也从彳扁聲 大徐韻會十七霰帀作匝 小徐脱彳字 帀也 廣韻三十三線

假至也从彳段聲 大小徐韻會二十一馬 至也 廣韻三十五馬

徦却也一曰行遲也从彳从日从夊 大徐 却也從彳日夊一曰行

遲也 小徐韻會十一隊無下也字 徦 九經字樣 廣韻十八隊

衲徦或从内 大小徐 或作迺 韻會十一隊 九經字樣 亦作衲 韻會十一隊 引集韻

退古文从辵 大小徐 古文從辵作退 韻會十一隊 古文作退 九經字樣

退古文 廣韻十八隊 玉篇

後遲也从彳幺夊者後也 大小徐 遲也從彳幺夊 韻會二十六厚 遲也

廣韻四十五厚 玉篇

逡古文後从辵 大徐文下有後字 小徐 逡古文 廣韻四十五厚 玉篇

徲行平易也从彳夷聲大小徐 行平易也廣韻六脂韻會四支

㣂使也从彳[言甹]聲大小徐

文田案許書無[言甹]字當從彳從言甹聲玉篇又作㣂

[彳夆]使也从彳夆聲讀若螽大小徐

[彳戔]迹也从彳戔聲大小徐

[彳匊]附行也从彳匊聲大小徐 附行也韻會二十三漾 附也文選江文通望荆山詩注

徯待也从彳奚聲大小徐韻會八薺

蹊徯或从足大小徐 亦作蹊韻會八薺 徑也詩緜正義

待竢也从彳寺聲大小徐

[彳由]行[彳由][彳由]也从彳由聲大小徐 行[彳由][彳由]也廣韻二十三錫 玉篇

逡古文後从辵 大小徐同

徲久也从彳犀聲讀若遲 大徐小徐

很不聽从也一曰行難也一曰盭也从彳皀聲 大徐 不聽從也一曰行難也從彳皀聲一曰盭 小徐 不聽從也一曰行難也 韻會十三阮 不聽從也從彳皀聲 一切經音義卷十六 不聽從也 華嚴音義卷二十三 又卷五十八 聽作任

徸相迹也从彳重聲 大徐小徐

得行有所得也从彳㝵聲 大徐 小徐無也字 得五經文字卷上 得取也從彳㝵聲 韻會十三職

㝵古文省彳 大徐小徐 古文㝵省也從見寸寸度之亦手也 韻會十三職 㝵取也 廣韻二十五德 㝵取也 一切經音義卷一 又卷六

徛舉脛有渡也从彳奇聲大小徐韻會四支渡作度 舉脚有度也釋宮釋文

彴行示也从彳勺聲司馬法斬以彴大小徐韻會十二震 行示曰循一切經音義卷十二 徇行示也一切經音義卷十三又卷十八 唐本句聲徐本勻聲六書故第十六 行示也玉篇

律均布也从彳聿聲大小徐韻會四質

御使馬也从彳从卸大徐 使馬也從彳卸小徐韻會六御 使馬也文選何敬宗遊仙詩注

馭古文御从又从馬大徐小徐御作馭 古作馭從又馬韻會六御

亍步止也从反彳讀若畜大小徐 步止也从反彳韻會二沃 玉篇

廴長行也从彳引之凡廴之屬皆从廴大小徐 從彳引之五經文字卷上

徲久也从彳犀聲讀若遲 大小徐

很不聽从也一曰行難也一曰盭也从彳皀聲 大徐 不聽從也一曰行難也從彳皀聲一曰盭 小徐 不聽從也一曰行難也 韻會十三阮 不聽從也從彳艮聲 一切經音義卷十六 不聽從也 華嚴音義卷二十三 又卷五十八 聽作任

𢓊相迹也从彳重聲 大小徐

得行有所得也从彳㝵聲 大徐 小徐無也字 㝵取也從彳㝵聲 韻會十三職

㝵古文省彳 大小徐 古文㝵省也從見寸寸度之亦手也 韻會十三職

得 五經文字卷上

㝵取也 廣韻二十五德 㝵取也 一切經音義卷一 又卷六

馭條 大徐古文御从又从馬 小徐御作馭 無次從字 [illegible]古

作馭从又从馬 抄本[illegible]

廷朝中也从廴壬聲大○徐 小徐壬廴二字倒 韻會九青 朝中也後漢郭太傳注

延行也从廴正聲大○小徐

建立朝律也从聿从廴大○小徐 韻會十四願

延安步延延也从廴从止凡延之屬皆从延大○徐無次從字 小徐 行步

　延延也廣韻二仙

延長行也从延丿聲大○小徐 韻會一先 長也文選顏延年始安郡詩注

行人之步趨也从彳从亍凡行之屬皆从行大○徐無次從字 小徐 人之

　步趨也从彳亍韻會八庚 言迹也从彳从亍韻會二十四敬 人之步趨也玉篇

術邑中道也从行术聲大○徐 小徐术譌木 韻會四質無也字 邑中道也廣韻六術 玉篇

街四通道也从行圭聲大○小徐 四通道也一切經音義卷三 廣韻十三佳 御覽卷百

九十五韻會九佳　四通也文選西都賦注

衢四達謂之衢从行瞿聲大徐謂之二字倒　小徐

衝通道也从行童聲春秋傳曰及衝以戈擊之大徐無曰字　韻會二冬　小徐童譌作同及譌作反　通道也廣韻三鍾　衝九經字樣

衕通街也从行同聲大小徐韻會一送

𧗱迹也从行戔聲大徐小徐迹作踐

衙行皃从行吾聲大小徐韻會六麻　衙衙行皃廣韻九魚　行皃韻會六語

衎行喜皃从行干聲大小徐十四旱皃作也　韻會　行喜也韻會十五翰

衙行且賣也从行从言大徐無下從字　小徐　衒行且賣也一切經音義卷二　又卷三　又卷六　又卷二十二　又卷二十五　自矜從行從言韻會十七霰　行且賣也玉篇

衒衒或从玄 大小徐 或從玄作衒 一切經音義卷六 或作衒 韻會十七霰 衒同上 玉篇

衛將衛也从行率聲 大小徐 將衛也 廣韻五質

衛宿衛也从韋帀从行行列衛也 大小徐 無下從字 小徐 宿衛也從韋匝

也從行行列也 韻會八霽 宿衛也唐本从行从韋徐本从韋从帀

从行行列衛也 六書故弟十六 衛 九經字樣

齒口齗骨也象口齒之形止聲凡齒之屬皆从齒 大小徐 口齗骨

也象口齒之形止聲 韻會四紙 口齗骨也 禹貢正義 玉篇齒部

[illegible] 古文齒字 大小徐 古作𠚒苗 韻會四紙 𦥒𦥓並古文 玉篇

齗齒本也从齒斤聲 大小徐 齒肉也 一切經音義卷一 又卷九 又卷十五 又

齔毀齒也男八月生齒八歲而齔女七月生齒七歲而齔从齒从

七大徐小徐作從齒七聲齔毀齒也男八月齒生八歲而齔女七月齒生七歲而齔左僖五年正義男八月生齒八歲而齔女七歲而毀齒從齒從匕聲一切經音義卷四男八月生齒八歲而齔女七月生齒七歲而毀齔字從七也一切經音義卷十男八月生齒八歲而為齔女七歲而毀齒也從齒七聲一切經音義卷二十毀齒也男八月而齒生八歲而齔女七月而齒生七歲而齔十廣韻二十一震毀齒也男八月生齒八歲而齔女七月生齒七歲而齔御覽卷三百六十七玉篇齒部毀齒也從齒從匕七音化男八月齒生八歲齔女七月齒生七歲齔韻會十二吻

齰齒相值也一曰齧齒也从齒責聲春秋傳曰晢齰大徐齒相值也

從齒責聲一曰齧也春秋傳曰晳齰小徐　齒相值也定九年正義

齒上下相值也定九年釋文　齒相值也一曰齧也玉篇齒部

齜　齒相齗也一曰開口見齒之皃从齒柴省聲讀若柴大小徐　開口見齒也一切經音義卷六

齘　齒相切也从齒介聲大小徐　齒相切也一切經音義卷十二又卷十四又卷十五又卷二十五

齞　口張齒見从齒只聲大小徐　張口齒見也韻會十六銑　張口見齒也文選登子好色賦注　口張齒見玉篇齒部

齺　齒搚也一曰齰也一曰馬口中糜也从齒芻聲大徐　齒搚也一

曰馬口中糜也從齒芻聲一曰齰也小徐 齒擠也一曰齰也一曰馬口中糜也玉篇齒部

齵齒不正也从齒禺聲大小徐韻會十一尤 齒不正也一切經音義卷十五又卷十九

齇齬齒也从齒虘聲大小徐 齬齒也韻會六麻 齒不正也一切經音義卷六

齱齵也从齒取聲大小徐

齹齒參差从齒差聲大小徐 齒參差也一切經音義卷十九

䶢齒差跌皃从齒佐聲春秋傳曰鄭有子䶢大小徐 齹作䶢齒差跌也左昭十六年釋文 齒差跌貌韻會五歌

齤缺齒也一曰曲齒从齒𢍏聲讀若權大小徐讀下有又字 缺齒也一曰曲齒玉篇齒部

齳無齒也从齒軍聲大小徐

齳無齒也从齒軍聲徐大小

齤缺齒也一曰曲齒从齒𢍏聲讀若權大徐讀下有文字小徐

齾缺齒也一曰曲齒王

䶨齒差也从齒兼聲大徐小

齺齒搚也一曰齰也一曰馬口中糜也从齒芻聲大徐 齒搚也一

曰馬口中糜也從齒芻聲一曰齰也 小徐 齒擠也一曰齰也一曰馬口中糜也 玉篇齒部

齵 齒不正也从齒禺聲 大小徐 韻會十一尤 齒不正也 一切經音義卷十五 又卷十九

齬 齬齒也从齒虘聲 大小徐 齬齒也 韻會六麻 齒不正也 一切經音義卷六

齱 齵也从齒取聲 大小徐

齹 齒參差从齒差聲 大小徐 齒參差也 一切經音義卷十九

䶩 齒差跌皃从齒佐聲春秋傳曰鄭有子䶩 大小徐 齹作䶩齒差跌也 左昭十六年釋文 齒差跌貌 韻會五歌

齤 缺齒也一曰曲齒从齒类聲讀若權 大徐 讀下有又字 小徐 缺齒也一曰曲齒 玉篇齒部

齳 無齒也从齒軍聲 大小徐

齾缺齒也从齒獻聲 大小徐 韻會八黠

䶏齗腫也从齒巨聲 大小徐

齯老人齒从齒兒聲 大小徐 韻會八齊 老人兒齒也 釋詁

齮齧也从齒奇聲 大小徐 側齧也 漢高祖紀索隱 齧也 玉篇齒部

䶜齚齒也从齒出聲 大小徐 齚齒也 玉篇齒部

齰齧也从齒昔聲 大小徐 韻會十一陌 齧也 魏其傳索隱 文選風賦注 玉篇齒部

齚齰或从乍 大小徐 或作齚 韻會十一陌 齚同上 玉篇齒部

䶢齧也从齒咸聲 大小徐

齦齧也从齒皀聲 大小徐

𪗉齒見皃从齒干聲 大小徐 𪗉作齗 廣韻二十元

⿰齒卒⿰齒卒齚也从齒卒聲 大小徐

⿰齒列齒分骨聲从齒列聲讀若剌 大小徐

齩齧骨也从齒交聲 大小徐 韻會十八巧無也字 齧骨也 文選七命注 一切經音義卷九 又卷十八 齧也 一切經音義卷一 又卷十一 又卷十九 又卷二十三

⿸屑齒齒差也从齒屑聲讀若切 大小徐 齒差也 韻會九屑

⿰齒吉齒堅聲从齒吉聲 大小徐

⿰齒豈⿸屑齒牙也从齒豈聲 大小徐

齝吐而噍也从齒台聲爾雅曰牛曰齝 大小徐 吐而嚼也 廣韻七之

齕齧也从齒气聲 大小徐 韻會六月

⿱聯齒齒見皃从齒聯聲 大小徐

齧　噬也从齒㓞聲 大小徐 韻會九屑 噬也 一切經音義卷十三

齭　齒傷酢也从齒所聲讀若楚 大小徐 齭 廣韻八語

齨　老人齒如臼也一曰馬八歲齒臼也从齒从臼臼亦聲 大徐 老人齒如臼從齒臼聲馬八歲齒臼也 小徐

齬　齒不相值也从齒吾聲 大徐 小徐 韻會六語 齬 齒不相值也 廣韻八語 玉篇齒部

齛　羊粻也从齒世聲 大小徐 韻會九屑 小徐無也字

齸　鹿麋粻从齒益聲 大小徐 韻會十一陌 鹿麋二字倒

⿰齒至　齒堅也从齒至聲 大徐 小徐無也字

䶉　齧骨聲从齒从骨骨亦聲 大徐 齧骨聲從齒骨聲 小徐

⿰齒昏　噍聲从齒昏聲 大小徐

䶈噍堅也从齒博省聲大小徐

牙牡齒也象上下相錯之形凡牙之屬皆从牙大小徐　牡齒也象上下相錯形韻會六麻　牡齒也禹貢正義　牙九經字樣

𤘗古文牙大小徐　古作𤘗韻會六麻　𤘗古文玉篇

猗虎牙也从牙从奇奇亦聲大徐　武牙也從牙奇奇亦聲小徐　武牙也晁說之曰顧野王曰虎牙也蓋唐人諱虎改之六書故第十一

𤘩齲蠹也从牙禹聲大小徐　齲蠹也韻會七麌　齲又作𤘩齲蠹也一切經音義卷二十　又　齲齲蠹也一切經音義卷十五　又卷十七　玉篇齒部　卷五𤘩譌作楀

齲𤘩或从齒大小徐　或作齲韻會七麌

足人之足也在下从止口凡足之屬皆从足大小徐　人之足也從

齧　噬也从齒𠢐聲　大小徐　韻會九屑　噬也　一切經音義卷十三

齭　齒傷酢也从齒所聲讀若楚　大小徐　齭　廣韻八語

齨　老人齒如臼也一曰馬八歲齒臼也从齒从臼臼亦聲　大徐　老人齒如臼從齒臼聲馬八歲齒臼也　小徐

齬　齒不相值也从齒吾聲　大徐　小徐韻會六語　齒不相值也　廣韻八語　玉篇齒部

齛　羊粻也从齒世聲　大小徐　韻會九屑　小徐無也字

齸　鹿麋粻从齒益聲　大小徐　韻會十一陌　鹿麋二字倒

⿰齒至　齒堅也从齒至聲　大徐　小徐無也字

⿰齒骨　齧骨聲从齒从骨骨亦聲　大徐　齧骨聲從齒骨聲　小徐

⿰齒昏　噍聲从齒昏聲　大小徐

禡（三宋本）條 䗈又作禡，蟲也。一切經音義卷廿，又卷五禡誤作禱。直經義禱作禱。

止口韻會二沃 在下也御覽卷三百七十二 人之足也在體下從止口玉篇

䟼足也从足虒聲大小徐韻會八齊 足也玉篇

跟足踵也从足皀聲大小徐韻會十三元 足踵也文選西京賦注 玉篇 足踵一切經音義卷十四

𧿹跟或从止大小徐 或作𧿹韻會十三元 亦作𧿹玉篇

踝足踝也从足果聲大小徐 足踝從足果聲小徐韻會二十馬

跖足下也从足石聲大小徐韻徐十一陌 足下也一切經音義卷五 又卷十七 又卷二十又同上又卷二十一玉篇 廣韻二十二昔

踦一足也从足奇聲大小徐韻會四支 掎偏引一足也後漢馬融傳注

跪拜也从足危聲大小徐韻會四紙 拜也文選樂府古辭注

跽長跪也从足忌聲 大○小徐韻會四紙 長跪也 莊子人間世釋文 言釋文 又疏 文選釋
魯靈光殿賦注
一切經音義卷九

跾行平易也从足叔聲詩曰跾跾周道 大○小徐 行平易也 詩踧踧
周道 玉篇韻會一屋無云字

躣行皃从足瞿聲 大○小徐韻會七虞 行皃 玉篇

踖長脛行也从足昔聲一曰踧踖 大○小徐韻會十一陌

踽疏行皃从足禹聲詩曰獨行踽踽 大○小徐韻會七麌無曰字

蹩行皃从足將聲詩曰管磬蹡蹡 大○小徐 將作蹩行皃 詩執競釋文
行皃 韻會七陽

躖踐處也从足斷省聲 大○小徐

趴趣越皃从足卜聲大小徐趣作趨　趣越皃廣韻十遇

踰越也从足俞聲大小徐

跋輕也从足戉聲大小徐輕下有足字

蹻舉足行高也从足喬聲詩曰小子蹻蹻大小徐十藥無曰字　韻會　舉足

行高也一切經音義卷十六　韻會十藥　玉篇　舉足小高也漢高紀注　晉書音義卷八十九

跾疾也長也从足攸聲大小徐　跾易頤釋文

蹌動也从足倉聲大小徐韻會七陽　動也廣韻十陽　玉篇

踊跳也从足甬聲大小徐韻會二腫　跳也左僖二十八年正義

躋登也从足齊聲商書曰告予顛躋大小徐　登也從足齊聲韻會八齊

躍迅也从足翟聲大小徐韻會十藥　迅也左僖二十八年正義

跧蹴也一曰卑也㚘也从足全聲 大徐 蹴也從足全聲一曰卑也

㚘也 小徐 蹴也 文選魯靈光殿賦注 蹴也一曰界也㚘也 玉篇

蹴躡也从足就聲 大小徐 躡也 韻會一屋 躡也從足逆躡之曰蹴 一切

跨渡也从足夸聲 大小徐 韻會二十二禡 渡也 一切經音義卷十五 跨 五經文字卷下

蹋踐也从足𦐇聲 大小徐 韻會十五合 踐也 一切經音義卷四 又卷九

跡蹈也从足步聲 大徐 小

八作蹈 蹋也

蹈踐也从足舀聲 大小徐 踐也 一切經音義卷六 蹈蹋 華嚴音義卷十五 又卷六十

躔踐也从足廛聲 大小徐 韻會一先 踐也 廣韻二仙

踐履也从足戔聲 大小徐 韻會十六銑 履也 一切經音義卷六

趴趣越皃从足卜聲大徐小徐趣作趨　趣越皃廣韻十遇

踰越也从足俞聲大小徐

跋輕也从足戉聲大徐小徐輕下有足字

蹻舉足行高也从足喬聲詩曰小子蹻蹻大小徐十藥無曰字　韻會　舉足

行高也一切經音義卷十六　韻會十藥　玉篇　舉足小高也漢高紀注　晉書音義卷八十九

跾疾也長也从足攸聲大小徐　跾易頤釋文

蹌動也从足倉聲大小徐韻會七陽　動也廣韻十陽　玉篇

踊跳也从足甬聲大小徐韻會二腫　跳也左僖二十八年正義

躋登也从足齊聲商書曰予顛躋大小徐　登也從足齊聲韻會八齊

躍迅也从足翟聲大小徐韻會十藥　迅也左僖二十八年正義

跧蹴也一曰卑也蔡也从足全聲大徐　蹴也從足全聲一曰卑也經音義卷十一　蹴躡一切經音義卷十二

躡蹈也从足聶聲大小徐韻會十六葉　蹈也文選南都賦注　玉篇

跨渡也从足夸聲大小徐韻會二十二禡　渡也一切經音義卷十五　跨五經文字卷下

蹋踐也从足𦐇聲大小徐韻會十五合　踐也一切經音義卷四又卷九

跱蹈也从足步聲大小徐

蹈踐也从足舀聲大小徐　踐也一切經音義卷六　蹈蹋華嚴音義卷十五又卷六十八作蹈蹋也

躔踐也从足廛聲大小徐韻會一先　踐也廣韻二仙

踐履也从足戔聲大小徐韻會十六銑　履也一切經音義卷六

踵　追也。从足重聲。一曰往來皃。大小徐 韻會二腫　追也。一曰往來皃。廣韻二腫　相迹也。亦追也。往來之皃也。一切經音義卷四　躡，追也。文選藉田賦注　躡當爲踵

踔　踶也。从足卓聲。大小徐 韻會十九效

蹛　踶也。从足帶聲。大小徐

蹩　踶也。从足敝聲。一曰跛也。大小徐 韻會九屑

踶　躛也。从足是聲。大小徐

躛　衛也。从足衛聲。大小徐　衛也。玉篇

𨅔　𨅔足也。从足執聲。大小徐　𨅔足也。廣韻三十帖 韻會十六葉

跃　尌也。从足氏聲。大小徐

蹢住足也从足適省聲或曰蹢躅賈侍中説足垢也大徐住足也從足啇聲或曰蹢躅賈侍中説足垢小徐住足也韻會十一陌住足也蹢躅住足也文選司馬紹統贈山濤詩注又別賦注住譌任躑躅住足也文選陸機招隱詩注又古詩十九首注

躅蹢躅也从足蜀聲大徐小徐韻會二沃

踤觸也从足卒聲一曰駭也一曰蒼踤大徐小徐觸也一曰駭也一曰倉踤六書故弟三十一觸也文選吴都賦注

蹶僵也从足厥聲一曰跳也亦讀若橜大徐亦讀二字倒小徐僵也從足厥聲一曰跳也韻會六月僵也一切經音義卷一又卷九又卷十二又同上又卷十四又卷十七又卷十九又卷二十四僵也一曰跳也廣韻十月玉篇

𨇞蹶或从闕 大小徐 或作𨇞 韻會六月 𨇞上同 廣韻六月 𨇞同上 玉篇

跳蹶也从足兆聲一曰躍也 大小徐 韻會二蕭 躍也 左襄二十五年正義 文選洞簫賦注 跳 高祖紀索隱 蹶也一曰躍也 玉篇

䟴動也从足辰聲 大小徐

䠧峙䠧不前也从足屠聲 大徐 跱䠧不前也从足屠聲 小徐 韻會六魚 韻

峙䠧不前也 廣韻五旨 躊躇猶豫也 一切經音義卷二十

𨁎跳也从足弗聲 大小徐 韻會五勿

蹠楚人謂跳躍曰蹠从足庶聲 大小徐

踏𨀁也从足荅聲 大小徐

𨄄跳也从足䍃聲 大小徐

跛進足有所擷取也从足及聲爾雅曰跛謂之擷（大小徐無曰字 韻會十五合）

蹞步行獵跋也从足貝聲（大小徐獵作躐） 步也（一切經音義卷十五）

蹪跲也从足質聲詩曰載蹪其尾（大小徐） 跲也從足質聲（韻會四寘）

跲也（廣韻六至） 疐礙足不行與蹪同（釋言釋文） 蹪跲即疐也（狼跋正義）

跌也（文選謝靈運還舊園詩注）

跲蹪也从足合聲（大小徐韻會十六葉） 跲蹪（釋言疏）

跇述也从足世聲（大小徐）

蹎跋也从足眞（大聲）（小徐韻會一先） 跋也（廣韻一先） 撥也（一切經音義卷十四）

跋蹎跋也从足犮聲（大小徐） 跋蹎（釋言疏 狼跋正義） 躠行皃從足犮聲

（韻會七曷）

蹐小步也从足脊聲詩曰不敢不蹐 大小徐 韻會十一陌無曰字 小步也 詩正月 釋文又正義後漢陳忠傳注 蹐 五經文字卷下

趹踼也从足失聲一曰越也 大徐 小徐無下也字 韻會九屑

踼趹踼也从足昜聲一曰搶也 大小徐 趹踼也 韻會七陽 搶也 一切經音義卷九

蹲踞也从足尊聲 大小徐 韻會十三元 蹲踞也 廣韻二十三䰟 踞也 玉篇

踞蹲也从足居聲 大小徐 韻會六御 蹲也 後漢茅容傳注 論語延

跨踞也从足夸聲 大小徐

躩足躩如也从足矍聲 大小徐 足躩如也 廣韻十八藥

踣僵也从足咅聲春秋傳曰晉人踣之 大小徐 韻會十三職無曰字

跛行不正也从足皮聲一曰足排之讀若彼大徐　行不正也從足
皮聲讀若罷一曰足排之讀若彼小徐　行不正從足皮聲一曰
足排之或作𨂿韻會二十哿
蹇跛也从足寒省聲大小徐　韻會十六銑又十三阮寒作騫　跛也文選謝宣遠張子房詩注
蹁足不正也从足扁聲一曰拖後足馬讀若萆或曰徧大小徐　足
不正也一曰拖後足馬韻會一先
跰脛肉也一曰曲脛也从足幷聲讀若逵大徐　脛肉也從足幷聲
一曰曲脛也讀若逵小徐
踒足跌也从足委聲大小徐
跣足親地也从足先聲大徐　韻會十六銑小徐無也字　跣一切經音義卷十四

跔天寒足跔也从足句聲 大小徐

䠒豕足也从足囷聲 大小徐

距雞距也从足巨聲 大小徐 韻會六語　雞足距之也 一切經音義卷九

躧舞履也从足麗聲 大小徐 韻會四紙　舞履也 廣韻四紙 玉篇

䩥或从革 大小徐　䩥同上 廣韻四紙　通作䩥 韻會四紙

𨂝足所履也从足叚聲 大小徐

𨁈跀也从足非聲讀若匪 大小徐　跀也從足非聲 韻會五未

跀斷足也从足月聲 大小徐 韻會六月　跀𧿹 廣韻十月

𧿹跀或从兀 大小徐 或作𧿹 韻會六月　𧿹 廣韻十月　𧿹同上 玉篇

趽曲脛馬也从足方聲讀與彭同 大小徐　曲脛馬也从足方聲 韻會

八庚 曲脛馬也廣韻十陽 玉篇

趹馬行皃从足決省聲大小徐 馬行貌韻會九屑

趼獸足企也从足幵聲大小徐韻會十六銑 足指約中斷傷為趼莊子天道釋文

藺黑皴也文選任彥昇勸進注

路道也从足从各大徐 道也從足各聲小徐 道路也從足各韻會七遇

路非各聲从足輅省李陽冰本

蹸轢也从足粦聲大小徐韻會十二震 轢也文選西都賦注

跂足多指也从足支聲大小徐韻會四支

蹳蹎蹳也从足發聲大徐 小徐無此字韻會七曷

疋足也上象腓腸下从止弟子職曰問疋何止古文以為詩大疋

字亦以為足字或曰胥字一曰足記也凡足之屬皆从足 大小徐
足也上象腓腸下从止弟子職曰問足何止古文以為詩大雅足字亦以為足字一曰足記也 玉篇
足也上象腓腸下从止弟子職曰問足何止一曰記也 韻會六魚
足也古文以為詩大雅字 廣韻三十五馬　古詩大小足 韻會二十一馬

䟽門戶疏窻也从足足亦聲囱象䟽形讀若疏 大徐　門戶疏窻也
從足囱囱象䟽形讀若疏 小徐　窻也䟽從足足足也從囱象其
形也 一切經音義卷十四　窻也 一切經音義卷十七　疏亦䟽 一切經音義卷七

延通也从爻从足足亦聲 大徐　通也從爻足亦聲 小徐　通也從爻
疋亦聲今作疏 韻會六魚　疏通也 文選陸士衡演連珠注

品眾庶也从三口凡品之屬皆从品 大小徐　眾庶也從三口 韻會二十
七寢　眾庶也 玉篇

㗊多言也从品相連春秋傳曰次于㗊北讀與聶同 大徐品下有山字 小徐

多言也从品山相連令作讘 韻會十六葉 㗊 九經字樣

喿鳥羣鳴也从品在木上 大小徐 韻會二十號 喿鳥羣鳴也 一切經音義卷二十

龠樂之竹管三孔以和衆聲也从品侖侖理也凡龠之屬皆从龠

大小徐 樂之竹管三孔以和衆聲也从品侖侖倫理也 韻會十藥

三孔籥也 司馬相如傳正義 从亼冊亼古集字品象衆竅盍集衆管

如冊之形而置竅爾 李陽冰本

龡籥音律管壎之樂也从龠炊聲 大徐 小徐無聲字 龡籥音律管壎之

樂也從籥省炊聲 韻會四寘

䶵管樂也从龠虒聲 大徐 韻會四支 韻 管樂也七孔從龠虒聲 小徐 管

有七孔 一切經音義卷十九 管樂也有七孔世本蘇辛公作篪 一切經音

義卷十八

篪龥或从竹 大小徐 今作篪 韻會四支

龢調也从龠禾聲讀與和同 大小徐 調也從龠禾聲 韻會五歌 和音

樂和調也 一切經音義卷六

龤樂和龤也从龠皆聲虞書曰八音克龤 大小徐 龤並作諧 小徐 諧作龤

樂和龤也 一切經音義卷十二 樂和龤也 廣韻十四佳 玉篇無也字

𠕁符命也諸侯進受於王也象其札一長一短中有二編之形凡

冊之屬皆从冊 大小徐 𠕋符命也諸侯進受於王也象其札一

長一短中有二編之形 廣韻二十一麥 玉篇 符命也諸侯進受於王者也

象其札一長一短中有二編之形韻會十一陌　符命也諸侯進受
於王象其札一長一短中有二編也文選冊注　符命也字或從竹
或古為圓形也華嚴音義序　𠕋邠鼎文卌六書故第二十九
𥮑古文冊从竹大○小徐　𥮑古文五經文字卷中廣韻二十一麥玉篇古作笧韻會十一陌
嗣諸侯嗣國也从冊从口司聲大○徐小徐又韻會四寘無下從字
孠古文嗣从子大○小徐　古作孠韻會四寘
扁署也从戶冊戶冊者署門戶之文也大○徐　署也從戶冊者署門
戶之文也小徐　署也從戶冊冊者署門戶之文也韻會十六銑　署
也扁從戶冊者署門戶也文選景福殿賦注

説文解字攷異

三上

說文解字攷異三上　　歸安姚文田輯

㗊衆口也从四口凡㗊之屬皆从㗊讀若戢又讀若呶大徐　衆口

也從四口凡㗊之屬皆從㗊讀若戢一曰呶小徐　衆口也釋器釋文

嚚語聲也从㗊臣聲大徐小　語聲也韻會十一眞

𡃖古文嚚大徐小　古作𡃖韻會十一眞

囂聲也气出頭上从㗊从頁頁首也大徐　聲也氣出頭上從㗊頁

頁亦首也小徐韻會二蕭

買囂或省大徐小

嘂高聲也一曰大呼也从㗊丩聲春秋公羊傳曰魯昭公叫然而

哭大徐 高聲從㗊丩聲一曰大呼春秋公羊傳曰魯昭叫然而哭叫然忽發聲也此昭公出奔齊也小徐 高聲從㗊丩聲一曰大呼春秋公羊傳魯昭㗊然而哭韻會十八嘯 高聲也一曰大呼也玉篇部廣韻三十四嘯無下也字

囂呼也从㗊頁聲讀若讙大小徐 囂同喚廣韻二十九換

器皿也象器之口犬所以守之大小徐韻會四寘 皿也從犬犬所以守之釋器疏 皿也飲食之器從犬從㗊聲也釋器釋文

舌在口所以言也別味也从干口口干亦聲凡舌之屬皆从舌大徐次從字小徐無 在口所以言也別味者也從干口干亦聲韻會九屑

在口所吕言且別味也从干干亦聲李陽冰開口則干人故从

干六書故第十一　舌九經字樣　在口中所以立言者从干从口玉篇舌部

䑛歠也从舌沓聲大小徐韻會十五合韻

舓以舌取食也从舌易聲大徐小徐無也字韻會四紙　以舌取物也玉篇舌部

䑛舓或从也大小徐今作䑛韻會四紙

干犯也从反入从一凡干之屬皆从干大小徐　犯也從一從反入

韻會十四寒　干六書故第二十九

𢆉撴也从干倒入一為干入二為𢆉讀若飪言稍甚也大小徐　撴

也从𢆉从一入一為𢆉入二為𢆉讀若飪六書故第二十九从一譌作从入

干一爲𢆉李陽冰本

屰不順也从干下凵屰之也大徐首有屰字小徐　不順也廣韻二十陌

谷口上阿也从口上象其理凡谷之屬皆从谷小徐 口上阿也

从口上象其理玉篇谷部 韻會十藥 口上阿也一曰笑皃廣韻十八藥

㖡谷或如此小徐 或作㖡韻會十藥 㖡𦡒並同上廣韻十八藥

𦡒或从肉从豦小徐 谷或從豦肉小徐 詩作𦡒韻會十藥

西舌皃从谷省象形小徐 舌貌象形從谷省聲小徐 舌皃廣韻五十六㮇

㐁古文㐁讀若三年導服之導一曰竹上皮讀若沾一曰讀若誓

弻字从此小徐

只語已詞也从口象气下引之形凡只之屬皆从只小徐 語已

詞也從口象气下引之形韻會四紙

䡅聲也从只甹聲讀若馨小徐 聲也廣韻十五青

㕯言之訥也从口从內凡㕯之屬皆从㕯 大徐 言之訥也從口內聲凡㕯之屬皆從㕯 小徐

矞以錐有所穿也从矛从㕯一曰滿有所出也 大徐 以錐有所穿也從矛㕯聲一曰滿有所出 小徐韻會四質 以錐有所穿也一曰滿也 廣韻六術

商从外知內也从㕯章省聲 大小徐 韻會七陽

𠅃古文商 大小徐 古作𠅃𠅃 韻會七陽

𠸷亦古文商 大小徐

𧷎籀文商 大小徐 籀作𧷎 韻會七陽

句曲也从口丩聲凡句之屬皆从句 大小徐 曲也從口丩聲 韻會十一

尤　曲也文選風賦注廣韻十九侯

拘止也从句从手句亦聲大徐　止也從句手句亦聲小徐韻會七虞句手作手句

笱曲竹捕魚笱也从竹从句句亦聲大徐小徐無也字下從字　曲竹捕魚也從竹句亦聲御覽卷八百三十四　曲竹捕魚也從竹句句亦聲韻會二十六厚　笱者曲竹以為之初學記卷二十二

鉤曲也从金从句句亦聲大徐小徐無下從字　曲鉤也從金句聲韻會十一尤

丩相糾繚也一曰瓜瓠結丩起象形凡丩之屬皆从丩大小徐　相糾繚也廣韻二十幽

茻艸之相丩者从茻从丩丩亦聲 大徐無下從字 小徐

糾繩三合也从糸丩 大徐 繩三合也從糸丩聲 小徐二十六厚 韻會 三合繩也 文選楊子雲解嘲注 繩三合曰糾 一切經音義卷二十三 糾 詩月出釋文

古故也从十口識前言者也凡古之屬皆从古 大徐小 故也從十口識前言也 韻會七麌

𠚤古文古 大徐小 古作點 韻會七麌

嘏大遠也从古叚聲 大徐小徐 二十一馬 韻

十數之具也一爲東西丨爲南北則四方中央備矣凡十之屬皆从十 大徐小徐 數之具也一爲東西丨爲南北則四方中央具矣 韻會十四緝 謂數之具也 華嚴音義卷一

丈十尺也从又持十大徐　十尺也從手而持十也御覽卷三百八十二

十尺也從手持十韻會二十二養

千十百也从十从人大徐　十百也從十人聲小徐韻會一先

肸響布也从十从㣇大徐韻會四質　響布也從十㣇聲小徐　響布也

韻會五勿　響布也文選甘泉賦注又同上又上林賦注　肸五經文字卷中

卙卙卙盛也从十从甚汝南名蠶盛曰卙大徐　卙卙盛也從十甚

聲汝南名蠶盛曰卙小徐

博大通也从十从尃尃布也大徐　大通也從十尃尃布也亦聲小徐

韻會十藥

㔹材十人也从十力聲大徐　材十人也廣韻二十五德

廿二十幷也古文省大徐二十幷也古文省多小徐韻會十四緝二十
幷也廣韻二十六緝
卙詞之卙矣从十咠聲大小徐詞之集也廣韻二十六緝卅十幷也古文省
卅三十幷也古文省凡卅之屬皆从卅大小徐
韻會十五合　三十也廣韻二十七合
世三十年為一世从卅而曳長之亦取其聲也大徐小徐又韻會八霽無也字
世數名廣韻二十六緝大小徐皆無此字
言直言曰言論難曰語从口辛聲凡言之屬皆从言大小徐直言
曰言論難曰語從口辛韻會十三元直言曰論荅難曰語春官大司樂注
直言曰言論議曰語藝文類聚卷十九直言曰言語議曰語御覽卷三

百九十　從言從辛聲釋言釋文　直言曰言釋言疏　䛐繫傳疑義與小篆䛐有小異者

譻聲也从言賏聲大小徐

謦欬也从言殸聲殸籀文磬字大徐　欬也從言殸聲小徐　亦欬也一切經音義卷六

語論也从言吾聲大小徐韻會六語　論也廣韻八語　告也韻會六御

談語也从言炎聲大小徐韻會十三覃

謂報也从言胃聲大小徐韻會五未　報也廣韻八未

諒信也从言京聲大小徐韻會二十三漾

詵致言也从言从先先亦聲詩曰螽斯羽詵詵兮大徐　致言也從言

先先亦聲詩曰螽斯羽詵詵兮小徐一真無曰字韻會十　詵作𦏴螽斯釋文

請謁也从言青聲大○小徐韻會二十二梗

謁白也从言曷聲大○徐　謁白也從言曷聲小徐韻會六月

許聽也从言午聲大○徐　聽言也從言午聲韻會六語小徐無也字

諾譍也从言若聲大○小徐韻會十藥譍諾譍　譍也廣韻十九鐸

䧹以言對也从言雁聲大○徐小

讎猶譍也从言雔聲大○徐韻會十一尤小徐䧹作譍

諸辯也从言者聲大○小徐韻會六魚

詩志也从言寺聲大○徐小　志也志發於言從言寺聲韻會四支　志也

廣韻七之

𧦝古文詩省 大○小徐 古作訨 韻會四支

讖驗也从言韱聲 大○小徐十七沁驗作騐 韻會二 驗也 文選魏都賦注 騐也 文選思玄賦注 又鵩鳥賦注 一切經音義卷二 又卷九 又卷十四

諷誦也从言風聲 大○小徐 韻會一送 誦也 文選楊德祖答臨淄侯牋注

誦諷也从言甬聲 大○小徐 韻會二宋

讀誦書也从言賣聲 大○小徐 韻會一屋

訔快也从言从中 大○ 快也從言中聲 小徐 快也 廣韻二十四職

訓說教也从言川聲 大○小徐 韻會十三問

誨曉教也从言每聲 大○小徐 韻會十一隊 曉說也 華嚴音義卷七十八

譔專教也从言巽聲 大○小徐 專教也 韻會一先

譬諭也从言辟聲 大小徐 諭也 廣韻五寘

謜徐語也从言原聲孟子曰故謜謜而來 大小徐 四願無曰故字 韻會十

詇早知也从言央聲 大小徐 會二十二養 韻

諭告也从言俞聲 大小徐 韻會七遇 曉也 朝鮮傳索隱 喻作諭 一切經音義卷六

諭 九經字樣

詖辯論也古文以為頗字从言皮聲 大小徐 韻會四寘

諄告曉之孰也从言享聲讀若庉 大小徐 告曉之孰也從言享聲

韻會十一真 告曉之孰也 一切經音義卷七 又卷十三 又卷十六 又 告曉之孰 詩抑

釋文

謘語諄謘也从言屖聲 大小徐 韻會 四支 無也字 語諄謘也從言屖聲讀若

行道遲遲 小徐

詻論訟也傳曰詻詻孔子容从言各聲 大小徐 論訟也傳曰詻詻孔子容 韻會十一陌

誾和說而諍也从言門聲 大小徐 韻會十一眞 誾誾和悅而爭 一切經音義卷十二

謀慮難曰謀从言某聲 大小徐 韻會十一尤 慮難曰謀 御覽卷四百四十八

㝃古文謀 大小徐 亦作㝃 韻會十一尤

譬亦古文 大小徐 亦作譬 韻會十一尤

謨議謀也从言莫聲虞書曰咎繇謨 大小徐 議謀也從言莫聲 韻會七虞

謨古文謨从口大徐小徐 謨古文謨一 廣韻十一模 古作謩 韻會七虞

訪汎謀曰訪从言方聲大徐小徐 韻會二十三漾

諏聚謀也从言取聲大徐小徐 韻會七虞 聚謀也皇皇者華釋文

論議也从言侖聲大徐小徐 韻會十三元 議也初學記卷二十一 難也御覽卷五百九十五

議語也从言義聲大徐小徐 語也一曰謀也從言義聲韻會四寘 語也御覽卷五百九十五

訂平議也从言丁聲大徐小徐 韻會二十四迥 平議也一切經音義卷十七 評議也天作釋文 訂晉書音義卷下

詳審議也从言羊聲大徐小徐 審議也韻會七陽

諟理也从言是聲大○小徐韻會四紙 理也太甲釋文

諦審也从言帝聲大○小徐韻會八霽

識常也一曰知也从言戠聲大○小徐韻會十三職 常也一曰知也廣韻二十四職

文田案識古幟字周禮司常掌九旗之物名各有屬鄭注屬謂徽識也左昭廿一年傳揚徽者公徒也杜注徽識也漢王莽傳旌旗表識師古曰讀與幟同蓋旗章皆有題識所以詔示故从言說文無幟字

謩古文謨从口大小徐　謩古文謨廣韻十一模　古作謩韻會七虞

訪汎謀曰訪从言方聲大小徐韻會二十三漾

諏聚謀也从言取聲大小徐韻會七虞　聚謀也皇皇者華釋文

論議也从言侖聲大小徐韻會十三元　議也初學記卷二十一　難也御覽卷五百九十五

議語也从言義聲大小徐　語也一曰謀也從言義聲韻會四寘　語也御覽卷五百九十五

訂平議也从言丁聲大小徐韻會二十四迴　平議也一切經音義卷十七　評議也天作釋文晉書音訂義卷下

詳審議也从言羊聲大小徐　審議也韻會七陽

訊問也从言凡聲大小徐韻會十二震

𧦝古文訊从卤大小徐古作𧦝韻會十二震

詧言微親詧也从言察省聲大徐小徐察作祭

言微親詧也廣韻十四黠又十六屑

謹慎也从言堇聲大小徐韻會十二吻

訒厚也从言乃聲大小徐

諶誠諦也从言甚聲詩曰天難諶斯大°小徐韻會十二侵無曰字斯謌思

信誠也从人从言會意大°徐誠也從入言小徐誠也韻會十二震

㐰古文从言省大°徐古文信省也小徐古作㐰韻會十二震

𧦝古文信大°小徐古作訫韻會十二震

訦燕代東齊謂信曰訦从言冘聲大°徐伐曰訦作訦也小徐代謌燕代東齊謂信曰訦廣韻二十一侵

誠信也从言成聲大°小徐信也一切經音義卷六韻會八庚

誡敕也从言戒聲大°小徐韻會十卦

諅誡也从言忌聲大°小徐韻會四寘誡作誠誡也廣韻七志

諱諅也从言韋聲大°小徐韻會五未諅也廣韻八未

文田案抑釋文告之話言云說文作誥是此注詁訓二字當作告之詁言傳寫誤也

誥 告也从言告聲 大小徐 告也從言告 韻會二十號

𢽸 古文誥 大小徐

詔 告也从言从召召亦聲 大小徐 韻會十八嘯

誓 約束也从言折聲 大小徐 韻會八霽 約束也 御覽卷四百八十

譣 問也从言僉聲周書曰勿以譣人 大徐 問也周書曰勿以譣人

從言僉聲 小徐 韻會十四鹽無曰字 問也 廣韻五十[敬避]

詁 訓故言也从言古聲詩曰詁訓 大徐 小徐無曰字 訓故言也從言古

聲詩訓詁 韻會七麌 訓古言也 後漢桓譚傳注 又鄭興傳注 一切經音義卷二十二 故

言也 詩抑釋文 釋詁釋文

藹 臣盡力之美从言葛聲詩曰藹藹王多吉士 大徐 臣盡力之美

詩曰藹藹王多吉士從言葛聲小徐韻會九泰無曰字臣盡力之美也

卷阿釋文

諫餔旋促也从言束聲大小徐

諝知也从言胥聲大小徐韻會六語

証諫也从言正聲大徐韻會二十四敬諫也從言正聲讀若正月小徐

諫証也从言柬聲大小徐韻會十六諫

諗深諫也从言念聲春秋傳曰辛伯諗周桓公大小徐深諫也從

言念聲辛伯諗周桓公韻會二十七寑深謀閔二年釋文諗釋言釋文

課試也从言果聲大小徐

試用也从言式聲虞書曰明試以功大小徐韻會四眞無虞字曰字

諴和也从言咸聲周書曰丕能諴于小民大徐小徐無能字　和也從言咸聲書諴于小民韻會十五咸

䍃徒歌从言肉大小徐　徒歌也從言肉韻會二蕭　謠獨歌也一切經音義卷十五又卷二十　獨歌謂之謠藝文類聚卷四十三　從也小徐所見本　徐本無謠字䍃迣歌也从言肉唐本䍃从也从言从肉肉亦聲謠迣歌也六書故第十一

文田案許書傳寫脱䍃字説解又誤合䍃謠為一字今仍當分載

詮具也从言全聲大小徐韻會一先　具也一切經音義卷十又卷二十三廣韻二仙

訢喜也从言斤聲大徐小徐喜作憘

說說釋也从言兌一曰談說大徐　說釋也一曰談說從言兌聲小徐

說釋也從言兌聲一曰談說韻會九屑

計會也筭也从言从十大徐　小徐又韻會八霽無下從字　會也筭也廣韻十二霽

筭也華嚴音義卷二十六

諧詥也从言皆聲大小徐　韻會九佳　合也一切經音義卷十

詥諧也从言合聲大小徐

調和也从言周聲大小徐　韻會二蕭

話合會善言也从言𠯑聲傳曰告之話言大小徐　卦傳曰作左傳　韻會十合

會善言也廣韻十七夬　話會合善言也詩板釋文　文選秋興賦注　又七命注　又頭陀寺碑注　又蕭公行狀注

話會合為善言也文選歸去來辭注　語從𠯑字九經

譮籒文話从會 大小徐 籒作譮 韻會十卦

誙誙諉累也从言坙聲 大小徐

諉累也从言委聲 大小徐 韻會四寘

警戒也从言从敬敬亦聲 大徐無下從字 小徐 言之戒也從言敬敬亦聲 韻會二十三梗

謐靜語也从言盜聲一曰無聲也 大小徐 靜語也一曰無聲 韻會四質

靜語也 釋詁疏

謙敬也从言兼聲 大小徐 韻會十四鹽

誼人所宐也从言从宐宐亦聲 大徐無下從字 小徐 所宐也 韻會四寘 義

宐也 韻會四支

詡大言也从言羽聲 大小徐 韻會七麌

諓善言也从言戔聲一曰讒也 大徐 小徐無上也字 韻會十六銑

誐嘉善也从言我聲詩曰誐以溢我 大小徐

詷共也一曰譀也从言同聲周書曰扗夏后之詷 大徐 共也周書

曰在后之詷一曰譀從言同聲 小徐 共也从言同聲周書曰在

后之詷 韻會一東

設施陳也从言从殳殳使人也 大徐 施陳也从言殳使人也 小徐 韻

會九

屑

護救視也从言蒦聲 大小徐 救視也 蕭何傳索隱 捄視也 韻會七遇

譞譞慧也从言圜省聲 大徐 譞慧也從言瞏聲 小徐

誧大也一曰人相助也从言甫聲讀若逋 大徐 大也從言甫聲一曰人相助也讀若逋 小徐 大也一曰人相助也 韻會七虞

諰思之意从言从思 大徐 思之意從言思聲 小徐 思之意也 韻會四紙

託寄也从言乇聲 大小徐 韻會十藥

記疏也从言己聲 大小徐 韻會四寘 疏也 廣韻七志

譽稱也从言與聲 大小徐 韻會六御

譒敷也从言番聲商書曰王譒告之 大小徐 敷也从言番聲書王譒告之修 十一箇 韻會二

謝辤去也从言䠶聲 大小徐 韻會二十二禡 謝從射 謝辭也 文選魏都賦注 又別賦注 又七發注 辭別也 文選郭景純游仙注

謳齊歌也从言區聲大○小徐　韻會十一尤　韻　齊歌也文選西都賦注　又吳都賦注　又琴賦注　又曹子建贈丁翼詩注　又陸士衡吳趨行注　御覽卷四百六十五　藝文類聚卷四十三　齊歌也曰謳一切經音義卷十八　又卷二十

詠歌也从言永聲大○小徐　韻會二十四敬　通典卷一百四十五末有也字

咏或从口大○小徐

諍止也从言爭聲大○小徐　韻會二十四敬　韻

評召也从言乎聲大○徐　小徐召下有許字

謼評謼也从言虖聲大○小徐　遇呼下無謼字　韻會七

訖止也从言气聲大○小徐　韻會五勿

諺傳言也从言彥聲大○小徐　會十七霰　韻　傳言也後漢虞詡傳注　一切經音義卷十二　一

又卷二十御覽卷四百九十五

訝相迎也从言牙聲周禮曰諸侯有卿訝發 大徐 相迎也周禮曰諸侯有卿訝也從言牙聲 小徐 相迎也周禮諸侯有卿訝從言牙聲 韻會二十二禡

迓訝或从辵 大小徐

詣候至也从言旨聲 大小徐 韻會八霽

講和解也从言冓聲 大小徐 韻會三講 和解也 項羽紀索隱卷二十一 初學紀 廣韻三講 御覽卷六百十五

謄迻書也从言朕聲 大小徐 韻會十蒸

訒頓也从言刃聲論語曰其言曰訒 大小徐 韻會十二震無上曰字

訥言難也从言从内大○徐 言難也從言内聲小徐韻會六月 言難也

一切經音義卷七御覽卷四百六十四 難也一切經音義卷六又卷九又卷二十二又卷二十五

訒也難也一切經音義卷二十 艱詛也一切經音義卷二十一

謯謯婮也从言虘聲大○小徐 詠也廣韻九麻

僖待也从言伿聲讀若䰍大○小徐 待也廣韻十一薺

謷痛呼也从言敫聲大○小徐

譊恚呼也从言堯聲大○小徐韻會三肴 譊譊恚訟聲也一切經音義卷八 恚

呼也一切經音義卷二十

謍小聲也从言熒省聲詩曰謍謍青蠅大○小徐 小聲也詩云謍謍

青蠅廣韻十四清 小聲也青蠅釋文

諎大聲也从言昔聲讀若笮 大徐小徐無也字 韻會十一陌無大字 大聲也 一切經音

義卷四又卷十二 唶諎字也一云大聲也 釋鳥釋文諎譌借

唶諎或从口 大小徐 或作唶 韻會十一陌

諛諂也从言臾聲 大小徐

讇諛也从言閻聲 大小徐韻會二十九[敬避] 讇作諂佞也 一切經音義卷六

諂讇或省 大徐 讇或從臽 小徐 今省作諂 韻會二十九[敬避]

諼詐也从言爰聲 大小徐韻會十三元

謷不肖人●也从言敖聲一曰哭不止悲聲謷謷 大小徐 不肖人

言也从言敖聲一曰哭不止悲聲謷謷也 韻會四豪 悲聲 荀子禮論篇注

訹誘也从言术聲 大小徐韻會四眞 誘也 韓長孺傳索隱 義卷三又卷四 一切經音又卷十

二又卷十六

詑沇州謂欺曰詑从言它聲大徐小徐沇作兖　兖州謂欺曰詑廣韻八戈

欺也从言它聲韻會五歌　欺也告子音義

謾欺也从言曼聲大小徐韻會十四寒　欺也文帝紀索隱一切經音義卷十七又卷二十

譇譇拏羞窮也从言奢聲大小徐

詐慙語也从言作聲大小徐　慙語也廣韻四十禡

讋讋讘也从言執聲大小徐

謰謰謱也从言連聲大小徐

謱謰謱也从言婁聲大小徐　縺謱也廣韻十九矦

詒相欺詒也一曰遺也从言台聲大小徐

謲相怒使也从言參聲大小徐

誑欺也从言狂聲大小徐韻會二十三漾

譺騃也从言疑聲大小徐 欺調也一切經音義卷十六

⿰言畀相誤也从言畀聲大小徐

訕謗也从言山聲大小徐

譏誹也从言幾聲大小徐韻會五微 誹也一切經音義卷八又卷十七又卷十八又卷二十三又卷二十五華嚴音義卷四十六

誣加也从言巫聲大小徐韻會七虞 加言也一切經音義卷十一又卷十五又卷十七又卷二十一 加言曰誣一切經音義卷十又卷二十三 唐本加諸也六書故弟十一

誹謗也从言非聲大小徐韻會五尾 謗也昭元年正義後漢黨錮序注

詾毀也从言匈聲大小徐韻會二十三漾　毀也昭元年正義

譸詶也从言壽聲讀若醻周書曰無或譸張爲幻大小徐　詶也書譸張爲幻韻會十一尤

詶譸也从言州聲大小徐韻會十一尤　祝作詶詛也一切經音義卷六又卷十四又卷十七又卷二十五

詛詶也从言且聲大小徐韻會六御

訕詶也从言由聲大小徐

誃離別也从言多聲讀若論語跢予之足周景王作洛陽誃臺大小徐　離別也從言多聲按周景王作誃臺韻會四紙　離別也廣韻四紙

誖亂也从言孛聲大小徐韻會六月

悖誖或从心大○小徐　或作悖韻會六月

䜛籀文誖从二或大○小徐　籀文誖作䜛從二或韻會六月

䜌亂也一曰治也一曰不絶也从言絲大○徐　亂也一曰治也一曰不絶從言絲形小徐

𡫓古文䜌大○小徐

誤謬也从言吳聲大○小徐韻會七遇

詿誤也从言圭或从佳省聲大○徐　誤也從言圭聲小徐　亦誤也後漢光武紀注　又冠恂傳注　翠也韻會十卦

誒可惡之辭从言矣聲一曰誒然春秋傳曰誒誒出出大○小徐　可惡之辭也莊子達生釋文　廣韻七之辭作詞

譆　痛也。从言，喜聲。大小徐　韻會四支　痛聲也。一切經音義卷七

誯　膽气滿聲在人上。从言，自聲。讀若反目相睞。大小徐

譪　譪譪，詍多言也。从言，㒼聲。大徐多下有也字　小徐

詍　多言也。从言，世聲。詩曰：無然詍詍。大小徐　多言也。从口，世聲。詩：無然呭呭。或作詍。韻會八霽

訾　不思稱意也。从言，此聲。詩曰：翕翕訿訿。大小徐　四紙無曰字　韻會　思稱意也。一切經音義卷二十　思稱意曰訾。一切經音義卷十三　量也，思也。一切經音義卷七　思也。一切經音義卷十二　又卷十八

詾　往來言也。一曰小兒未能正言也。一曰祝也。从言，匋聲。大小徐　往來言也。一曰小兒未能正言也。一曰祝也。廣韻六豪　往來言也。从言

敬避

匋聲 韻會四豪

詎 詾或从包 大徐 小

誹 誹 誹多語也从言丹聲樂浪有誹邯縣 大徐 小

誷語相反誷也从言遝聲 大小徐 唐本言語相及也徐本言語相反遝也 六書故第十一

諮 誷諮也从言沓聲 大徐 小 從言沓聲誷諮也 韻會十五合

訮 諍語訮訮也从言幵聲 大徐 小徐無也字

讗 言壯皃一曰數相怒也从言巂聲讀若畫 大徐 言壯皃從言巂

聲一曰數相怒也讀若畫 小徐 自是也 廣韻二十齊

訇 駭言聲从言勻省聲漢中西域有訇鄉又讀若玄 大徐 小 駭言

聲從言勻省聲漢西域傳有訇鄉 韻會八庚 漢中西城有訇鄉 廣韻

一先

訇籒文不省 大°小徐

論便巧言也从言扁聲周書曰截截善論言論語曰友論佞 大°小徐

便巧言也從言扁聲論語友論佞 韻會一先

⿱頻言匹也从言頻聲 大°小徐

⿰言口扣也如求婦先⿰言口叕之从言从口口亦聲 大°徐作先扣 小徐先⿰言口無下從字

扣也從言口口亦聲 韻會二十六厚

說言說司也从言兒聲 大°小徐

誂相呼誘也从言兆聲 大°徐字 小徐無也 韻會十七篠 相呼誘也 廣韻二十九篠

挑作誂相誘也 列子釋文 挑相呼也 文選報任安書注

譄加也从言曾聲 大°小徐

詄忘也从言失聲 徐大小

諅忌也从言其聲周書曰爾尚不諅于凶德 徐大小 忌也周書曰上不諅于凶德 廣韻七志 忌也 廣韻七之

譀誕也从言敢聲 徐大小

⿰言忘俗譀从忘 徐大小

誇譀也从言夸聲 徐大小 韻會六麻 誕也 文選長楊賦注

誕詞誕也从言延聲 徐大小 韻會十四旱 韻

𧥼籀文誕省正 徐大小

⿰言萬譀也从言萬聲 徐大小

謔戲也从言虐聲詩曰善戲謔兮 徐大小

詪很戾也从言皀聲大徐小徐很作狠

訌讀也从言工聲詩曰蟊賊内訌大小徐韻會一冬無曰字

讀中止也从言貴聲司馬法曰師多則人讀讀止也大小徐中止

也司馬法曰師多則民讀讀止也廣韻十八隊中止也從言貴聲

司馬法師多則人讀韻會十一隊中止也廣韻十四賄列中止也文選

魏都賦注

譏聲也从言歲聲詩曰有譏其聲大小徐韻會九泰無曰字

謌疾言也从言咼聲大徐小徐無上言字

譊譟也从言嘵聲大小徐

譟擾也从言喿聲大小徐擾聒也從言喿聲韻會二十號擾耳也一切

經音義卷二十　擾耳孔也一切經音義卷二十二

訆大呼也从言丩聲春秋傳曰或訆于太廟　大小徐十八嘯無曰字　韻會　大呼也　廣韻二十四嘯

諕號也从言从虎　大徐無下從字　小徐　諕　韻會四豪

讙譁也从言雚聲　大小徐　韻會十四寒　韻

譁讙也从言𠌶聲　大小徐　韻會六麻

謣妄言也从言雩聲　大小徐　韻會七虞

誇謣或从荂　大小徐

譌譌言也从言爲聲詩曰民之譌言　大小徐　譌言也詩民之譌言　韻會五歌

謬狂者之妄言也从言翏聲［大小徐韻會二十六宥無曰字］托者之言也［一切

經音義卷二十］

詤夢言也从言巟聲［大小徐］

譽大呼自勉也从言暴省聲［大徐小徐無也字］大呼自冤也［廣韻四覺］大

呼也自冤也［釋訓釋文］

訬訬擾也一曰訬獪从言少聲讀若毚［大小徐］

諆欺也从言其聲［大小徐韻會四支］欺也［廣韻七之］

譎權詐也益梁曰謬欺天下曰譎从言矞聲［大小徐韻會九屑益梁作梁益］

詐欺也从言乍聲［大小徐韻會二十二禡］欺也［御覽卷四百九十四］

訏詭譌也从言于聲一曰訏謩齊楚謂信曰訏［大小徐］詭譌也從

言于聲 韻會七虞

謯咨也一曰痛惜也从言差聲 大徐 咨也從言差聲一曰痛惜 小徐

嗟作謯咨也從言差聲一曰痛惜也 韻會六麻

讋失气言一曰不止也从言龖省聲傅毅讀若慴 大徐 小 失气言

也從言龖省聲一曰不止也 韻會十六葉 失气也 項羽紀索隱 又衛將軍驃騎

傳索隱 文選東都賦注 一切經音義卷十 又卷十九 讋讀若摺 晉書音義卷上

讋籒文讋不省 大徐 小

謵言謵讋也从言習聲 大徐 小 讋也 一切經音義卷二十

𧪟相毀也从言亞聲一曰畏亞 大徐 末亞作𧪟 小徐 𧭈作𧪟 廣韻十一暮

𧫝相毀也从言隨省聲 大徐 相毀也從言隋聲 小徐

讕嗑也从言闌聲大○小徐

詾說也从言匈聲大○小徐　訟也韻會二冬　訩毛氏曰訟也唐本同徐

本誤以訟為說六書故弟十一　訩作詾釋言釋文

訩或省大○小徐　省作訩韻會二冬

說詾或从兇大○小徐　或作說韻會二冬

訟爭也从言公聲一曰謌訟大○徐小徐謌作歌　爭也從言公聲韻會二宋

爭也一切經音義卷十八

䛗古文訟大○小徐　古作䛗韻會二宋

謓恚也从言真聲賈侍中說謓笑一曰讀若振大○徐謓笑作嗔笑小徐　恚

也从言真聲韻會十一真　恚也廣韻十七真

譶多言也从言聶聲河東有狋譶縣 大○小徐

訶大言而怒也从言可聲 大○小徐 韻會五歌 大言而怒也 一切經音義卷十二

大言也 文選曹子建與楊修詩注

詎訐也从言𦣞聲讀若指 大○小徐

訐面相斥罪相告訐也从言干聲 大○徐 韻會六月 小徐無也字無下相字 面相斥

罪也 文選三都賦序注又西征賦注無也字 斥譌序 面相斥 論語釋文

訴告也从言斥省聲論語曰訴子路於季孫 大○徐 小徐無省字 訴作⿰言㡿

告也从言㡿聲 韻會七遇 訴作⿰言㡿告也 廣韻十一暮

文田案訴从言㡿省聲傳寫譌㡿為斥徐鉉說非是

⿰言朔訴或从朔 大○小徐 或作⿰言朔 韻會七遇 ⿰言朔同上 廣韻十一暮

愬訴或从朔心 大○小徐 亦作愬 韻會七遇 亦訴字 文選北征賦注 愬同上

廣韻十一暮
譖愬也从言朁聲大小徐韻會二十七沁
譩譖也从言㲋聲大小徐韻會十五咸
譴謫問也从言遣聲大小徐韻會十七霰　譴謫問也一切經音義卷九又卷十二又卷二
十又卷二十二
譖罰也从言㓝聲大小徐韻會十一陌　罰也一切經音義卷十四
譂數也一曰相讓也从言耑聲讀若專大小徐　數也一曰相讓廣韻
二仙
讓相責讓从言襄聲大小徐韻會二十三漾讓下有也字
譙嬈譊也从言焦聲讀若嚼大小徐　嬈譊也從言焦聲韻會十八嘯

讓也朝鮮索隱

誚古文譙从肖周書曰王亦未敢誚公大徐　古文譙從言肖周書曰未敢誚公小徐　尚書王亦未敢誚公韻會十八嘯

諫數諫也从言朿聲大小徐韻會四寘

誶讓也从言卒聲國語曰誶申胥大小徐　讓也從言卒聲韻會四寘

責讓也列子力命釋文

詰問也从言吉聲大小徐韻會四質　問也一切經音義卷十八又卷二十三

謹責望也从言望聲大小徐

詭責也从言危聲大小徐韻會四紙　責也後漢獨行陳重傳注　文選薦禰衡表注　御覽卷四百九十四　違也文選西京賦注

證告也从言登聲大小徐韻會二十五徑　告也文選潘安仁關中詩注

詘詰詘也一曰屈襞从言出聲大小徐　詰詘也从言出聲韻會五勿

誳詘或从屈大小徐　或作謳韻會五勿

訖慰也从言夗聲大徐小徐慰作尉　慰也廣韻二十五願

詷知處告言之从言同聲大小徐韻會二十四敬

謾流言也从言夐聲大小徐

詆苛也一曰訶也从言氐聲大徐　苛也從言氐聲一曰訶小徐　訶

也從言氐聲韻會八薺　訶也文選三都賦序注

誰何也从言隹聲大小徐韻會四支　何也文選藉田賦注

諽飾也一曰更也从言革聲讀若戒大徐　飾也從言革聲讀若戒

一曰更 小徐 悙飾也一曰謹也 韻會十一陌

讕詆讕也从言闌聲 大小徐 韻會十四寒

譋讕或从閒 大小徐 或作譋 韻會十四寒

診視也从言㐱聲 大小徐 視也 韻會十一軫又十二震 亦視也 後漢方術王喬傳注

視之也 一切經音義卷二

誓悲聲也从言斯省聲 大小徐 悲聲也 一切經音義卷三又卷二十三又卷二十二誓作嘶

訧罪也从言尤聲周書曰報以庶訧 大小徐 罪也從言尤聲 韻會十一尤

誅討也从言朱聲 大小徐 韻會七虞 討也 一切經音義卷二十三

討治也从言从寸大徐無下從字小徐從言寸韻會十九皓

諳悉也从言音聲大小徐韻會十三覃

讄禱也累功德以求福論語云讄曰禱尔于上下神祇从言纍省

聲大徐　禱也累功德以求論語云讄曰禱爾于上下神祇從言

畾聲小徐　禱也累功德以求福從言畾聲韻會四紙　禱也累功德

以求福也定之方中釋文　禱累功德以求福也論語釋文

讄或不省大徐　讄或從纍小徐　或作讄韻會四紙　或作讄論語釋文

謚行之迹也从言兮皿闕大徐小徐韻會四寘　行之迹也从言益聲一切經音

義卷十三　謚五經文字卷中又云字林以謚爲笑聲　謚者說行之迹也藝文類聚卷四十

徐本謚行之迹也从言兮皿闕徐鍇曰兮聲也謚笑皃益聲

唐本無謚但有謚行之迹也字林謚从益按易笑言啞啞笑皃當作啞不當从言六書故第十一謚作謚廣韻六至

誄謚也从言耒聲大小徐韻會四紙謚也定之方中釋文哀十六年釋文述而釋文廣韻五旨太平御覽卷五百九十六

謑恥也从言奚聲大小徐韻會八薺恥也莊子天下釋文

⿰言奊謑或从奊大小徐或從⿰言奊韻會八薺

詬謑詬恥也从言后聲大小徐韻會二十六宥又同恥也文選晉紀總論注又辯命論注

訽詬或从句大小徐或作詢韻會二十六宥又同詬或作詢文選司馬子長報任安書注

諜軍中反間也从言枼聲（大小徐 韻會十六葉）軍中反間也（釋言釋文 又疏
桓十二年正義 成十六年正義）間也（莊子列禦冦釋文）

該軍中約也从言亥聲讀若心中滿該（大徐）軍中約讀若心中滿

該從言亥聲（小徐）軍中約也從言亥聲（韻會十灰）胲軍中約也（扁鵲

蒼公傳正義 漢藝文志注）

譯傳四夷之言者从言睪聲（大小徐 韻會十一陌）傳四夷之語者（文選東京

譯

漢藝文志注

傳也傳四夷之語也（文選喻巴蜀檄注）四夷之語也（後漢

賦注 又 魏都賦注

和紀注）

訄迫也从言九聲讀若求（大徐 小徐讀下有又字）

謚笑皃从言益聲（大小徐）

譶疾言也从三言讀若沓大徐　疾言也讀若沓從三＝言小徐疾　疾言也文選琴賦注

繩作謳譽也莊十四年釋文大小徐皆無此字

誩競言也从二言凡誩之屬皆从誩讀若競大小徐

譱吉也从誩从羊此義與美同意大小徐會十六銑韻　譱吉也从誩从羊此與義美同意六書故第十一　言也廣韻二十八獮　譱玉篇口部

善篆文譱从言大小徐　篆文又作善廣韻二十八獮韻會十六銑無又字

競彊語也一曰逐也从誩从二人大徐　彊語也從誩二人一曰逐也小徐二十四敬韻會　競五經文字卷中

讟痛怨也从誩賣聲春秋傳曰民無怨讟大小徐　痛怨也春秋傳

曰民無怨讟 韻會一屋

音聲也生於心有節於外謂之音宮商角徵羽聲也絲竹金石匏土革木音也从言含一凡音之屬皆从音 大小徐 聲也生於心有節於外謂之音宮商角徵羽聲也絲竹金石匏土革木音也從音含一 韻會十二侵 聲也生於心有節於外謂之音宮商角徵羽聲也絲竹金石匏土革木音也 廣韻二十一侵

響聲也从音鄉聲 大小徐 韻會二十二養

韽下徹聲从音酓聲 大小徐 韻會十三覃

韶虞舜樂也書曰簫韶九成鳳凰來儀从音召聲 大小徐 虞舜樂也從音召聲 韻會二蕭

章樂竟為一章从音从十十數之終也大○徐 樂竟為一章從音十十數之終也小徐 韻會七陽

竟樂曲盡為竟从音从人大○小徐 韻會二十四敬音譌作竟

辛辠也从干二二古文上字凡辛之屬皆从辛讀若愆張林說大○小徐 辠也 韻會一東

童男有辠曰奴奴曰童女曰妾从䇂重省聲大○徐 韻會一冬 小徐辠作罪

男有罪為奴曰僮一切經音義卷六 童九經字樣

𡍬籒文童中與竊中同从廿廿以為古文疾字大○小徐

妾有辠女子給事之得接於君者从䇂从女春秋云女為人妾妾不娉也大○徐 小徐辠作罪 韻會十六葉 春秋云作左傳

丵叢生艸也象丵嶽相竝出也凡丵之屬皆从丵讀若浞大小徐

菐大版也所以飾縣鐘鼓捷業如鋸齒以白畫之象其鉏鋙相承也从丵从巾巾象版詩曰巨業維樅大小徐　大版也所以飾縣鐘鼓捷菐如鋸齒以白畫之象其齟齬相承也從丵從巾巾象版詩曰簴業維樅韻會十六葉　大版也所以飾縣鐘鼓捷業如鋸齒以白畫之象其鉏鋙相承也詩曰巨業維樅廣韻三十三業　菐五經文字

卷中

𡴾古文業大小徐　古作𡴾韻會十六葉

叢聚也从丵取聲大小徐　叢聚也从丵从取韻會一冬　聚也取聲六書故弟三十三　積聚也功臣侯表索隱

對 譍無方也从丵从口从寸 大徐 韻會十一隊譍作應 譍無方也從丵口寸 小徐

對 對或从士漢文帝以爲責對而爲言多非誠對故去其口以从士也 大徐 小徐 漢文帝以責對而爲言多非誠故去其口以从士 韻會十一隊

業 瀆業也从丵从廾廾亦聲凡業之屬皆从業 大徐 小徐

僕 給事者从人从業業亦聲 大徐 小徐 僕 五經文字卷中 給事者从人業聲 韻會一屋 給事者也 廣韻二沃 玉篇人部 給事者也

䞗 古文从臣 大徐 小徐 古作䞗 韻會一屋 䞗古文僕 廣韻一屋 䞗古文 廣韻二沃

䉬賦事也从丵从八八分之也八亦聲讀若頒一曰讀若非 大小徐

𢪛竦手也从屮从又凡廾之屬皆从廾 大小徐 竦手也 廣韻二腫 拱

手也 一切經音義卷二 廾 廣韻三鍾 玉篇手部

𢪛揚雄說廾从兩手 大小徐 二腫末有也字 廣韻 𢪛 玉篇手部

奉承也从手从廾丯聲 大小徐 韻會二腫 承也 一切經音義卷六 廣韻二腫 華嚴音義卷二十六 又同

丞翊也从廾从卩从山山高奉承之義 大小徐 韻會十蒸

弅取奐也一曰大也从廾敻省 大徐 取奐也一曰大從𢆶敻省聲 小徐 韻會十五翰 大下有也字

弇蓋也从廾从合 大徐 蓋也从合廾聲 小徐 韻會十三覃 韻會 葢也 韻會二十九

㕣古文弇　大徐○小徐

羿引給也从廾睪聲　大徐○小徐　引給也一從収睪聲

畀舉也从廾甶聲春秋傳曰晉人或以廣墜楚人畀之黃顥說廣車陷楚人為舉之杜林以為麒麟字　大徐○小徐麒麟作騏驎　畀　廣韻七志

畁舉也从廾吕聲虞書曰岳曰畁哉　大徐○小徐岳作嶽　韻會四寘無虞字上曰字

弄玩也从廾持玉　大徐○　玩也從収玉　小徐韻會一送、　玩也　廣韻一送

弆兩手盛也从廾共聲　大徐○小　弆　廣韻一屋

弇摶飯也从廾釆聲釆古文辨字讀若書卷　大徐○小徐作辨辧　小　摶飯也　廣韻

三十三綫

廾持弩拊从廾肉讀若逵　大徐○小

文田案捬謂弓弝中少儀屈韣執捬是也弅當言從肉聲與

逵從坴聲同類傳寫脫聲字耳

戒警也从廾持戈以戒不虞 大徐 小徐持戈作戈持 警也從廾戈持以戒

不虞也 韻會十卦

兵械也从廾持斤并力之皃 大徐 小徐 韻會八庚

倂古文兵从人廾干 大徐 小徐 古作倂 韻會八庚

兵籀文 大徐 小徐 籀文兵

龔慤也从廾龍聲 大徐 小徐

弈圍棊也从廾亦聲論語曰不有博弈者乎 大徐 小徐 圍棊也从𠬞

亦聲 韻會十一陌 圍棊也 藝文類聚卷七十四 弈從廾 論語疏 孟子疏 襄二十五年正

義

畀共置也从廾从貝省古以貝為貨大徐小徐又韻會七遇無下從字　共置也玉篇目部

𠬜引也从反廾凡𠬜之屬皆从𠬜大徐小徐　引也从反𠬢韻會十五删

攀𠬜或从手从樊大徐小徐無下从字　或作攀从手樊聲韻會十五删

樊鷙不行也从𠬜从棥棥亦聲大徐　鷙不行也從𠬜棥亦聲小徐韻會十三元

䜌樊也从𠬜䜌聲大徐小徐

共同也从廿廾凡共之屬皆从共大徐小徐　同也從廿廾韻會二宋

𢍁古文共大徐小徐　古作𢍁韻會一宋

龔給也从共龍聲大徐小徐韻會二冬

異分也从廾从畀畀予也凡異之屬皆从異大徐小徐無下從字分也
從廾畀畀予也韻會四寘分也廣韻七志
戴分物得增益曰戴从異𢦏聲大小徐韻會十一隊韻
𢍰籀文戴大小徐古作戴韻會十一隊
𢍰共舉也从臼从廾凡𢍰之屬皆从𢍰讀若余大徐小徐無下從字共
舉也韻會六魚
𢍰升高也从𢍰囟聲大徐小徐無也字
𨐂𢍰或从卩大小徐
𦦵古文𢍰大小徐
與黨與也从𢍰从与大徐小徐又韻會六語無下從字黨與也釋詁疏廣韻八語

𦥑古文與（大小徐）　弃古文（廣韻八語）古作弃（韻會六語）

興起也从舁从同同力也（大徐廣韻十六蒸小徐又韻會十蒸無下從字）

𦥑叉手也从E彐凡𦥑之屬皆从𦥑（大小徐）

𦥔身中也象人要自𦥑之形从𦥑交省聲（大小徐）　身中也象人要

自𦥑之形（廣韻三蕭𦥑譌作由韻會二蕭）　𦥔从𦥑自𦥑交省聲象形（李陽冰本）

腰身中也（御覽卷三百七十一）

𦥯古文要（大小徐）

晨早昧爽也从𦥑从辰辰時也辰亦聲丮夕為𡖍𦥑辰為晨皆同

意凡晨之屬皆从晨（大小徐）　早昧爽也從𦥑辰辰時也亦聲丮夕

為𡖍𦥑辰為晨皆同意凡晨之屬皆從晨（小徐夕譌作多）　早昧爽也

從臼從辰辰亦聲丮夕為夙臼辰為晨韻會十一真　早昧爽也左僖五年正義　昧爽也釋詁疏　早也從臼韻會十一真　晨九經字樣

農耕也从晨囟聲大小徐韻會二冬　耕也一切經音義卷二十四廣韻二冬　耕人也一切經音義卷十　農九經字樣

辳籀文農从林大小徐　辳籀文廣韻二冬　籀作辳韻會十一真　古作辳韻會二冬

𨑇古文農大小徐　亦作𨑇韻會二冬

莀亦古文農大小徐　莀古文廣韻二冬　古作莀韻會二冬

爨齊謂之炊爨臼象持甑冂為竈口廾推林內火凡爨之屬皆从爨大小徐　齊謂之炊爨臼象持甑冂為竈口廾推林內火韻會十五

翰

𦥎 籀文爨省 大小徐 籀省作𤇯 韻會十五翰

釁 所以枝鬲者从爨省鬲省 大小徐

釁 血祭也象祭竈也从爨省从酉酉所以祭也从分分亦聲 大徐韻會十二震 小徐無下從字 血祭也 高祖紀索隱 斯干正義 左成三年正義 又昭四年 又定四年 漢高紀注

『十三五』國家重點圖書出版規劃項目
2011—2020 年國家古籍整理出版規劃項目
2020 年度國家出版基金資助項目
國家社會科學基金重大項目『國家圖書館藏未刊稿整理與研究』（13&ZD107）